やわらかアカデミズム・〈わかる〉シリーズ

# よくわかる
# 社会情報学

西垣 通・伊藤 守 編著

ミネルヴァ書房

# はじめに

■よくわかる社会情報学

　社会情報学は「社会における情報現象の総体を対象に、その特質を理論的に、かつ実証的に明らかにする」学問です。したがって、この学問がカバーする領域は広範囲にわたります。

　対面的コミュニケーションは、音声や身体的動きが有意味な情報として伝達されることではじめて成立します。生命的な情報現象をベースにした音声による対話こそ、もっともミクロな社会情報の過程といえるでしょう。文字が発明され、写本や印刷本が流通するようになると、社会情報の過程は一気に拡大しました。書物は、〈いま〉という時間を超えて、未来に文字情報を伝えることができます。文字はまた、〈ここ〉という場所を超えて、遠方にいる人たちにもメッセージを伝えることができます。これも社会情報過程の一種です。

　約200年前、写真機が発明され、文字だけではなく、映像＝イメージも情報として流通する時代が到来しました。さらに電話や蓄音器そして映画やラジオやテレビが登場し、文字、音声、映像という異なる情報が異なる媒体＝メディアを通じて流通する時代がやってきました。

　この時期までの、社会における情報過程の拡大をキーワード的に表現すれば、「複製技術」によって切り開かれた時代の幕開け、といってよいでしょう。

　さて、現代は、さらに「複製技術」から「コンピュータ処理技術」への歴史的移行の時代です。文字、音声、映像という異なる情報が異なる媒体＝メディアを通じて流通するだけの時代は過ぎ去りました。あらゆる情報がデジタル化され、モバイルメディアが象徴するように、単一のメディアで文字・映像・音声が受信できるようになりましたが、それだけではありません。コンピュータは、人間の脳神経系とはまったく異質なのに、計算、シミュレーション、予測といった知的なはたらきを遂行できる「能力」を備えた機械です。検索機能を使って、調べたい事項に関する複数の回答をたちどころに入手できるということは、情報通信技術なしにはありえないでしょう。風向きや気圧などさまざまな気象条件に関するデータを計算し、シミュレーションをおこない、天候や台風の進路に関する情報を提供すること、そしてそれを参考に明日の予定を立てるという行動も、あるいは自然災害を予測して防災や減災に役立つ社会全体の行動を組織することも、コンピュータと通信技術の発展なしには考えられません。

　つまり、「複製技術」から「コンピュータ処理技術」への移行、言い換えれば「ポスト複製技術」への移行によって、人間が生きる「技術環境」そのもの

が大きく変容し，その変容が産業構造や資本主義経済のメカニズム，さらには国家や組織のガバナンスや制御のあり方，知の生産や流通のあり方にも，多大な影響を及ぼしているのです．その影響が，文字，音声，映像といった情報の流通による個人間・組織間のコミュニケーションにとどまらないことを強調しておきましょう．自然環境の観測と制御といった，社会システムと外的環境との関係，コンピュータを介した社会的意思決定のメカニズムなど，広範囲な領域に，コンピュータによる機械的処理が深く関与し，さまざまな変化を生み出しているのです．

したがって，冒頭で述べたように，「社会における情報現象の総体を対象に，その特質を理論的に，かつ実証的に明らかにする」ことをめざす社会情報学は，きわめて広範囲な領域をカバーする学問たらざるをえませんし，その学問的体系を明示的に示すことも容易ではありません．しかも，一方で，複雑化した社会における情報過程に関する研究が，従来のコミュニケーション学やメディア学や社会学そして情報科学などの研究を併記した，たんなる学際的な研究にとどまってはならないことも明らかでしょう．

遺伝現象をふくむ生命的な情報過程や，コンピュータによる機械的な情報過程との密接な関連において社会情報過程を定位すること，しかもそれらとシームレスにつながった現代の社会情報過程の特徴を歴史的な視点を踏まえながら探究する，固有のディシプリンを備えた学問分野として社会情報学を発展させることが，どうしても必要なのです．

本書の内容は，このような現在の社会情報学研究分野の広がりをカバーするとともに，その骨格を明示することを意図して，大きく分けて4つのパートと研究者紹介からなる，12の章で構成されています．

第1のパートは，社会情報学の成立と他の学問分野との関係を論じた，第Ⅰ章から第Ⅳ章です．まず，社会情報学が成立した背景や経過，そして研究方法について鳥瞰したのち，社会情報の基層にある「生命的，身体的な情報現象」について概説します．ついで，コンピュータがつくる「言語映像圏」に関する基本的な知識とともに，社会情報過程の「歴史的階層性」が論じられます．このように社会情報学は，コンピュータが主導する現代の社会情報過程にのみ関心を向けるものではなく，人類の長い歴史のなかに社会の情報過程を位置づけ，その視点から現在の情報過程の光と影をとらえ直す研究領域なのです．

第2のパートは，コミュニケーションと社会的意思決定にかかわる第Ⅴ章と第Ⅵ章にあたります．前述のように，現在のコミュニケーションは単にデジタルメディアに媒介されているだけではありません．対人，対集団，対自然という各位相で，計算・シミュレーション・予測という機械の「知的能力」と組み合わされ，コミュニケーションが展開されているのです．そのことが，いかな

る課題を私たちに提起しているかが，ここで論じられます。

　第3のパートは，教育や医療などの分野の社会システムにとっていまや不可欠となった，多様な情報システムの現状と今後の課題を明らかにする第Ⅶ章と第Ⅷ章です。各種の情報通信システムが現代の社会生活を支えるインフラとして機能していますが，その機能を技術の効率性や利便性で評価するだけでは十分ではありません。「社会技術」として人間の生活や文化と適合したあり方を探索し，評価する試みが必要不可欠なのです。

　第4のパートは，文化，社会，政治，法など社会のマクロな領域と情報通信技術とのかかわりを論じる，第Ⅸ章から第Ⅺ章によって構成されています。これらの議論から，現代社会の変容と「近未来の社会」の姿を情報論的な視角からとらえ直すことができるでしょう。

　経済学がいま起きている経済現象を解明し，よりよい経済社会を生み出すための理論や政策を提出するように，あるいは防災科学が災害の発生メカニズムを検討し，防災に役立つ施策を提言するように，社会情報学は，新たな「技術環境」のもとで生まれている情報現象のメカニズムと問題点を分析し，よりよい情報社会，より民主的なネットワーク社会を実現するために必要な認識を多くの人びとが共有できるように，情報学的な知の提示を試みる野心的な学問分野です。したがって本書は，基本的に大学で学ぶ学生を対象に書かれたテキストであるとはいえ，情報化がもたらすさまざまな問題や課題を把握したいと考えている一般の人びとに対しても，有益なものになると期待されます。

　なお，編者の西垣通は基礎情報学を，伊藤守はメディア研究を，それぞれ専門としており，広範な社会情報学全体を見通せるわけではないので，本書の各章の編成に関しては，橋元良明先生，岩井淳先生，遠藤薫先生，山口いつ子先生からアドバイスをたまわり，総論も執筆していただきました。心から感謝いたします。

　最後に，今後この分野の研究を牽引していく気鋭の研究者から読みごたえのある論考を短期間のうちに書き上げていただいたことに対しても，編者として感謝の言葉を申し上げます。

　　2015年2月

　　　　　　　　　　　　　　　　　　　　　　　　　西垣　通
　　　　　　　　　　　　　　　　　　　　　　　　　伊藤　守

# もくじ

■よくわかる社会情報学

はじめに

## I 社会情報学の成立

1 情報科学（Computer Science）の勃興 …………………………… 2
2 情報学（Informatics）の成立 ……… 6
3 社会情報学（Socio-Informatics）の生成 …………………………… 10
4 社会情報学の研究方法 ………… 14

## II ネオ・サイバネティクスと生命圏

1 総論 ……………………………… 18
2 生命と情報 ……………………… 22
3 脳の発達と情報 ………………… 24
4 言語の成立 ……………………… 26
5 感性的コミュニケーション …… 28

## III 情報過程の歴史的階層性

1 総論 ……………………………… 30
2 オーラル・コミュニケーション … 34
3 文字を書く・読む技術 ………… 36
4 光学メディア …………………… 38
5 シネマ …………………………… 40

6 ブロードキャスティング・システム ……………………………… 42
7 近代社会の情報論的構造 ……… 44

## IV コンピュータのつくる言語映像圏

1 総論 ……………………………… 46
2 コンピュータの情報処理 ……… 50
3 マルチメディア ………………… 52
4 ウェブとデータベース ………… 54
5 人工知能とロボット …………… 56

## V コミュニケーション空間

1 総論 ……………………………… 58
2 ソーシャルメディアとコミュニケーション ………………… 62
3 デジタルネイティブの進化 …… 64
4 ネット空間のコミュニティ …… 66
5 テレビの未来と社会的受容 …… 68
6 ネット社会と情報行動の変容 … 70
7 ネット評判社会 ………………… 72
8 ビッグデータと社会情報学 …… 74

## VI　社会的意思決定と情報

1. 総論 …………………… 76
2. 社会的ジレンマ ………… 80
3. 会議と合意形成 ………… 82
4. 社会的選択理論と情報 … 84
5. グループウェアと意思決定支援 … 86
6. 社会シミュレーション …… 88
7. インターネットと選挙 …… 90
8. 公共圏と熟議民主主義 … 92
9. 厚生主義と非厚生主義の視点 … 94
10. 社会的意思決定と自己組織性 … 96

## VII　社会システムへの応用①

1. 総論 …………………… 98
2. 行政情報 ……………… 102
3. 地域コミュニティ ……… 104
4. 医療・福祉 …………… 106
5. 都市・交通 …………… 108
6. 教育 …………………… 110
7. 災害 …………………… 112
8. オンライン・ショッピング … 114
9. 電子マネー …………… 116

## VIII　社会システムへの応用②

1. 総論 …………………… 118
2. 観光 …………………… 122
3. デジタル・ミュージアム … 124
4. ピア・プロダクション …… 126
5. 音楽／映像配信システム … 128
6. ゲーム ………………… 130

## IX　デジタル化される文化

1. 総論 …………………… 132
2. オンライン・ジャーナリズム … 136
3. 記憶・記録・アーカイヴ … 138
4. Googleの世界 ………… 140
5. 電子書籍 ……………… 142
6. デジタル化する博物館・美術館 … 144
7. 移動とスクリーン ……… 146
8. ポスト記号消費社会 …… 148
9. 情報資本主義 ………… 150
10. 監視社会 ……………… 152

## X　法・政策と情報

1. 総論 …………………… 154
2. 表現の自由・メディア・アーキテクチャ …………… 158
3. 通信・放送の融合・連携 … 160

| 4 情報公開とプライバシー・個人情報保護 …………………… 162
| 5 政府規制・自主規制・共同規制‥ 164
| 6 地域情報化政策とコミュニティ… 166
| 7 音楽とコンテンツ産業 ………… 168
| 8 写真・映画と著作権 …………… 170
| 9 セキュリティーと情報倫理 …… 172

## XI 近未来の社会と情報技術

| 1 総論 …………………………… 174
| 2 ネットと近未来組織 …………… 178
| 3 オープン・データ ……………… 180
| 4 集合知 …………………………… 182
| 5 ヴァーチャル・リアリティ …… 184
| 6 ポスト近代社会のメディア …… 186

## XII 研究者紹介

| 1 クロード・シャノン …………… 188
| 2 ニクラス・ルーマン …………… 190
| 3 ノーバート・ウィーナー ……… 192
| 4 ウンベルト・マトゥラーナ …… 194
| 5 フランシスコ・ヴァレラ ……… 196
| 6 アラン・チューリング ………… 198
| 7 ヴァルター・ベンヤミン ……… 200
| 8 マーシャル・マクルーハン …… 202
| 9 ジル・ドゥルーズ／フェリックス・ガタリ ……………………… 204
| 10 ジャン・ボードリヤール ……… 206
| 11 グレゴリー・ベイトソン ……… 208

さくいん ………………………… 210

やわらかアカデミズム・〈わかる〉シリーズ

よくわかる
社 会 情 報 学

# I　社会情報学の成立

　情報科学（Computer Science）の勃興

　論理主義の台頭

　情報科学（Computer Science）は20世紀半ばに生まれたというのが通説である。主な理由は1940〜50年代にかけてコンピュータが誕生したからだが，その意義は単に，高速計算をおこなう実用機械の出現にとどまるものではない。端的にはコンピュータは，「人間のように考える機械」，さらには「人間より正確に論理的思考を実行する機械」という，文明史的夢想とともに発明されたのである。

　この夢想は，当時の科学思想的な背景と深く関連している。20世紀初頭，欧米世界で「論理主義（logicism）」という哲学潮流が台頭した。振り返ると，まず19世紀末に論理学者ゴットロープ・フレーゲが「述語論理」を提唱した。これは，アリストテレスの古典的な命題論理を拡張したもので，言語命題を精密に記述することができる。例えば数学の定理証明のためには，英語やフランス語などの自然言語よりも論理記号による記法を用いるほうが厳密になるだろう。フレーゲの述語論理にもとづいて，20世紀初め，哲学者バートランド・ラッセルはアルフレッド・ホワイトヘッドとともに『数学原理』を著し，またその弟子であるルートヴィヒ・ヴィトゲンシュタインは『論理哲学論考』を著した。これらの書物においては，公理と述語論理にもとづく推論が数学の基礎をつくり，そういった数学的論理にもとづく分析的な言語で人間の経験を記述するものこそ，真の哲学であるという強い信念がみられる。

　関連して注目されるのは，20世紀前半，数学を論理学の上に厳密に位置づけようという「数学基礎論」が盛んになったことだ。数学者ダーフィット・ヒルベルトは，矛盾のない公理系から導かれる真なる数学的命題は，必ず形式的な記号操作で証明できると予測した。この予測自体は，1930年代初めにクルト・ゲーデルの不完全性定理によって否定されてしまったが，当時の形式的記号操作にたいする信念はそれほど強かったのである。平たくいえば，数学的命題にかぎらず，世界の事物を記号で表し，記号を形式的なルールにもとづいて論理操作することにより，世界の事物についての正確な記述がえられる，というのがこの信念に他ならない。そうすれば主観的で不正確な思考は排除され，客観的で正確な思考が可能になるというわけだ。

　以上のような時代状況のもとで，単に複雑な数値計算だけでなく形式的な記

▷1　Whitehead, Alfred North and Bertrand Arthur Russell, 1910-1913, *Principia Mathematica*, Cambridge University Press.

▷2　ウィトゲンシュタイン, L., 野矢茂樹訳, 2003, 『論理哲学論考』岩波文庫. 同書は1921年にドイツで出版されたが，この哲学者はその後，『哲学探究』において論理主義を克服したといわれる。

▷3　この信念は，その後曲折をへながらも，いわゆる「分析哲学（analytic philosophy）」に受けつがれ，現在も英米哲学の主流となっている。

▷4　「この命題は証明できない」といった自己言及的な命題の探究が，ゲーデルの議論の核心をなしている。

号操作を迅速におこなう論理機械，つまりコンピュータが希求されたのはきわめて自然なことだったといえるだろう。

## 2 コンピュータの発明

世界最初のデジタル・コンピュータは，1940年代に開発されたアメリカのABC（アタナソフ&ベリー・コンピュータ）やENIACであるといわれている。しかし，これらはいずれも「プログラム内蔵方式」を採用してはいない。処理対象のデータのみならず，処理操作つまりプログラム自体をデータのように記憶装置に蓄積し，プログラムを順次読み出しながら処理を実行するのがプログラム内蔵方式であり，この点こそが現行コンピュータの本質をなしている。プログラム内蔵方式を実現した本格的コンピュータは，1940年代末から50年代初めに登場したイギリスのEDSACやアメリカのEDVACだった。そして，このプログラム内蔵方式を提唱したといわれるのが，天才数学者ジョン・フォン・ノイマンなのである。[5] 実は，プログラム内蔵方式は，コンピュータの理論モデルである「万能チューリング・マシン」を技術的に体現したものに他ならない。万能チューリング・マシンは，イギリスの天才数学者アラン・チューリングにより，1930年代に考案された。[6] チューリング・マシンというのは，一次元の長いテープ上に処理対象のデータが記録されており，テープにたいし読み書きをおこなうヘッドがテープに沿って移動しながら，処理対象データにたいし論理計算処理を実行する，という機械モデルである。一般に，加算処理，減算処理など，処理操作ごとにチューリング・マシンの動作はさまざまに異なる。だが，テープの上に処理操作そのものを論理記号で記録しておき，これをヘッドがまるでデータのように読み出しながら，データの計算処理を実行したらどうだろうか。――これこそ，万能チューリング・マシンに他ならない。この特別な機械モデルは一種のメタモデルであり，たった1つのマシンで，あらゆるチューリング・マシンの動作をシミュレートすることができる。ゆえに「万能」なのだ。そして，プログラム内蔵方式のコンピュータは，万能チューリング・マシンを工学的に体現する汎用論理機械なのである。

フォン・ノイマンもチューリングも，数学基礎論の研究者であり，ヒルベルトの形式主義から多大な影響を受けていた。したがって，誕生したコンピュータが，単なる実用的な高速計算機械にとどまらず，人間の正確な思考を実行する論理機械として期待されたことは間違いない。

## 3 情報の数学的理論

20世紀初頭には，上述のような論理主義の台頭に加えて，科学思想史上の特筆すべき動きがあった。それは，物質やエネルギーとともに「情報」という第3の概念が，物理的世界の基本をなしているという考え方の登場である。量子

▶5 プログラム内蔵方式はエッカートとモークリーによって技術的に考案されたともいわれるが，理論的アイデアをまとめて最初に公表したのはフォン・ノイマンである。

▶6 チューリングの人となりや万能チューリング・マシンについては，コープランド, B. J., 服部桂訳, 2013, 『チューリング』NTT出版がわかりやすい。またフォン・ノイマンやチューリングと論理主義の関係については，西垣通, [1991] 2008, 『デジタル・ナルシス』岩波現代文庫, 第1-2章を参照。

力学における不確定性原理，つまり微小な粒子の位置と運動量を同時に正確に測定できないという原理の発見は，「観察（観測）」という行為の重要性をあぶり出した。観察とは対象を測定することであり，対象から情報をえることである。場合によっては，観察によって対象が乱される可能性も考慮しなくてはならない。にもかかわらず，「情報量」という概念さえ，当時は不明瞭だった。

1948年，「コミュニケーションの数学的理論」という論文によって，「情報量」に明確な科学的定義をあたえたのが，通信工学者クロード・シャノンである[7]。コンピュータの発明とならんで，その「情報理論」を情報科学勃興期の代表的業績として位置づけることができるだろう。世界のある事象が生起する確率に着目し，その対数関数値によって情報量を表す，というのが基本的なアイデアである。正確にいえば，一群の事象群が存在するとき，その中のある特定の事象が起きたことを知らせるメッセージの情報量は，当該事象が起きる確率の逆数の対数関数値として定義される。どの事象が起きるかは事前にはわからないので，その事象群の状況を知らせるメッセージの情報量は，「平均情報量」に等しい。平均情報量は，状況の不確定度を示す「エントロピー」に結びつけられる。つまり，「情報」とは不確定度を減ずるものだから，「負のエントロピー（ネゲントロピー）」として概念的に位置づけられたのである。

シャノンの情報理論は，一時，通信工学分野のみならず人文社会科学分野からも多大な注目を集めた。しかし今日，これを情報の普遍的な理論と見なすことは難しい。なぜならその議論は，メッセージの「意味」ではなく，メッセージの構成単位である「（文字などの）記号」の統計的性質に関するものだからだ。もしメッセージの意味内容に着目すれば，ただちにその統計的性質の扱いの困難さに気づいたはずだ。だがシャノンの目的はあくまで記号の伝送効率向上にあり，情報とは何かという本質的次元に切り込むものではなかったのである。

では，意味を捨象したシャノンの議論は，いったいなぜ学際的な注目を集めたのだろうか。その背景に，上述の論理主義，とくに論理記号の形式的操作にたいする厚い信頼という知的状況があったことを忘れてはならない。記号はもともと何かを表す（意味をもつ）存在だが，ルールにしたがって記号を機械的に操作する際には，意味など忘れて構わない。それが形式的操作なのである。少なくとも，人間の主体的解釈にともなう「意味的なゆらぎ」という問題は，そこでは等閑視されがちとなる。

こうして，本来は通信工学の一分野にすぎないシャノンの情報理論は，コンピュータ工学と一体となり，いわゆる情報通信技術（ICT：Information and Communication Technology）の一翼をになうことになった。

## 4　コンピュータ文明の出現

20世紀後半以来，コンピュータ技術の発展と普及は想像をこえたものとなっ

[7] シャノン, C., ウィーバー, W., 植松友彦訳, 2009,『通信の数学的理論』ちくま学芸文庫。

た。いわゆる「ムーアの法則（半導体の集積密度が１〜２年で倍増していくという経験則）」に代表されるように，コンピュータの規模や複雑さは指数関数的な増加の一途をたどっている。コンピュータ文明が到来したのだ。

ただし，その進歩は単線的だったわけではない。大ざっぱにいって２つの潮流に分けて整理することができる。第１はメインフレームを中心とした注文生産の非常に高価なコンピュータであり，主として政府，巨大企業，研究機関など大規模な社会的組織で活用されてきた。1970年代まではこれが実用コンピュータの大半をしめた。20世紀末にそのニーズは衰えたものの，現在でもその専門技術は超高速計算を実行するスーパー・コンピュータに応用されている。

この流れは，上述の論理主義の考え方ときわめて関連が深い。対象を客観的なモデルとして大づかみにとらえ，その挙動を数理的に分析し，入力データにもとづく計算結果を，最適な結果をえる意思決定のために用いるのである。複雑な対象を多くの変数間の数学的関係として表し，その挙動を分析する学問はオペレーションズ・リサーチとかシステム工学とか呼ばれるが，コンピュータの普及とともに，その適用範囲は一挙に拡大した。工学や理学，医学，農学など理系の諸分野はもとより，経済学，経営学，政治学など文系の諸分野をふくめ，あらゆる分野でコンピュータの高速計算能力は活用されてきたのである。とりわけ，軍事面での活用として特筆されるのはベトナム戦争においてだった。1960〜70年代，アメリカ国防総省は巨大なコンピュータを駆使し，継続的に大規模なシミュレーションをおこない，戦力の投入や兵站などに関する最適な作戦を立案し，実行した。とはいえ，ベトナム戦争が必ずしもアメリカの望み通りのかたちで終結しなかったことは，数理的モデルとコンピュータの組み合わせが万能でないことを示唆している。

メインフレームはいわば政府や巨大企業向けの高価なツールだったが，これにたいし，一般市民向けの安価なツールとして1970〜80年代に登場したのが，大量生産のマイクロプロセッサを備えたパソコンだった。これが第２の潮流である。当初は一部愛好者向けのホビー機械だったが，パソコンはやがてBASIC言語など使いやすいソフトウェアが出現するとともに急速にビジネス界に浸透した。1990年代半ばになると，手軽なウェブ閲覧ソフトが普及し，原則として地上のあらゆる人びとがインターネットを通じて情報交換をすることが可能となった。近年，流行している「スマホ（スマートフォン）」もこの延長上にある。

第２の潮流の技術的特徴は，「ユーザー・インターフェイス」に力点がおかれることだ。これは形式的な記号処理のみに力点がおかれる第一の潮流との大きな相違である。人間の意味的コミュニケーションが問われるとき，情報科学は「情報学」という新たな学問の一部になっていくのである。　　　（西垣　通）

▶8　西垣通編著訳，1997，『思想としてのパソコン』NTT出版。

I 社会情報学の成立

 情報学（Informatics）の成立

### 1 新情報社会の到来

情報社会（Information Society）という言葉の誕生時期については諸説があるが，1960年代，テレビが社会的に普及した頃だというのは代表的な説である。テレビという圧倒的なメディアにより，20世紀中葉，従来の新聞やラジオに関するマスコミ論やジャーナリズム論には斬新な局面が加わったのである[1]。だが，21世紀に入ると，コンピュータを相互接続したインターネットが一般人のあいだに急速に普及しただけでなく，従来のアナログ・メディアをデジタル技術により統合する動きが盛んになった。今では，誰もがスマートフォンの小さな画面でテレビ放送を眺めたり，新聞記事を読んだりしている。つまり，超小型コンピュータをベースとした新たな情報社会が到来したのである。

大型メインフレームの全盛期だった1970年代までは，コンピュータは非常に高価であり，複雑な数値計算や膨大なファイル処理など，大量の論理的データ処理をおこなう機械にすぎなかった。ユーザーも専門家で，処理実行に際して記号やデータの表す「意味」は明確に定義されているのが普通だった。あえていえば，情報の「意味」を問う必要はなく，単にデータ処理のための形式的操作が正確におこなわれれば十分だったといえる。データ処理を学問的に支えるのはいわゆる理系の「情報科学（Computer Science）」であり，テレビを基盤にした文系の「情報社会論」とは切り離されていたのである。

しかし現在では，一般の人びとが日常生活のなかで，安価なパソコンや携帯情報端末を駆使し，情報をネットから検索したり，ブログやTwitterで発言したり，メールで交信し合ったりしながら暮らしている。そこでは，機械的データ処理が介在するにせよ，情報のもつ「意味」の解釈が重要になってくる。情報科学においては基本的に「意味」は前景化せず，これを捨象して議論を進めることができるが，コンピュータと人間が複雑に絡み合う新たな情報社会では，もはや機械的データ処理に関する知だけでは不十分になってきたのである[2]。

### 2 意味をもつ情報

もともと情報は「意味」と不可分な存在である。意味とは一種の「価値（significance）」であり，しばしば人間に何らかの行動をうながす。シャノンの通信工学的な情報概念の影響をうけて，情報を「選択行為」と直結する考え方

[1] メディア論の書物は無数にあるが，最も著名なものの1つとして，マクルーハン, M., 栗原裕・河本仲聖訳, 1987,『メディア論——人間の拡張の諸相』みすず書房をあげておく。

[2] I-1 参照。

もあるが，これは情報のもつ意味が価値や行動をもたらす事態の部分的な一面を取り出したにすぎない。

文系学問における情報とは，一般に，社会で通用する記号表現（signifiant）とそれが表す意味内容（signifié）が一体になったものであり，言語記号はその典型である。記号が社会で通用するためには，意味内容が何らかの社会的共通性をもっていなくてはならないが，これは絶対的なものではなく，送り手と受け手のあいだで意味内容はつねにゆらいでいる。だからこそ，マスコミからの情報の意味を視聴者が主体的に解釈する「メディア・リテラシー」が重要になるのである。確かに送り手と受け手のあいだで共通概念構造が正確に規定されていれば，意味を捨象した形式的記号操作で効率よく社会的行動を起こせるが，これは軍隊的組織のような例外にすぎない。意味内容の体験的ゆらぎを軽視し，合理性を過度に強調すると，コンピュータが多用される情報社会は，人間の自由を抑圧する権威的・管理的なものとなってしまいがちだ。

文化人類学者グレゴリー・ベイトソンは，情報を「差異（difference）をつくる差異」と定義した。ここには，情報が所与の客観的なものではなく，本来は主観的に生成されるものだという含意がある。生きている主体は周囲環境を主観的に認知観察し，自らの価値観にしたがって周囲環境を差異化（区分化）し，主体なりの世界を構成している。差異化とは意味づけに他ならない。その世界に周囲から新たな刺激が加わると，再び自己循環的な意味づけ・差異化がおこなわれ，世界が構成され直していく。基本的にこれは，人間だけでなくあらゆる生命体に共通のダイナミクスである。

このように，情報は，生命体の「生きる」という活動と不可分であり，根源的には主観的な存在である。人間社会では，その一部が間主観的に共有され，辞書的な共通の意味と結びつくが，その疑似客観性はあくまで疑似的なものにすぎない。

## ③ 生命体の遺伝情報

20世紀半ばには，コンピュータの発明とともに，情報に関してきわめて注目すべき発見がおこなわれた。DNA 二重螺旋構造をもつ生命体の遺伝情報の存在が，1953年，生物学者のジェームズ・ワトソンとフランシス・クリックによって明らかにされたのである。それまでの生物学は，主として化石や解剖などにもとづく系統分類学に力点がおかれていたが，以後，DNA 遺伝情報の分析にもとづく分子生物学が急速に発展した。個体を成り立たせる遺伝子の総体である「ゲノム」が各種の生物について詳しく研究され，人間のゲノムを探究する「ヒト・ゲノム計画」の実行によって人間のさまざまな側面が明らかにされていることは，もはやいうまでもないだろう。

こういったゲノム分析にはコンピュータが駆使されており，一時は，DNA

▷3　ソシュールは，言語記号を能記（signifiant）と所記（signifié）が一体になったものとしてとらえた。

▷4　英語では「any difference that makes a difference」。ベイトソン, G., 佐藤良明訳, 1982,『精神と自然──生きた世界の認識論』思索社を参照。

遺伝情報における4種類の塩基（アデニン，グアニン，チミン，シトシン）配列によって人間のすべてが分析できるといった機械的人間観が，多くの人びとのあいだに広まったこともあった。しかし，こういった安易な遺伝子還元論は，その後の分子生物学の発展によって否定されている。生命体は確かにDNA遺伝情報にもとづいてタンパク質を合成するが，そのプロセスはコンピュータによるデータ処理のように定型的なものではない。環境条件によって変動する，きわめて複雑で奥が深いものであることがわかってきた。あえていえば，生命体の発生プロセスをDNA遺伝情報の意味を解釈し実行する過程としてとらえることもできるだろう。

ここで，DNA遺伝情報の発見が，人間観にもたらした変化について述べておく必要がある。その分析を通じて，多様な生物種同士の類縁関係や系統樹を実験科学的に研究することが可能になり，ダーウィン進化論が跡づけられた。ヒトだけが理性をもち合理的に行動する特別な存在だという従来の人間観は，ますます根拠を失いつつある。すべての生物は共通の祖先である単細胞から進化してきたのであり，したがって人間の思考も生物的な制限を免れることはできない。

## ❹ 論理的思考の基層にあるもの

人間の思考のモデルを論理機械ととらえる20世紀の論理主義的な発想は，主として大脳新皮質の動作を表現したものといえる。そこでは分析的な言語活動がおこなわれる。確かにヒトという生物種の大脳新皮質が，他の生物種より異常なほど発達していることは間違いない。しかし，そうはいっても，ヒトがホニュウ類，さらに脊椎動物の一種であることも事実であり，脳幹や小脳，大脳旧皮質などの動作がヒトの思考の基層にあることを決して忘れてはならない。ヒトも，サルやイヌやネコなどと連続した存在なのである。

したがって，表面的には論理的・合理的に見える人間の思考も，実は感情をふくめ，身体活動や無意識の強い影響のもとにある（フロイトの精神分析理論はその一面を語ったものといえる）。このことは脳科学研究によって近年ますます明確になってきた。例えば，脳科学者のアントニオ・ダマシオは，「悲しいから泣くのではなく，泣くから悲しいのだ」というジェームズ=ランゲ説を支持し，脳が喜怒哀楽を感じた結果として身体反応が起きるのだという常識を実験科学的に批判した。まず身体反応という情動（emotion）が生じ，それを脳が「経験」することにより，感情（feeling）が現れるというのである。理性的な論理はむしろ，感情を整理し，うまく社会生活を営むために用いられるのだ。

こう考えると，コンピュータのような論理機械の動作として人間の思考全体をとらえたり，意味から切り離した単なる記号として情報を扱ったりする人工知能的発想がきわめて一面的なことがわかる。生命活動への注目が，理系の情

▶5 ダマシオ, A. R., 田中三彦訳, 2000, 『生存する脳——心と脳と身体の神秘』講談社。

報科学と文系の社会情報学をむすぶための鍵になるのである。

## 5 ネオ・サイバネティクスと基礎情報学

　情報と生命体とをむすぶ理論は，実はとくに新しいものではない。20世紀中葉，コンピュータの発明とほぼ同一時期に，数学者ノーバート・ウィーナーによって提唱された「サイバネティクス（Cybernetics）」こそ，その第一歩であったといって過言ではないだろう。1948年に出版された著書『サイバネティクス』の副題が「動物と機械をつなぐ制御と通信」であることはこれを象徴している。▷6

　サイバネティクスは情報社会の基礎概念をつくった理論として評価されているが，同時に，きわめて誤解された不幸な理論でもあった。つまり，生命体の脳神経系と機械の電子回路の同質性にもとづく理論であったため，人間機械論の原典のような扱いをされてしまったのである。▷7

　しかし，その後1970年代になると，ウィーナーの古典的なサイバネティクスを批判的に発展させた新たなサイバネティクスが出現した。物理学者ハインツ・フォン・フェルスターの「二次（second-order）サイバネティクス」はその代表格といえる。古典的サイバネティクスでは，生命体は開放系（open system）として外側からモデル化されるが，二次サイバネティクスでは閉鎖系（closed system）として内側からモデル化される。つまり，生命体が，変動する周囲環境を観察し，自己循環的に意味づけ，内的世界を構成して継続的に動作をつづけていくメカニズムが問われるのだ。▷8

　フォン・フェルスターの議論は，ほぼ同時期に，交流のあった生物学者ウンベルト・マトゥラーナとフランシスコ・ヴァレラにより，一種の生命システム論である「オートポイエーシス理論」としてまとめられた。▷9 生命システムは自分で自分（auto）を創出（poiesis）する自律（autonomous）システムであり，人間のつくったプログラムにもとづいて動作する，コンピュータのような他律（heteronomous）システムとは本質的に異なるのである。

　オートポイエーシス理論は，社会学者ニクラス・ルーマンの機能的分化社会理論に取り入れられた。閉鎖系のシステム理論は，これ以外にも，ジークリート・シュミットの文学システム論，河本英夫の身体論などに適用され，現在，「ネオ・サイバネティクス（Neocybernetics）」という新たな学問潮流を形成しつつある。▷10 以上のような背景のもとで，オートポイエーシスの閉鎖系をベースにしつつも，開放系の情報伝達をも包含するモデルを構築しているのが基礎情報学（Fundamental Informatics）である。▷11 その目的は理系の情報科学と文系の社会情報学を架橋し，人間とコンピュータが共存する情報社会における統合的な情報学（Informatics）の基盤を築くことにある。

（西垣　通）

▷6　ウィーナー, N., 池原止戈夫ほか訳, 2011,『サイバネティックス——動物と機械における制御と通信』岩波文庫。

▷7　XII-3 参照。

▷8　橋本渉, 2010,「ハインツ・フォン・フェルスターの思想とその周辺」『思想』1035号：pp.98-114。

▷9　マトゥラーナ, H. R., ヴァレラ, F. J., 河本英夫訳, 1991,『オートポイエーシス——生命システムとは何か』国文社。

▷10　西垣通・河本英夫・馬場靖雄ほか, 2010,「小特集：ネオ・サイバネティクスと21世紀の知」『思想』1035号。

▷11　西垣通, 2004,『基礎情報学——生命から社会へ』NTT出版；西垣通, 2008,『続 基礎情報学——「生命的組織」のために』ＮＴＴ出版, ならびに, 西垣通・河島茂生・西川アサキ・大井奈美編, 2014,『基礎情報学のヴァイアビリティ——ネオ・サイバネティクスによる開放系と閉鎖系の架橋』東京大学出版会などを参照。

Ⅰ 社会情報学の成立

#  社会情報学（Socio-Informatics）の生成

## 1 社会情報学とは

　社会情報学とはいかなる学問であろうか。情報学という名称が使われていることから，理系の学問分野で，気象観測システムや列車の運行制御システムなど，コンピュータと通信技術が結合した各種の情報システムに関する研究分野，あるいは社会に役立つさまざまなソフトを開発する分野と思われるかもしれない。また，社会と情報という言葉が結びついていることで，コンピュータ・サイエンスといった理系の学問分野と経済学や社会学などの社会科学が連携した学際的な研究分野だろうと考える人もいるだろう。どちらの意見も決して間違いとはいえない。

　だが，このように，社会情報学を，ダイレクトにコンピュータと関連づけて考えること，各種の情報システムの開発や運用そして評価に関する研究であると考えることは，社会情報学のもっとも重要な観点を捨象することにつながりかねないし，社会情報学が開くより広い研究・教育の領域を見失ってしまうだろう。社会情報学は，上記のような，一般にイメージされるよりもずっと幅広い，人間社会の新たな理解とそれを基盤とした社会システムの構想に貢献できる確固とした学問領域として構想されうる。

　まずここでは，とりあえず社会情報学を「社会における情報現象の総体を研究対象とする学問」であると規定しておこう。この暫定的な規定について，より詳しい説明が必要だろう。

## 2 社会における情報現象

　「社会における情報現象」と述べたが，この定義も実はかなり曖昧な規定である。というのも，「社会における」という表現が，社会という器のなかに情報現象が別にあるかのように見なしてしまう可能性を残しているからである。言い換えれば，社会と情報（現象）がそもそも別のことがらであるかのように判断されかねないからである。

　この誤解を解くために，そもそも社会とはいかに成立するのか，社会の存立は何によって支えられているのか。この点から考える必要がある。

　例えば，家族という集団は何から形成されるのか。「血縁」である，という答えが1つ考えられる。しかし，「血のつながり」とはまったく無関係に家族

▷1　もっとも早い時期に「社会情報学」の成立の根拠を指摘したのは，吉田民人, [1967] 1990,「情報科学の構想」『自己組織性の情報科学』新曜社である。また情報の層序という観点から情報過程の自然史的な発展を位置付け，社会情報学の根拠を示した，田中一, 1997,「情報と情報過程の層序」『社会情報学研究』創刊号，などの先駆的な業績がある。

を形成する人たちが数多くいる。このことは上述の答えが誤りであることを教えてくれる。では，何が家族を構成しているか。あるいは企業という社会組織はどうだろう。利潤追求という目的を共有した人間の「関係」だろうか。では「関係」とはいかなることだろうか。大学という教育組織はどうだろう。「学ぶ」「教える」という営みを共有した教員と学生の「関係」だろうか。ではここでの「関係」は企業の「関係」とどう違うのだろうか。

　最初の問いに立ち帰ろう。「家族」「企業」「大学」といった多くのサブシステムから構成された「社会」は，何から形成され，何を基盤に成立しているのか。

　この問いにはいくつかの定番ともいえる回答がある。先ほど「血縁」と述べたが，それに類するものとして，「民族」という回答あるいは「共通の歴史」「共通の価値観」の共有といった回答がある。しかし，さまざまな異なる文化的伝統や価値観をもつ多様な人たちから構成された社会が成立している今，こうした意見が支持されることはないだろう。

　では，「社会」はいかにして成立するのか。この問いにもっともラディカルな回答を与えた一人が，ドイツの社会学者ニクラス・ルーマンである。社会はコミュニケーションから成立する。それが彼の主張である。ある媒体を通じて伝達されたメッセージを，受け手であるBがどう受けとめるのか予測できないまま，つまり不確定なまま，送り手であるAが伝達する。その危うい微細な営みにこそ社会が成立する基盤がある。ルーマンはそう指摘する。

▶2　ルーマン，N., 佐藤勉監訳, 1984，『社会システム論』恒星社厚生閣を参照。

　この指摘のラディカルさは，コミュニケーションが原理的にいえば，あくまで不確定で，曖昧な，いつ切断してもおかしくない危うい線上で繰り広げられる営みであることをストレートに定式化した点にある。「共通の価値観」を共有しているから社会が成立するわけではない。そうではなく，メッセージが無視されるか，理解されるか，あるいは誤解されるか，そのことがわからないまま，不確定なコミュニケーションを次のコミュニケーションに接続していくことにおいてしか，社会は成立しない。それがルーマンの主張である。

　ここまでコミュニケーションについて述べた。その理由は次のことを理解してほしいからにほかならない。つまり，「社会における情報現象」とは，実際には「社会」と「情報現象」に切り離された2つの領域あるいは別々のことがらなのではなく，「社会」とはそもそもコミュニケーション，すなわち情報伝達の継続的な過程にもとづくほかないということである。その意味で，社会情報学は，ミクロな場面における対人コミュニケーションからモバイルメディアを介した映像や音声や文字によるコミュニケーション，FacebookやTwitterを通じたコミュニケーション，さらには観測・通信・制御といった一連の情報処理過程を組み込んださまざまな情報システム（気象観測システム，交通システム，行政情報システム等），そして既存のマスメディアの情報過程をも対象とす

る，〈社会情報〉現象の総体を対象とする学問領域なのである。

## 3 コミュニケーションという現象への学問的探究

ところで，情報伝達を核とするコミュニケーションは長いあいだ，学問の対象とはみなされてこなかった。それが重要な対象となるのは20世紀に入ってからである。関心の高まりをよく示すいくつかの知的潮流がある。1つは文化人類学に代表される知の営みである。非西欧諸国へのまなざしを通じて，それまで自明のことがらと考えられてきたコミュニケーションが見直され，情報が伝達されるしくみを原理的に考えることの重要性が認識された。第2は，情報科学の出発点をなした，観測・計算・制御という機械的な情報処理への関心の急速な高まりである。しかもここで看過できないのは，文化人類学と情報処理への関心という2つの知的潮流が実際には深いレベルで交わり，交叉していたという点だろう。例えば，ノーバート・ウィーナーやジョン・フォン・ノイマンといった錚々たる情報科学の創立者たちとサイバネティクス学会を立ち上げた人物の一人であるグレゴリー・ベイトソンは文化人類学者でもあり，コミュニケーション学者でもあった。そして第3は，主にラジオからテレビへと続くマスメディアに媒介されたコミュニケーションの拡大にともなう人文社会科学分野からの関心の高まりである。

つまり，文化人類学，数学，工学，社会学，文学，哲学といった異分野の知的活動が，1930年代に共通してコミュニケーション過程，つまり人間の，あるいは機械の，情報の産出と移動と受容の過程に着目し，新たな研究分野を果敢に切り開いてきたのである。

したがって，〈社会情報〉の総体を研究対象とする社会情報学は，今述べた複数の知の系譜と決して無縁ではない。むしろもっとも基本的な知の源泉と位置づけられるべきものなのである。

だがこのように述べると，コミュニケーション科学や情報科学と社会情報学は一体ではないか，わざわざ社会情報学といった名称を掲げる必要があるのか，という疑問が浮かんでこよう。

## 4 コミュニケーション学と／から社会情報学

文化人類学やマスコミュニケーション論・メディア論といった領域から発展してきたコミュニケーションに関する知が，社会情報学という学問分野の形成のバックボーンをなしてきた。しかし，ここで看過してならないのは，コンピュータと通信技術の劇的な発展が従来コミュニケーション学によって想定されてきた研究対象の範囲を凌駕するほどの現象を顕在化させ，社会情報学という固有の分野の確立を要請したということだろう。

コミュニケーションに関する学問は，元々，身振りといった非言語的コミュ

▷3　XII-3 参照。

▷4　XII-11 参照。ベイトソンがニューギニアへの調査に出かけたのは1933年である。またレヴィ＝ストロースが高校教師を辞めてサンパウロ大学に赴任し，ボロロ族の調査をおこなったのは1935年である。

▷5　マスコミュニケーション研究と総称される研究の発端として，新聞読者の広がりと日常の会話が生み出す「模倣」現象を叙述したガブリエル・タルドの『世論と群衆』(1901)，アメリカのジャーナリストであるウォルター・リップマンの『世論』(1922)，そしてアメリカのラジオ放送局CBSがオーソン・ウェルズのSFドラマ「宇宙戦争」を放送した際に，100万人の人がパニックを起こした事件を調査したハドリー・キャントリルの『火星からの侵入』(1938) を挙げることができる（タルド, G., 稲葉三千男訳, 1964, 『世論と群衆』未來社；リップマン, W., 掛川トミ子訳, 1987, 『世論』岩波文庫；キャントリル, H., 斎藤耕二訳, 1971, 『火星からの侵入』川島書店）。

ニケーションをふくみつつ，基本的に言語記号という「意味的情報」を主題として，基本的には人間と人間とのあいだの，情報の伝達過程を扱ってきたといえる。しかしながら，現在の機械的な情報処理は「1」「0」のデジタル信号，つまり「非意味的な情報」をベースとして，各種の情報システムを発展させている。しかもこれらの情報システムは社会システムの重要なインフラとして機能し，社会の存立基盤の一部をなしている。

さらに言えば，コミュニケーション学が「伝達」という機能に着目してきたとすれば，今日の情報技術は「伝達」のみならず，膨大な量の情報の「保存」，さらにデータベース化された情報にもとづく高度な数値計算やシミュレーション，さらにそうした情報処理にもとづくリアルな世界の制御や管理といった多様な情報過程を生み出している。これら「保存」「蓄積」「計算」「制御」「管理」といった多角的な情報過程を，もっぱら「伝達」に特化したコミュニケーションという概念から把握することはもはやできないだろう。社会情報学の成立の根拠の1つはこの点にある。

他方で，情報科学，コンピュータ・サイエンスにとっても，〈社会情報〉過程の拡大は新たな課題を提起することになったといえる。当初，計算機として出発したコンピュータはその計算速度や大量の情報処理を可能とする技術の向上が至上命題であった。しかし，これが通信技術と結合して，〈社会情報〉過程を担保したとき，あらためて「意味的情報」の問題に直面せざるをえなかったからである。例えば，ある観測システムを考えてみよう。外界の変化をキャッチするモニター，モニターから送られる観測データ，データの解析，今後の予測に向けたシミュレーション，これらの結果にもとづく危険度の判断，という一連のプロセスにおいて，データの取捨選択の判断，解析のための数式適応の判断，シミュレーションをおこなうアルゴリズムの選択，そして最終的な危険度の判断のいずれの過程でも，「意味的情報」による人間間のコミュニケーションが介在する。つまり，「非意味的情報」と「意味的情報」がシームレスに接合しながら現代の〈社会情報〉過程が成立しているのであり，この過程で生成する情報現象の特性を明らかにすることがなにより求められているのである。それは「非意味的情報」を研究対象とする情報科学ではなく，社会情報学に固有の課題なのである。[6]

情報学は，遺伝情報，生命体内情報，社会情報，そして機械的情報処理を包括し，それぞれのレベルの情報現象のメカニズムを明らかにすることを通じて情報に関する一般理論の構築をめざす学問である。社会情報学は，その中にあって，社会という水準における情報現象を歴史的な視野から探究することで，情報学にたいして大きな貢献をなすことができるだろう。また近未来のよりよい社会の在り方を情報の視点から構想する重要な研究分野なのである。

(伊藤　守)

▶6　西垣通，2004，『基礎情報学——生命から社会へ』NTT出版を参照されたい。

I　社会情報学の成立

# 社会情報学の研究方法

## 1　ディシプリンとしての社会情報学

　社会情報学は，情報学という大きな学問領域のなかの1つの分野を占める，可能性に満ちた「発展途上の学問」といえる。情報学は，生命現象の根幹をなす遺伝情報に関する分野，知覚・記憶・判断などの生命体の脳と神経システムから構成された個体内情報に関する分野，そして社会システムを構成する社会情報に関する分野，さらに機械的情報処理を専門とする分野という4つの分野から構成される。そのなかで，社会情報学は，社会における情報現象の総体を歴史的（通時的）に，そして理論的にも実証的にも明らかにする学問である。

　社会情報学は，その名称が登場した経緯から見ても，日本でもっとも早く提唱された。すでに諸外国でも，この名称が使われ，この名称を冠した学会組織も生まれている。しかし，こうした動向が生まれたのは近年のことであり，すでに1970年代に社会情報学の胎動が見られた日本とはその事情を異にしている。いちはやく社会情報学を提唱したのは遺伝情報に関する研究から多大な影響を受けた吉田民人であり，自然の層序という視点から社会情報過程の成立を跡付けた田中一である。その後も，西垣通，正村俊之等によって，ディシプリンとしての社会情報学に向けた理論的検討がおこなわれている。

　ところで，ディシプリンとしての社会情報学が確立する上で，原理的な理論の確立に向けた学問的営為が必要不可欠であるが，他方で，もう1つ欠かせないことがある。それは，社会情報学に固有の方法，社会情報現象を解明する方法の確立である。

## 2　研究方法の発展

　あらゆる学問は，その学問にとって固有の対象と方法を形成している。物理学は，自然界の物理現象をその対象とし，その現象を解明するための固有の方法を発展させてきた。それは実験であり，観察である。ここで重要なのは，方法の発展が学問自体の発展と深く結びついているということだろう。実験装置の技術的な進歩，コンピュータの発展と結びついた観測装置の高度化，こうした方法の発展があってはじめて今日の物理学の成果がある。それは人文社会科学の場合も同様である。

　例えば，文化人類学にとってもっとも重要な方法は，数ヶ月あるいは数年に

▷1　西垣通，2004，『基礎情報学――生命から社会へ』NTT出版，ならびに西垣通，2008，『続 基礎情報学――「生命的組織」のために』NTT出版。正村俊之，2000，『情報空間論』勁草書房，ならびに正村俊之，2008，『グローバル社会と情報的世界観』東京大学出版会。

わたる長期間の当該社会におけるフィールドワーク，参与観察である。それは，観察から得られたことがらを文字によって記述し，記録することからはじまる。しかし，それに加えて，今日では，フィールドワーカーが撮影した写真や映像の価値が見直され，映像人類学，映像文化人類学といった分野が再評価されつつある。それは，映像アーカイブの整備によって映像の資料的価値が見直されたことに由来する。こうした新しい資料の再評価が資料の扱い方や分析の方法をめぐる議論を活性化し，新しい研究方法を前進させていることも忘れてはならない。

▷2 村尾静二・箭内匡・久保正敏編，2014，『映像人類学——人類学の新たな実践へ』せりか書房。

　社会学も同様だろう。実験という研究方法が使えない社会科学の研究方法は，文献研究，数量調査，インテンシィブな質的調査ということになる。それらの方法は新しい調査の手法の開発や新たな理論に導かれながら，多様化，精緻化しているといえる。例えば，文献にもとづく研究では，社会学にかぎらず言語学や哲学の分野も含めて言えることではあるが，情報技術によって語彙や文章をテキストデータ化し，KHCoder などのテキストマイニングソフトを用いることで，頻出語句の検出，関連語句の析出，語句同士の共起ネットワークの作成などが可能となり，これまでには考えられなかった研究成果が産出されるようになった。一方で，数量調査においても，過去の調査のデータベースが構築されることで，調査票や知見を比較検討することが可能となった。つまり，方法はつねに変化し，前進し，それが学問自体の前進をうながしているのである。

## 3　社会情報学の方法

　上述したように，方法の革新が実はその分野の学問の前進に欠かせない。特に，現在の情報技術の進歩は，あらゆる研究分野で，研究方法の革新を促している。社会情報学にとって，その意義はきわめて大きいと言わねばならないだろう。社会における情報現象を明らかにする社会情報学自体が，ハードとソフトの両面における情報テクノロジーの発展に裏打ちされているということだ。以下では，その点も視野に入れながら，今日の時点での社会情報学の方法について述べておこう。

　ディシプリンとしての社会情報学を前進させる上で，近接する学問領域の研究成果をつねに吸収し，さらに吸収するだけでなく，自らの発展のための契機としてそれを彫琢していくことがますますおこなわれていくだろう。「学際的な理論的研究」とでもいうべき文献研究である。ここで近接する学問領域として念頭にあるのは，情報現象という生命体にとってもっとも基本的な現象を対象にするかぎり，つねにその研究動向を意識せざるをえない，生命科学，情報科学，哲学，心理学，認知科学，現代思想などの分野である。もちろんこれらの分野のすべてに精通することはできないとしても，自身の関心にもとづいて関連する分野の新たな知見や方法に目を配ることはきわめて重要な営みといえ

▷3 質的かつ量的な研究の取り組み方については，木村忠正，2012，『デジタルネイティブの時代——なぜメールをせずに「つぶやく」のか』平凡社新書が参考になる。

る。

　例えば，その1つとして情報現象を探る有力な手掛かりとしてのオートポイエーシス理論¹⁴やラディカル構成主義¹⁵への着目がある。ウンベルト・マトゥラーナとフランシスコ・バレラによって1970年代に提唱されたオートポイエーシスとは，オート＝自律，ポイエーシス＝制作・産出，という2つの概念から成立しているが，情報が表示・反映・あるいは写像といった彼らが「表象主義的アプローチ」と呼ぶ考え方を退け，自律した自己産出システムにおいて情報が生成することを主張した。この主張は情報をいかにとらえうるかという基本的問いに新たな視点を提供したのである。また同時期，システムの自己準拠的な作動の閉鎖性にもとづく認知活動を「二次サイバネティクス」と位置づけ，客観的な実在世界を前提にした開放系モデルとは異なる知も成立した。他方では記号や情報を他から切り離して考えるのではなく自然と人間との交点あるいは脳内過程と自然過程の交渉のなかにとらえる思索として，ジル・ドゥルーズやフェリックス・ガタリ，ミシェル・セール，ブルーノ・ラトゥールの思想を読み直す作業も進行している。こうした理論的探究が情報現象のさらなる解明の進展につながるだろう¹⁶。

## ❹ 質的な研究方法，数量調査の方法のあらたな開拓

　これまで人文社会科学の分野で展開されてきたインタビュー調査などの質的な研究方法も社会情報学にとって有力な方法といえる。ソーシャルメディアをどんな理由で使い，TwitterとFacebookをどう使い分けているのか。こうした問題を検討するためにはユーザー一人一人に対するインタビュー調査といった従来型の方法が欠かせない。ただし，新しい状況に対応して，新たな方法も求められる。例えば，土橋臣吾がおこなった調査は次のようなものだ。今日，ニュース情報へのアクセスは，路上やレストランなどさまざまな空間で，さらにどんな時間でもおこなわれる，つまり断片化しランダムなものに変化している。そこで彼は，ニュースに接触する度に，「どのような状況で，どのメディアで，どのようなニュースに触れたか」を簡単な感想を含めてリアルタイムで報告してもらうべく，そのためのツールとしてTwitterのダイレクトメール機能を活用した。このニュース接触ログと事後におこなうインタビュー調査の記録を参照しつつ，現代人のニュース経験のあり方を検討したのである。Twitterを用いてメディア経験を探査する新たな方法の代表的な事例の1つといえる¹⁷。

　こうした個々の研究者による新たな研究方法の開拓への試みがある一方で，大きな規模のシステムを活用した調査方法もさまざまなかたちで実施されている。NHK世論調査部が開発したEダイアリーを用いた調査もその1つといえる。Eダイアリーは，時刻目盛日記式調査をインターネット画面上でおこなう

▷4　マトゥラーナ, H., バレラ, F., 管啓次郎訳, 1983,『知恵の樹』ちくま学芸文庫。

▷5　グレーザーズフェルド, E., 西垣通監訳・橋本渉訳, 2002,『ラディカル構成主義』NTT出版。

▷6　例えば, 清水高志, 2009,『来るべき思想史——情報／モナド／人文知』冬弓舎, また従来の「主知主義的」な情報概念を再考する試みとして, 伊藤守, 2013,『情動の権力』せりか書房がある。

▷7　土橋臣吾, 2015,「断片化するニュース経験——ウェブ／モバイル的なニュースの存在様式とその変容」伊藤守・岡井崇之編『ニュース空間の社会学』世界思想社。

ものである。具体的には，5分単位の時刻目盛のテレビ視聴入力画面にテレビ視聴を放送局別に入力，5分単位の時刻目盛のインターネット利用入力画面に，ウェブサイト，SNS，掲示板，メールなどのインターネット区分別にインターネットの利用を入力，テレビ視聴とインターネット利用が重複した時間帯ごとに，同時利用時のインターネット利用行動に関する複数回答形式の質問を画面上にアップさせて答えてもらう方法である。これも，メディア環境の変化に合わせた，新しい調査方法の試みといえる。[8]

## ⑤ ビッグデータ解析

膨大な量の情報が瞬時に社会を駆けめぐるなか，その情報伝達の特徴を解析する方法が注目され，さまざまなアプローチが今後も生まれてくるだろうが，こうした分析方法が社会情報学の調査研究方法として重要な研究の一角を占めるようになることはまちがいない。それは，情報テクノロジーの進展によってはじめて可能となった，社会情報学に固有の研究方法ともいえる。

例えば，「3.11東日本大震災」に関するインターネット上のニュースの分析がある。北本朝展が作成したサイトは，「2011年3月11日以降の約20万件（2012年6月時点）のニュース記事を対象として，東日本大震災に被災から復興までの流れ」を振り返るものであり，1日ごとに記事に出現する地名を集約している。1日のニュース記事件数，市町村ランキング，時間経過に沿った変化が読み取れるようになっており，マスメディアの情報との比較もふくめ，ネット上の情報の特徴を分析する有効な手がかりを提供している。これ以外にも，Twitterで呟かれる膨大な「テクスト」データから，情報の移動経路，ハブとノードの形成プロセス等を析出して，膨大なネット情報の解析に役立つ手法も登場している。これらの分析方法は今後ますます社会情報現象を解明する重要なツールとして彫琢されていくだろう。[9]

こうしたなか，Amazonの「リコメンド機能」やGoogleの「検索システム」の商業的な成功に触発されるかたちでビッグデータの活用が喧伝され，ビッグデータに関する関心が高まっている。一般にビッグデータとは，「ITCの進展により生成・収集・蓄積等が可能・容易になる多種多量のデータ」あるいは「ライフログなど多種多様な個人に関する情報を含む大量の情報」と定義できる。個人の購買・貸出履歴，視聴履歴，検索履歴，位置情報，さらにYouTubeにアップされた「動画」データ，上記したTwitter上の膨大な「テクスト」データなど，「非構造化データ」の総称である。こうしたビッグデータが，今後学術的な研究にいかに利用できるか，慎重な検討が必要だろうが，いずれにしても絶え間なく生成し続ける社会の情報に対する分析方法の創造が社会情報学のいっそうの発展の基盤となる。[10]

（伊藤　守）

▷8　小島寛・執行文子，2014，「テレビとインターネット——番組関連の同時利用の実態を探る」『放送研究と調査』NHK放送文化研究所。

▷9　北本朝展，2012，「東日本大震災アーカイブ」情報学研究所共同研究成果（http://agora.ex.nii.ac.jp/earthquake/201103-eastjapan/）を参照されたい。

▷10　ビッグデータの経済界や行政側による活用に関する問題や研究上に占める課題については『現代思想——特集ポスト・ビッグデータと統計学の時代』2014年6月号を参照されたい。

## II ネオ・サイバネティクスと生命圏

# 総論

## 1 コミュニケーションの根源にある生命

　常識的見解によれば，人間社会とデジタル情報との関係，とくにTwitterやFacebookのサービスに代表されるような近年のインターネットに関連する諸々の社会現象を分析する学問が社会情報学と呼ばれることが多い。しかし，これはあまりに表層的なとらえ方であり，社会情報学とは実は「社会における情報現象の総体」を研究対象とする学問なのである。そして，社会を成り立たせているものが「コミュニケーション」であるとすれば，まずその本質に迫らなくてはならない。

　コミュニケーションとは本来，生命的なものである。巨視的に見れば，生命体が生きるために時々刻々おこなっている出来事をコミュニケーションとして位置づけることができる。これは人間にかぎらない。サルやシカなどの社会的動物，またハチやアリといった社会的昆虫もコミュニケーションをおこなっている。さらに，われわれの体内でも臓器や細胞のあいだで多様なコミュニケーションがおこなわれていると考えることもできる。したがってII章では，生命圏における情報やコミュニケーションの議論から始めて，人間特有の心のあり方，さらに言語をふくむコミュニケーションの議論に移っていくことにしたい。

　肝心なのは，いわゆるコンピュータ社会というレッテルにつられて，スマートフォン交信など現代の先端通信工学的観点のみを起点にコミュニケーションという存在をとらえてはならないということだ。最近の情報技術の発展はめざましいが，実はそれらは，人間のコミュニケーション総体の中の一部に関わるにすぎない。刻々と交換される大量のデジタル信号の根源にある身体的，感性的なコミュニケーションの地平を度外視しては，真の社会情報学にはならないのである。

## 2 機械と生命体

　人間社会におけるコミュニケーションの発生は，さまざまな物理的パターンが担っている「情報」という存在によって支えられている。ここでとくに注目されるのが，情報における「意味」の扱いに他ならない。コミュニケーションは生命体が生きるためにおこなっている出来事であり，これを支える情報の意味作用は主に生命体の存続という目的に向けられている。機械的な情報は，意

▷1　理論社会学者ニクラス・ルーマンの議論においては，社会を構成するのは人間ではなく，「コミュニケーション」であるとされる。

▷2　I-3を参照。

味が潜在化してコンピュータなどによる形式的処理の対象となるにせよ，本来はこの目的に向けられているという点では生命的な情報と変わりはない。

しかし，情報やコミュニケーションという存在を科学的かつ厳密に扱おうとすれば，ここで大きな問題に突き当たる。物理学をはじめとするいわゆる近代的な科学においては，目的因は排除されるのが大原則である。「○という目的を達成するために□という現象がおきる」といった説明は科学的には許されない。このことは，より広く言えば，そもそも生命現象を科学的に論じられるのか，というアポリア（難問）とつながってくるだろう。

1つの解決策は，生命体を一種の「機械システム」ととらえることである。例えば，変動する環境のもとで作動を続ける機械システムのメカニズムに注目すると，それはひとまず科学的な論理にもとづいて厳密に記述することが可能となる。すなわち生存という目的は，そこで外部から条件として与えられるわけだ。古典的サイバネティクスにおけるフィードバック制御システムはその典型例に他ならない。

しかし，情報の意味解釈を生命体が主体的におこなうと考えるとき，古典的なサイバネティクス・モデルでは不十分となってしまう。なぜならこのとき，同一の環境変化（入力）に対しても多様な反応（出力）が出現するからだ。これは同じテレビのニュースに対して，視聴者の反応がさまざまなことからも明らかだろう。したがって，結果的には，通常の機械システムとは本質的に異なる，特殊な機械システムとして生命体をとらえなくてはならなくなる。これが「ネオ・サイバネティクス」のモデルに他ならない。換言するとこのモデルは，生命体と通常の機械（コンピュータなど）との異質性を主張するモデルでもあるわけである。

ネオ・サイバネティクスは，I-2 で述べたように，具体的には，二次サイバネティクスを発端として，オートポイエーシス生命論やその応用理論が中心である。そこでは生命体は，「主観的に（外部を）観察するシステム（observing system）」と見なされることになる。このことは，通常の機械システムが「客観的に（外部から）観察されるシステム（observed system）」として動作を記述されるのと著しい対照をなしている。生命体の認知活動は自らの過去の認知活動の体験にもとづいて循環的におこなわれており，その意味で「閉じた」ものであり，この閉鎖性が情報の意味解釈における主体性や多様性をもたらすのである。

## 3 心身問題

生命体の認知システムを閉鎖系と見なすとき，その観察行為自体をさらに観察する，「二次観察」がきわめて重要になる。なぜなら，観察行為は生命体の個別の主観的体験にもとづく以上，もはや普遍的妥当性をもたず，相対的なも

▶3 西垣通・河島茂生・西川アサキ・大井奈美編，2014，『基礎情報学のヴァイアビリティ――ネオ・サイバネティクスによる開放系と閉鎖系の架橋』東京大学出版会などを参照。

のにとどまるからである。この点は，外部から客観的にメカニズムを分析できるコンピュータなどの開放系システムとの根本的な相違といえる。

とりわけ，社会情報学的には，人間の「心」による観察や認知について，二次的な，つまり相互観察による分析がおこなわれなくてはならない。とはいえ，実際にはこれは容易とはかぎらないし，さまざまな誤解も生みやすい。わかりやすい例として，いわゆる「心身問題（mind-body problem）」と呼ばれるものをあげておこう。

人間の認知活動が知覚器官をはじめ多様で複雑な身体諸器官の機能にもとづいて遂行されていることは明らかだろう。だが，とりあえずその中枢が脳にあるとすると，心身問題はあらためて「心脳問題」としてとらえ直される。端的には，「脳」と呼ばれる白っぽい一塊の物質における物理的・生化学的な現象と，「心」の中のイメージとのあいだの相互関係を分析するのが，通説としての心脳問題といってよいだろう。だが例えば，所与の条件のもとである被験者の脳のどの部位の神経細胞が興奮しているか，といった実験をいくらおこなっても，それによって人間の心の中の思考やイメージの詳細な有様を脳の発火パターンから普遍的妥当性をもって正確に演繹することは困難だろう。

むろん，脳の発火パターンと心の中のイメージとのあいだに関連はあるはずだ（オートポイエーシス理論の用語でいえば，脳と心のシステムは構造的にカップリングしている）。だが，両者の作動の記述は別のレベルでおこなわれなくてはならない。すなわち，「心」の分析は，こういう実験科学的方法よりもむしろ，相異なる心同士の相互観察という面からおこなうのが早道だと考えられる。

## ④ 言語のつくる間主観的世界

肝心なのは，二次観察をおこなう観察者とは，単に環境世界を認知観察する生命体だというだけでなく，「観察記述」できる存在だということである。すなわち言語などの記号を扱えること，そういう発達した脳をもっていることが必要となる。端的にはこれは，人間の「心」が観察者となることに他ならない。ダニのような原始的な生物でも環境世界を認知観察しつつ生きているが，その有様を二次観察し記述するのは動物行動学者の心なのである。他人の心中を推量したり，さらに心理学を研究したりするときには，当然ながらこういう相互観察が盛んにおこなわれる。

各人による言語記号の意味解釈にもとづいてコミュニケーションがおこなわれるという情報現象は，以上のような前提のもとで分析され解明されなくてはならない。哲学者ルートヴィヒ・ヴィトゲンシュタインは，これを「言語ゲーム」という概念でとらえた。言葉の意味は使い方で定まる，その様子はあたかも人びとがゲームをしているときのようだ，というわけだ。また，オートポイエーシス理論の創始者ウンベルト・マトゥラーナは，交わされる会話の意味を

▷4　ただしルーマンの機能的分化社会理論においては，オートポイエーシス理論が援用されているものの抽象化がおこなわれており，社会システムによる相異なる社会システムの観察が「二次観察」とされる。

とらえる際に，人びとが相互に行為を調整しあう共感的・再帰的なプロセスに注目すべきだと強調する。いずれにしても，そこでは，個々の人間の心が認知し構成する主観的世界のレベルをこえて，社会的なレベルで，間主観的世界におけるコミュニケーションが成立している。いわゆる情報伝達は，単なる機械的な信号のやりとりのみではなく，社会的なレベルでのコミュニケーションの再帰的発生のダイナミックスを踏まえて，機能的に位置づけられなくてはならない。

間主観的世界におけるこのような動的プロセスを無視し，発せられた言葉の意味が，構文解析プログラムと辞書的な「客観的意味」の統合処理によって静的かつ客観的に定まる，と思い込むなら，それは人間社会のコミュニケーションの実態からかけ離れていってしまう。近年のコンピュータによる自然言語処理は，このような論理処理一辺倒ではなく，多量の実例データを活用するようになりつつあるが，さらにコミュニケーションの実態への接近が不可欠だと考えられる。

▶5 基礎情報学的には，個人の心的システムの上位に社会システムが位置づけられることになる。西垣通, 2004,『基礎情報学——生命から社会へ』NTT出版；西垣通, 2008,『続基礎情報学——「生命的組織」のために』NTT出版を参照。

## 5 論理と感性

社会におけるコミュニケーションの実態において，忘れてはならないのは論理というよりむしろ感性が果たす役割である。20世紀初頭に隆盛をきわめた論理主義的な発想のもとでは，人間の心の中の思考や，人間の言語活動は形式論理的な存在としてとらえられた。確かにそういう面はあり，正確な言語分析や合理性の尊重が，普遍的な科学技術を発展させてきたことは事実である。そして，コンピュータが創られたときの思想的背景に，こういった論理主義的な発想があることは間違いない。

とはいえ，われわれ人間も生物であり，身体をもって生きている。論理的思考をつかさどる大脳新皮質の深部にあるのは，感情脳である大脳旧皮質や，内臓諸器官を制御する脳幹である。したがって表面上，論理的・合理的に見える人間の思考や言語活動も，身体の状態や無意識の強い影響を受けていることは言うまでもない。

ここで注目されるのは感性と情報学の関係である。従来もっぱら数値データなどの論理的処理にかたよっていた情報工学においても，近年は感性的情報（情緒的・非言語的な情報）の重要性が認識され，その分野の研究がおこなわれつつある。映像や音響をコンピュータで自在に扱うマルチメディア技術がそのベースにあることは間違いない。だが，社会情報学的に見てさらに興味深いのは，理性というよりむしろ感性，さらに無意識に訴える情報やコミュニケーションが，社会的な秩序生成においても顕著な役割を果たす，という点である。そこでは身体的同調が誘発されるのである。詩的言語やリズムの分析などを踏まえて，今後探究されるべき分野といえるだろう。

（西垣　通）

## Ⅱ　ネオ・サイバネティクスと生命圏

# 2　生命と情報

## 1　生物学と情報科学

　今日の生物学，とりわけ分子生物学では，情報にまつわる用語が多用されている。DNA は RNA への「転写」を経て，タンパク質へと「翻訳」される「遺伝情報」であり，細胞内や細胞間の現象の多くは，「シグナル」を「認識」し，「メッセンジャー」に「応答」する過程である。

　人間に近いもっとマクロな生物学，例えば生態学や動物行動学，社会生物学であれば，これは驚くことではないかもしれない。しかし，生気論を放逐し，機械論の勝利を喧伝した分子生物学が，このような擬人的ともいえる表現を受け入れているのはなぜだろうか。

　分子生物学は，情報科学とほぼ同時期に成立した学問である。情報という観点の科学化と情報を扱う機械の出現が，生命と情報という結びつきを正当化することに寄与したことは明らかであろう。さらに言えば，生命という問題は，情報科学の側でも考えられていた問題である。例えばノーバート・ウィーナーの「サイバネティクス」[1]は，生命と機械のしくみを統一的観点からとらえようとするものであったし，コンピュータの父とも呼ばれるフォン・ノイマンが示した「自己増殖オートマトン」[2]は，生命の増殖過程を情報処理機械としてモデル化するものであった。こうした研究によって，同時代に，情報機械としての生命という見方が醸成されていたのである。

## 2　生物は機械か

　情報機械は，言うまでもなく機械の一種である。生物を時計や熱機関といった機械になぞらえる生物機械論は，古くからある思想である。デカルトは，文字通り生物を機械に過ぎない存在とみて，生命という概念を取るに足らないものとした。同様に，分子生物学は生命の物理・化学的還元に邁進したが，その背景には，情報機械という生命観が存在していたといえるだろう。

　ただし，分子生物学が取り入れた「情報」は，情報科学の専門的知見を踏まえたものというよりも，むしろ日常的な意味でのそれであった[3]。その意味では，情報機械という生命観は初めから限界づけられていたともいえる。

　生命は機械ではない，あるいは少なくとも特殊な機械であるという思想は，現在でも根強く存在している。17世紀の科学革命以降，自然科学の方法として

▶1　ウィーナー, N., 池原止戈夫・彌永昌吉・室賀三郎・戸田巌訳, 2011, 『サイバネティックス——動物と機械における制御と通信』岩波書店。Ⅻ-3 も参照。

▶2　フォンノイマン, J., バークス, A. W. 編補, 高橋秀俊監訳, 1975, 『自己増殖オートマトンの理論』岩波書店。

▶3　例えば遺伝情報の意味は，多くの場合，翻訳されたタンパク質の生体内での役割であって，シャノン的情報量とは無関係である。

は機械論が力を持ち始めるが，そうした中にあっても，例えばカントのように，生命を理解するには機械論では不十分であり，目的論が不可欠であると主張する者もいたのである。カントは時計と比較しながら，生命を単なる機械ではなく，形成力を備えた自分自身を組織するシステムとして位置付けている。これは有機体論の源流であり，後のオートポイエーシス理論や複雑系の科学にもつながる発想である。

### 3 情報の解釈者

情報機械としての生命という見方は，機械というかぎりは直接には機械論であるが，情報の意味やその解釈という面を正面から問うならば，むしろ機械論からは離れていく。情報を解釈し意味付ける存在として，生命に独自な自律性，主体性が強調されることになるからである。

情報の自律的，主体的解釈者としての生命という見方は，機械論的生物学へのアンチテーゼというかたちで，主に記号論的研究として展開されてきた。そうした潮流の起点に位置付けられるのは，生物自身にとっての固有の世界という問いを見出したユクスキュルである。彼はそれを環世界と名付け，動物の知覚および作用との循環的関係を説いた。その思想は，生命を記号過程と等値したシービオクや，記号論的考察を分子生物学的領域にまで拡張するホフマイヤーや川出由己らに受け継がれている。彼らはみな，生命の本質を，情報機械というよりも「情報」あるいはその意味的側面を強調した「記号」という点に見出している。

これは生命の問いから情報の問いへと至る流れであるが，情報の意味や解釈を人間だけでなく生命一般にまで拡張する思想は，ちょうど逆方向から，情報の本質を生命に見出してきた現在の情報学にも影響を与える思想である。

### 4 観察という問題圏

しかし，生命をそれ自身において情報とかかわる自律的，主体的存在としてとらえるというとき，「そのようにとらえる」という観察の問題は等閑視できない。この問題を看過すれば，安易な擬人化に陥ってしまうからである。

端的に言えば，観察をもふくめた理論化が不可欠だということである。情報学において，ネオ・サイバネティクスと呼ばれるシステム論が注目される理由はここにある。ウィーナーのサイバネティクスは，システムを外部の第三者が観察する理論であったが，ネオ・サイバネティクスは，こうした観察の観察という認識論的問題をも射程におさめようとする議論である。

考えてみれば，この問題は他者の自我を問ういわゆる他我問題とも通じている。人間と情報という論点もまた，原則的には同じ観察という問題を抱えているのである。

(西田洋平)

---

▷4 カント, I., 篠田英雄訳, 1964, 『判断力批判』(上・下) 岩波書店。

▷5 ユクスキュル, J. J. v., クリサート, G., 日高敏隆・羽田節子訳, 2005, 『生物から見た世界』岩波書店。

▷6 シービオク, T. A., 池上嘉彦編訳, 1989, 『動物の記号論』勁草書房。

▷7 ホフマイヤー, J., 松野孝一郎・高原美規訳, 2005, 『生命記号論——宇宙の意味と表象』青土社。

▷8 川出由己, 2006, 『生物記号論——主体性の生物学』京都大学学術出版会。

▷9 西垣通, 2004, 『基礎情報学——生命から社会へ』NTT出版; Brier, Søren, 2008, *Cybersemiotics: Why Information Is Not Enough!*, University of Toronto Press.

▷10 システム論と認識論的問題については，マトゥラーナ, H. R., バレーラ, F. J., 管啓次郎訳, 1997, 『知恵の樹』筑摩書房がわかりやすい。

## II　ネオ・サイバネティクスと生命圏

# 脳の発達と情報

### 1　「心の理論」，動物と人間

　ヒトと動物の脳の差異ついての知見は莫大であり，視点を限定する必要がある。そこでここでは「心の理論」という認知科学的な概念からスケッチする。「心の理論」とは，「他者の観測する世界は自分と異なるという知識」のことだが，その有無を判定するテストの1つ，誤信念課題によって著名である。このテストで被験者は，サリーおよびアンという人物が登場する紙芝居を見る。まず，サリーはお菓子を箱Aに隠し，どこかに行く。その後，アンがお菓子を別の箱Bに移す。そしてサリーが戻ってくる。そこで被験者は「サリーは箱A，Bどちらにお菓子を探すでしょう？」と尋ねられる。被験者自身はお菓子が箱Bにあると知っている。が，移し替えが起きたので，それを知らないサリーは「お菓子はまだAにある」という「誤信念」をもつと推論し（＝他者の心について理論をもつ），ゆえに「Aを探す」と答えるのが正解となる。健常児では，ほぼ4歳でクリアできるとされる。

　その後，チンパンジーや鳥についても類似の実験がおこなわれ，現在「心の理論」を動物はもつかという議論が続いている。が，その議論があること自体，さらにヒトでもある年齢を超えないとクリアできない点から，「心の理論」は，動物とヒトを分ける大きな境界線の1つといえるだろう。境界は曖昧だが，差異が大きいからこそ議論になる。

### 2　言語ゲームの塊，「ヒトの脳」

　「言語ゲーム」という概念がある。言葉の「意味」とは，ある言葉に付随するイメージや概念ではなく，その言葉の「使い方」である，という考え方で，哲学者のヴィトゲンシュタインによる。なぜ「脳の発達と情報」の話に「言語ゲーム」という「言葉」の話題が必要なのか？　それは，先にあげた「誤信念課題」が，まさに「心」という言葉についての（人工的）言語ゲームであることによる。「ヒトの脳」という臓器を調べるには，「誤信念課題」のようなうまい「実験方法＝言語ゲーム」の発明が必要となることが多い。解剖や，遺伝子的に破壊して統計を取る手法が使えず，観測手段もかぎられるからだ。その意味で「ヒトの脳」は多様な実験＝「言語ゲーム」の塊とも言える。

▷1　濱田穣, 2007,『なぜヒトの脳だけが大きくなったのか──人類進化最大の謎に挑む』講談社は，本項とはまったく別観点からヒトの脳に対する大胆な仮説を描く。

▷2　Premack, David and Woodruff, Guy, 1978, "Does the chimpanzee have a theory of mind?," *Behavioral and Brain Sciences*, 1(4)：pp.515-526.

▷3　Baron-Cohen, Simon, Leslie M., Alan and Frith, Uta, 1985, "Does the autistic child have a "theory of mind"?," *Cognition*, 21：pp.37-46など。

▷4　議論も含めて Marraffa, Massimo, Theory of Mind, Internet Encyclopedia of Philosophy（http://www.iep.utm.edu/theomind/）に総説がある。

▷5　最近の批判的レビューは Elske van der Vaart and Charlotte K. Hemelrij, 2012, "'Theory of mind' in animals: ways to make progress," *Synthese*, 191(3)：pp.335-354で，チンパンジーやマカク猿では「他者の視野」および「目標」の理解はできるが，「誤信念」は無理だとする実験が紹介されている。またヒトにおける大脳皮質の

## 3 システム論からみた情報処理装置＝計算機＝脳と心身問題

ところで，ヴィトゲンシュタインが「言語ゲーム」という概念を作るのは後期で，前期の彼はむしろ逆に言葉の「意味」はそのイメージや概念であるとしていた。その場合「ヒトの脳」の意味は，例えば「150億のニューロンからなる情報処理装置＝計算機というイメージ」などになるだろう。さて，このような見方をとり，かつ「心の理論」をもつとき，「心身問題」という問題が出現する。つまり，このような「計算機としての脳」と，「心の理論」によって「そこにいる」と推定される「自分と同じように体験をする何か＝心」が，あまりにも質的に違いすぎ，そのつながりがわからないという問題だ。仮に計算機の方を「神経システム」，体験の方を「心的システム」と呼んでみよう。神経システムは，神経の状態が次の神経状態を決め，さらに次の……とひたすら神経状態を変更する「閉じた」システムである。一方，心的システムも，体験に体験が続く閉じたシステムだ。すると心身問題は，2つの閉じたシステムをどうカップリングさせるのかという問いでもある。

## 4 「閉じた」システムにおける「情報伝達」としての心身問題

逆に，言語ゲーム的な見方で心身問題について考えると，そもそも「解剖学的に脳を眺める言語ゲーム」と「心の理論を使うときの言語ゲーム」では，「脳」という言葉の使い方が違いすぎる。それでも「同一の何かがなければならない」とするから問題が発生するが，その前提が無根拠なら，心身問題は消滅してしまうことになる。あるいは再びシステム論に戻ると，異なる言語ゲーム同士は，カップリングできるがそれぞれ閉じたシステムをなすので，関係をもつことができないというのも「心身問題」の「解」になるが，納得できるだろうか？

そもそも，発達の結果「心身問題を理解できるようになる」ことがヒト脳の特徴なのではないだろうか？　では，「心身問題」の理解を検証するテストはあるのか？　例えば，人間の姿で脳をもつヒト(A)と，同じ姿だが，脳はなく別の場所にある巨大機械で遠隔操作されているロボット(B)が，誤信念課題をしている紙芝居をみせる。AやBが課題をパスしたと確認した被験者に「ではAやBに『心』はあると思いますか？」と尋ねる。選択肢は「ABにある」「Aにある」「Bにある」「どちらにもない」「わからない」とする。「わからない」と答えるなら，「『誤信念課題』をクリアできる『機能＝情報処理装置』があっても『心＝体験』があると言えない」という「ある言語ゲームとしての心身問題」を理解している。この課題は何歳児ならクリアできるか？　またこの問いに呼応し反応する脳部位は，ある年齢以降のヒトにしか無いのだろうか？

（西川麻樹）

巨大化は，動物の類似機能を強化した可能性が高く，澤口俊之は，脳の部品が遺伝子のエラーで偶然増え，それが脳自身を対象とする認識を担当するようになったという仮説を提示した（澤口俊之，1989，『知性の脳構造と進化——精神の生物学序説』海鳴社）。

▷6　例えば「意味」という言葉の意味は，「例をあげてもらったり，辞書を調べさせたり，図を書いて説明する」といった行為と言葉の絡み合いだとする。

▷7　この点について，マトゥラーナ, H. R., ヴァレラ, F. J., 河本英夫訳, 1991, 『オートポイエーシス——生命システムとはなにか』国文社や西垣通, 2004, 『基礎情報学——生命から社会へ』NTT出版；西川アサキ, 2014, 『魂のレイヤー』青土社など。

▷8　他の言語ゲームでも「心身問題」はありうる。例えば，まず「ある音楽を聴くヒトAと脳および環境」の画像を，原子，ニューロン，Aの脳全体，複数のヒト，地球……と順次見せていく。次に「どの場所に音楽体験がありますか？」と尋ねる。「Aの脳全体」と答えた被験者のみ，「ではなぜ他の場所には無いのですか？」と尋ねられ，「わからない」と答えたなら，被験者は「体験とそれが対応する脳の関連が常識的因果関係とずれている」という意味の心身問題を知っていることになる。

## II　ネオ・サイバネティクスと生命圏

# 4　言語の成立

## ① 身体と言語

　従来，言語を扱う学問である言語学は，音韻論，統語論，意味論，語用論といった下位分野を基に，客観的な言語の記述・説明をめざしてきた。では，ネオ・サイバネティクスが言語の成立を扱う上では，新たに何を提起することができるであろうか。

　ネオ・サイバネティクスは，システムの閉鎖性，自律性によるシステムの存立と意味の生成を理論の主軸に据える。また，生命システム，心的システム，社会システムはいずれもが自律的に作動しながら，それぞれが重層的に構成されている。この原理的な立場を踏まえながら，それぞれのシステム間の関係に留意しつつ言語の問題に接近していく必要がある。

　ネオ・サイバネティクスにおける中心的な理論家であるマトゥラーナとヴァレラは，生命システムによる認知が，生物の外にある環境世界を客観的に表象するものではないと考える。むしろ，システムの自律的な作動によって構成される認知観を採用する。この立場は「構成主義（constructivism）」と呼ばれることも多い。構成主義の立場に立てば，言語が客観的な現実を指示するような写像理論的な言語観は棄却されるべきものとなる。そして，言語に認知主体とは独立の客観的な意味が付与されているというとらえ方もまた回避されるものとなる。むしろ，システムが自律的に構成する意味と言語とは不可分のはずである。

　認知は身体性と不可分であり，これは言語についても言える。例えば，認知言語学の創始者の一人であるジョージ・レイコフは，身体経験にもとづいたメタファーという視点から，身体性と言語のもつ意味作用とが不可分であることを主張している。このように，言語学内部からも身体性と言語との連関が注目されており，ネオ・サイバネティクスもこの点に共鳴する部分は大きい。

　ネオ・サイバネティクスが依拠する構成主義的な認知観の理論的支柱の1つにエルンスト・フォン・グレーザーズフェルドの『ラディカル構成主義』がある。認知主体と独立した実在の認知を否定し，認知主体による自律的な認知の構成を主張するグレーザーズフェルドは，感覚運動性の認知構造にもとづいて，過去の経験を再現前化（re-presentation）するはたらきが言語の主たる機能であると考える。身体に由来する感覚運動性の経験から，抽象化の過程を経て

▷1　グレーザーズフェルド，E. V.，西垣通監修・橋本渉訳，2010，『ラディカル構成主義』NTT 出版．

▷2　re-presentation という表記は，representation「表象」との差別化を明確化する企図によるものである。これは，後者が主体と独立した外在的実在の認知を暗に含意しがちだからである。

再帰的に構成される概念構造を個々の主体は有しており，言語の使用はこの概念構造に言及して経験を再現前化するはたらきをもつものである。それと同時に，言語を用いることは，概念構造の継起的な構成にさらに資するものとなる。つまり，言語利用とは，心的システムが有する概念構造に言及することで自律的に意味を構成することであり，それがさらに概念構造の安定と変容の契機となるという循環的なプロセスであると言える。

## 2 チューブのメタファーを超えて

マトゥラーナとヴァレラは，共著『知恵の樹』の中で，チューブの中を何かが伝送するかのようなコミュニケーションのメタファーに対して懐疑的な立場をとっている。ネオ・サイバネティクスの系譜に位置する西垣通も，『基礎情報学』の中で，送信者と受信者とのあいだでメッセージがチャネルを通じて小包のように届けられるというコミュニケーションの比喩を批判し，これを乗り越えるコミュニケーション観を新たに提示している。

▶3 マトゥラーナ, H., ヴァレラ, F., 管啓次郎訳, 1997,『知恵の樹——生きている世界はどのようにして生まれるのか』筑摩書房。

▶4 西垣通, 2004,『基礎情報学——生命から社会へ』NTT出版。

先述の通り，意味の発生が生命システムや心的システムの自律的作動によって生じることを前提とすれば，「言語の意味が個人間で共有されている」というとき，これはコミュニケーションの文脈を外からの視点に立って見た時にそのように見えているという擬制的な事態であると考えられる。先述したグレーザーズフェルドもまた，各個人のあいだで言語によって概念が「共有」されるとき，それは概念の「同一性」を表すのではなく，むしろ「両立可能」であるという呼び方がふさわしいとしている。

言語学においては，オースティンによる言語行為論が，行為としての言語に着目する領域を開拓した。ネオ・サイバネティクスもまた，言語が行為であることに着目する。マトゥラーナは，生物同士が互いに構造的カップリングする場合に，この領域を「共感的領域」と呼び，相互の行為を調整し合う領域とみなした。これが人間の場合には，相手の行為を調整する行為をさらに調整するという事態が想定できる。例えば，人がペットの犬に「お手」と命令して，犬は「お手」という言葉に言及することはまずできそうにない。しかし，心的システム同士がカップリングする場合には，言語による行為調整をさらに行為調整するということが可能になる。人が人に「お手」と命令したら，言葉を使って明確に拒否するはずだ。このような再帰的な行為調整は，言語活動をおこなう人間に特有の生存様式であるとマトゥラーナは考えている。

このように，言葉が客観的な現実を指し示しているように見えるとか，言葉が同一の意味を伝えているかのように見えるとかといった擬制的な事態の背後には，実は身体とコミュニケーションの再帰的な作動によって，意味が不断に生成される機構がはたらいていることに着目することが肝要である。

（橋本　渉）

## Ⅱ　ネオ・サイバネティクスと生命圏

# 感性的コミュニケーション

▷1　例えば，以下の著作を参照。井口征士ほか，1994，『感性情報処理』オーム社；原島博・井口征士監修，2004，『感性情報学（感じる・楽しむ・創りだす）――感性的ヒューマンインタフェイス最前線』工作舎。

▷2　感性情報学は，感性の理論的な研究というより，数値化された人工の感性（感性情報）をあつかうとともに人間の感性を増幅させるような機械や技術の発展をめざしてきた。例えば「感性情報検索」はそうして生まれたインターフェイスの1つであり，図書館情報学にとっても重要な技術的貢献となっている。

▷3　次の論文を参照。山内志朗，2012，「情報・身体・情念――情報についての非認知主義的アプローチの試み」正村俊之編著『コミュニケーション理論の再構築』勁草書房，pp.70-103。

▷4　伊藤守，2013，『情動の権力――メディアと共振する身体』せりか書房，p.40。伊藤はガブリエル・タルドの議論にもとづいて，「世界との感応のなかで……心に刻まれる」，「さだかな形を取らぬもの」こそが「情報の『原基』である」とした。

### 1 感性をめぐる情報学的な先行研究

　感性的コミュニケーションにたいする情報学的なアプローチは，「感性情報学」と呼ばれる情報工学の応用分野からはじまった。主に知識情報をコンピュータに認識・処理させる「パターン認識」技術にたいして，パターン認識の過程でノイズとみなされてきた情緒的・非言語的情報（「感性的情報」）の認識や処理に，注目が集まったのだ。感性的コミュニケーションは，社会情報学にとってもまた重要な研究テーマである。感性が情報やコミュニケーションの再考をうながして，いっそう詳しい社会情報学的分析を可能にしてくれると，期待されているからだ。その際にとりわけ関心を呼んでいるのは，3節で述べるように，感性が社会的秩序の発生にかかわる点だと思われる。

### 2 社会情報学における「感性と情報」

　以下では，感性に注目した社会情報学的な研究について，それぞれ2節と3節で概観したい。まず，感性と情報というテーマをとりあげよう。近年，情報現象における感性の重要性が社会情報学のなかでも広く認められつつあり，情報をめぐる理論が新たな展開をみせている。感性を考慮に入れることによって，社会情報学が研究対象とする情報現象の範囲が広がると考えられているのだ。とりわけ，情報について研究する際，「認知や認識」の観点のみではなく，情動の基盤である「身体」に注目した「存在論」の観点もとり入れることで，情報にかんする議論をいっそう深めうると期待されている。

　例えば伊藤守は，「無意識の，意識化されないけれども何ごとか身体に作用する情報現象を，情報過程の本質的な側面として考えること」こそが必要だと指摘して，感性が情報を基礎づけていることを示唆する。背景にあるのは，生命体のなかに「生成」されるものとしての情報のとらえ方にほかならない。具体的には，西垣通の情報論などにもとづく情報理解である。生成に注目することで，必ずしも認知や認識の網に掬いとられない身体的な反応（情動）などをも情報概念に含めることができると，見込まれているのだ。

### 3 社会情報学における「感性とコミュニケーション」

　社会情報学において，感性は，コミュニケーションの基盤としても認められ

つつある。感性のコミュニケートによって社会的な秩序が構成されていくことは，とりわけおおきな注目を集めてきた。つまり，議論を通して制定されはっきりと対象化された法律などの制度というよりむしろ，感性を通じて生成され必ずしも意識されない曖昧な揺らぎこそが，いっそう根源的に社会を秩序づけているという考えが，脚光を浴びているのだ。

例えば正村俊之は，「自他の共感的反応や社会的同調性」という感性のはたらきにもとづく「原初的コミュニケーション」が，社会的コミュニケーションのおおもとのありさまであると述べた[6]。同じく，2節でふれた伊藤も，ガブリエル・タルドのコミュニケーション論の再考を通じて，意識されず言葉に表されないこまやかな感性の波動にコミュニケーションの基盤があることを論じている[7]。伊藤によれば，その波動の動的な「反復」こそ，現代社会を内側から秩序づけていく原理としてタルドが構想したものだ。正村も，ウンベルト・マトゥラーナらによる「行為調整」としてのコミュニケーション理解に根ざしながら，原初的コミュニケーションを通じて社会的な秩序がボトムアップに発生（自己組織化）していくことを明らかにし，現代社会ではその重要性がますます高まりつつあると指摘した[8]。

## ④ 感性をめぐる社会情報学的な理論研究と応用研究

すでに述べたように，社会情報学における感性への理論的な注目は，情報現象の場（環境）をもたらす身体を問題とすることにつながっていた。さらに，意識されないこともある感性のミクロな揺らぎや波動が，マクロな社会的秩序をつくっていることも，広く知られはじめている。逆に，社会的な秩序が感性の流れにたいして刺激や影響を与えていることも，容易に推しはかられるだろう。感性的コミュニケーションはこのように，身体にもとづく情動や認知と社会との構造的な結合（カップリング）をめぐる問題系につながるものでもある。感性と社会的秩序との相互関係にかんする洞察は，社会情報学にとって重要な課題の1つである「メディア表象をめぐる権力の検討」について，いっそう詳しい見方を与えてくれるにちがいない。

最後に，感性的コミュニケーションについての社会情報学的な応用研究についても紹介しよう。例えば，メディア・アートの考察やフランシスコ・ヴァレラら認知科学の研究成果を通じて，情動や身体をめぐるアンリ・ベルクソンの議論を情報化社会の分析のために発展させる研究[9]を挙げることができる。また，文学における身体の変容というテーマをとりあげて，認識やコミュニケーションのために身体の変容をめぐるイメージや物語をわれわれがいかに利用するのかなどの問題について，ニクラス・ルーマンの理論を援用しながら考察する文学研究[10]も，応用研究の一例として評価できるだろう。

（大井奈美）

▷5 西垣通, 2004, 『基礎情報学——生命から社会へ』NTT出版。西垣は，ウンベルト・マトゥラーナらによるオートポイエーシス理論を情報学に応用した。

▷6 正村俊之, 2001,「原初的コミュニケーションによる自己組織化」『コミュニケーション・メディア——分離と結合の力学』世界思想社, p.177参照。正村によると，一般的にコミュニケーションにおいては，「主題」となる情報と，主題を理解できるようにする「コンテクスト」としての情報とが，相互に調整される。そのうち，「自他の共感的反応や社会的同調性をつうじて行動的一致をもたらすような」調整機構をもつものが，原初的コミュニケーションである。

▷7 伊藤守, 2012,「タルドのコミュニケーション論再考」正村俊之編著『コミュニケーション理論の再構築』勁草書房, pp.105-148。

▷8 感性の微細な流れが不断に反復されることで，例えば「公衆」の誕生のように，独自の自律性とリアリティを獲得していく過程に，伊藤は言及する。伊藤によれば，タルドのコミュニケーション論のねらいは，その過程の主題化にあった。

▷9 Hansen, Mark B. N., 2004, *New Philosophy for New Media*, The MIT Press.

▷10 Clarke, Bruce, 2008, *Posthuman Metamorphosis: Narrative and Systems*, Fordham University Press.

## Ⅲ 情報過程の歴史的階層性

# 総論

## 1 メディアを媒介した情報過程

いかなる社会も人間と人間とのあいだのコミュニケーション，つまり情報伝達を基盤として，対象世界の出来事や他者を「理解する」「わかる」「誤解する」，さらに「感動する」「共感する」「愛する」「嫌悪する」「怒る」といった多様な知的・心的活動を帰結するコミュニケーション過程から成立している。すでにⅠ章で論じた通り，コミュニケーションの基盤には情報伝達があり，情報の伝達がなければコミュニケーションは成立しない。この点を前提に，次に指摘しておくべきは，情報が伝達される際には，いかなる場合でも，情報を伝達する媒体＝メディアが必要となるということだ。例えば，ノンバーバル・コミュニケーションでは身振りや顔の表情を通して情報が伝達される。つまり身体が情報を伝えるメディアとなる。談笑や議論がおこなわれる対面状況では，言葉が交換され，コミュニケーションがおこなわれる。ここでは言葉＝情報を伝える音声がメディアとなる。さらに，遠く離れた話者間の会話では，音声とともに，この音声を電気信号に変換し，電気信号を音声に再変換する技術の総体としての電話というテクノロジーがメディアとなる。文字が発明されてからは，文字が書き込まれる石版，羊皮紙，そして紙（そしてもちろん製本された書籍）が基本的なメディアであった。1980年代にはキーボードと入力文字を映し出す液晶画面が一体となった「ワープロ」が登場し，これ以降文字を伝達するメディアが紙や本だけという時代は過去のものとなった。

今日，電話，ラジオ，テレビで使われていたアナログ信号はデジタル信号に変換され，文字，音声，映像といったあらゆる情報がデジタルネットワーク上で流通する時代を迎えた。文字は本，音声はラジオ，映像は写真，視聴覚情報は映画やテレビといったかたちで，異なる情報をそれに対応したメディアで入手する時代は過ぎ去り，パーソナル・コンピュータやスマートフォンに見られるように，1つの端末＝デジタルメディアであらゆる情報を発信・受信できる時代に移行したのである。これがデジタル化といわれる事態の実相である。

## 2 社会情報学におけるメディア論的な視点

情報を伝達するメディア技術は進歩した。だが，情報が伝達されるという点では何ら変化はない，と考える読者もいるだろう。メディアの進歩はたかだか

▷1 メディアの歴史を通観する文献として，飯田豊編，2013，『メディア技術史——デジタル社会の系譜と行方』北樹出版がたいへん参考になる。

▷2 技術と人間，技術と社会との関係を原理的に考える上で，スティグレール，B., 石田英敬監修・西兼志訳，2009，『技術と時間 1 ——エピメテウスの過失』法政大学出版局；スティグレール，B., 石田英敬監修・西兼志訳，2010，『技術と時間 2 ——方向喪失』法政大学出版局；スティグレール，B., 石田英敬監修・西兼志訳，2013，『技術と時間 3 ——映画の時間と〈難-存在〉の問題』法政大学出版局が参考になる。また，ラトゥール，B., 川崎勝・高田紀代志訳，1987，『科学が作られていくとき』産業図書も参照されたい。

情報が移動する範囲を拡げ，移動の速度を高めたにすぎないのであって，情報が伝わるという点ではメディアの違いは——例えば「A地点は危険だ」という情報が文字情報で伝達されようと音声情報で伝達されようと——無視してもかまわない，という主張だ。だが，本当に，情報伝達という側面から見るとメディア間の差異は存在せず，メディアの違いは無視してもかまわないのだろうか。メディアの進歩は，情報移動のスピードアップにすぎないのだろうか。

　一般にメディア研究の先駆者といわれる，イニスやマクルーハンはそうした見解とは真っ向から対立する主張をおこなった。メディアは確かに情報を伝達する媒体である。しかしそれをA地点からB地点に運ぶ「導管」のようなものとして把握してはならない。むしろ，人間が生きる時間と空間の枠組み，社会の存立を支える基本的な枠組みさえも形成するもっとも基本的な媒質である。この認識をふまえてマクルーハンが述べたのが「メディアはメッセージである」という有名な命題である。メディアが伝える情報＝メッセージはもちろん重要である。とはいえ，それぞれのメディアの特徴や特性が人間や社会の在り方に決定的にかかわっているという意味で，メディア自体が——人間や社会に影響を及ぼす——メッセージであるということだ。

　メディアの物質性や社会的特性に着目する現代的アプローチの1つとしてレジス・ドブレの提唱する「メディオロジー」といわれる研究領域がある。メディオロジーとは，「メディオ (medio, medium, mediation)」と「ロジー (logie, logos)」から成る造語だが，この新たな研究領域の開拓を試みる研究者たちのねらいは，メディアの技術的な特性と実際にそうした技術を媒介にして，いかに情報が伝達され，いかなる効果を与えるのか，を問うことである。例えば，活版印刷技術による書物や新聞はサロンやコーヒーハウスやさまざまな結社などの空間や諸制度を通じて読まれ，啓蒙思想を伝える重要な力となった。企業の広告費によって制作され，巨大な文化産業となったテレビの番組は家庭という私的な空間に伝達され，消費や有名性を創り出す力となる。メディアがどの機関や組織と連結し，いかに効果を発揮するのか，このかかわりを具体的に明らかにしようとするアプローチが「メディオロジー」である。

　イニスやマクルーハンそしてドブレの名前を挙げたのは，社会における情報過程の歴史とその時代ごとの特徴を理解するためには，それぞれのメディアの技術的特性，さらにメディアを組織する社会的枠組みに関する知識が必要となるからだ。その意味で，社会情報学にとって，メディア研究はコミュニケーション研究と並ぶ重要な研究の柱を構成しているのである。

## ③　社会情報過程の歴史をいかに〈まなざす〉のか

　マクルーハンの議論に立ち返ろう。社会における情報過程の歴史を考える視点について言及しておく必要があるからである。

▷3　イニス, H. A., 久保秀幹訳, 1987,『メディアの文明史——コミュニケーションの傾向性とその循環』新曜社。

▷4　メディオロジーを提唱するレジス・ドブレの著作がすでに翻訳されている。ドブレ, R., 西垣通監修・嶋崎正樹訳, 2001,『一般メディオロジー講義』NTT出版；ドブレ, R., 西垣通監修・嶋崎正樹訳, 1999,『メディオロジー宣言』NTT出版；ドブレ, R., 西垣通監修・嶋崎正樹訳, 2000,『メディオロジー入門——「伝達作用」の諸相』NTT出版などがある。

▷5　社会におけるメディアやメディア文化の機能を考えるために，技術的な基盤にもとづく情報や文化の生産・流通・消費の過程を重視するレイモンド・ウィリアムズ以降の文化研究の流れも参考になる。ウィリアムズ, R., 立原宏要訳, 1966,『コミュニケーション』合同出版；ウィリアムズ, R., 若松繁信・長谷川光昭訳, 1968,『文化と社会——1780-1950』ミネルヴァ書房。

情報過程を媒介するメディア・テクノロジーは技術的にみれば「進歩」してきたといえる。多くの技術者の努力によって技術は革新され進歩してきた。しかしそれは社会情報過程に何をもたらしたのか。

　マクルーハンは，話し言葉が文化の中心に位置していた口承文化から文字が成立して写本から印刷本に至り，文字文化が大きな比重を占めるようになった歴史的転換をきわめて重視した。聴覚機能のみならず視覚や，声の振動を皮膚で受け止めながら，つまり全身で情報を受容する口承文化のコミュニケーション様式を評価していたからである。一方で，文字文化は，何より視覚中心の文化である。線的な文字のつながりを目で追うことによって情報を受容する形式はあまりに口承文化と隔たっている。1962年刊行の大著『グーテンベルグの銀河系——活字人間の形成』は，口承文化と文字文化のギャップが及ぼす感覚比率の変化を「緩和」するために声を出しながら「書き」「読む」という行為が一般的であった写本時代の文化を綿密に分析している。[16]

　確かに写本と活字文化への移行は，記録された文字の保存とそれによる検証を可能にして，合理的・論理的に思考する「近代」の「活字人間」が成立する基盤となった。しかし，それはまた一方で，視覚中心の感覚を強め，口承文化と人間の精神とのあいだの複雑で豊かな関係を削いでしまったのではないか，マクルーハンはそう問いかけたのである。

　ラジオやテレビの登場は，活字を中心とした文化から再び口承文化の再興をうながす「第2の声の文化」と考えられるかもしれない。だがもちろん電気メディアの登場は「第2の声の文化」というだけではすまない大きな変化を帰結する。テレビが多大な力を発揮しはじめた時期に書かれた『メディア論』のなかで，マクルーハンは人間が創り出した技術的メディア環境に魅せられ，その特徴を認識できずにいる人間を「感覚麻痺を起したナルキッソス」と表現した。つまり，マイクやカメラを媒介した電気・電子的な「聞く」「見る」という身体の技術的拡張に魅せられ，そのために新たな技術メディア環境が生み出す問題や課題，そしてそれらを解決していくための対応策を見誤ってしまうことに危機感を感じていたのだ。[17]

　つまり，マクルーハンの思考は，技術決定論的な「進歩史観」を声高に主張するようなものではない。むしろ，技術の発達がそのまま社会の「進歩」や「発展」に結びつくと考える志向からはもっとも遠い地平にある。「技術という形態でわれわれ自身を拡張したものを見ること，使うこと，知覚することは，不可避的にそれを抱擁することになる」のであり，「自身のシステムのなかに受容すること」なのであって，それゆえにその閉鎖系で生じた技術と人間の相互変容——彼はこれを「新しい感覚比率」と規定する——をつぶさに見ていくことこそが求められている。マクルーハンはそう主張するのである。[18]

▷6　マクルーハン，M.，森常治訳，1986，『グーテンベルクの銀河系——活字人間の形成』みすず書房。

▷7　マクルーハン，M.，栗原裕・河本仲聖訳，1987，『メディア論——人間の拡張の諸相』みすず書房。

▷8　技術環境と人間のかかわりに関する現代の思索として以下の論考がきわめて参考になる。ハンセン，M.，堀口剛訳，2006，「メディアの理論」伊藤守・毛利嘉孝編『アフター・テレビジョン・スタディーズ』せりか書房。ならびに若林幹夫，2014，「メディア論の長いまどろみ」伊藤守・毛利嘉孝編『アフター・テレビジョン・スタディーズ』せりか書房。

## 4 社会における情報過程の歴史的重層性

　ノンバーバル・コミュニケーションやオーラル・コミュニケーションから現代のテレビやインターネットを媒介にしたメディア・コミュニケーションに至るまで，社会情報過程はその範囲を拡張し，複雑な空間を構成している。技術の進歩によってノンバーバル・コミュニケーションやオーラル・コミュニケーションそして書籍の文化が無くなるわけではない。むしろ生命体としての人間が築き上げてきたこうしたもっとも基底的な情報過程から成立するコミュニケーションを土台にして，いくつもの情報過程が層をなすように重層化しているのである。Ⅲ章のタイトルを「情報過程の歴史的階層性」としているのは，今日の社会情報過程がそれぞれ異なる技術的特性をもつさまざまなメディアを介して存立していること，そのことを明示化したかったからである。

　情報過程を媒介するすべてのメディアや技術を網羅的に提示することはできないし，その必要もないだろう。むしろ，Ⅲ章では，現代の情報過程なり情報現象を考える上で欠かすことのできない5つのメディア・コミュニケーションを設定し，その特徴を紹介している。第1は，口承文化＝オーラル・コミュニケーションである。第2は，「書く」「読む」行為を媒介するさまざまなメディアの物質性から文字文化をとらえ直している。第3は，近代の初頭に登場した光学的メディアを焦点に「見る」ことの歴史性と社会性，とりわけ「近代化する視覚」の問題系を論じている。第4は，新たな知覚の空間を創造したシネマをその技術的特性や産業的側面，観客の経験などさまざまな視角から把握し，現在の映像経験へ通じる経路を示唆している。そして第5は，ラジオにはじまりテレビへと拡大したブロードキャスティング・システムの歴史的特性を整理し，外部世界をその外から観察する水準からの転移と，デジタル化したテレビの視聴経験を描写している。

　注意してほしいのは，いずれの論考でも示唆されているように，これらのメディアが歴史的に不変のものではないということだ。それぞれのメディアが技術的な変化や社会における位置の変化の過程で，それまでとは異なるコミュニケーションを組織していくからである。固定電話からモバイルメディアへ，フィルムからデジタル映像へ，アナログテレビからインターネットとシームレスにつながるテレビへ，といった技術革新とその組織化の変化が「過去のメディア」を「現代のメディア」へと変身させ，映像体験の空間や鑑賞の在り方，番組を視聴する時間感覚を変容させているのである。

　社会における情報過程は，このような重層的な層の重なりのなかで，それぞれの層が相互に影響を及ぼしながら展開されている。　　　　　　（伊藤　守）

## Ⅲ　情報過程の歴史的階層性

## 2　オーラル・コミュニケーション

### 1　声を聴く経験

　声は人の心を震わせる。また人の心を傷つける。美しい声の響きは，天から音が降り注ぐように全身を包み，甘美な世界に誘う。声によって運ばれる〈ことば〉は意味を伝えるが，それを伝える声は意味には還元できない何かを伝える。声のトーンや口調，リズムや息遣い，それらさまざまな声のニュアンスを通じて，穏やかさ，怒り，冷淡，情熱を他者に運んでいく。それは，書かれた文字の字体の違いや，その字体の美しさや稚拙さといった表情の差異から受けるものよりずっと複雑な諸相をもつ。人間は，声を出して自分の意思を伝え，さらに言葉を声に乗せて感情や判断や状況を伝えてきたのであり，それは人類の誕生以来，何万年ものあいだ人間にとってもっとも基本的なメディア，声を出すというその一瞬で多様な情報を伝達する輻輳的なメディアであり続けている。

　文字の文化と比較しながら声の文化の特徴を，聴覚と視覚の違いにまで遡って描き出したのはウォルター・オングである。彼によれば，視覚が，諸感覚を分離し，視覚のみに特化した感覚をつくり，それゆえに「明晰判明にする感覚」を構成するのにたいして，聴覚は，統合的で，中心化の感覚を強め，内面をつくりだす感覚，つまり「合体する感覚」をつくりだすという[1]。この指摘は，私たちの日常生活の場面でも無意識のうちに経験していることではないだろうか。

　例えば，私たちは声をただ耳だけで聞いているのではない。すでに述べたように，美しい声や音は自分の身体を包むように甘美な感覚をもたらすが，他方で皮膚を掻きむしるような不快な感覚を及ぼす声や音もあるように，声や音は耳だけでなく皮膚からも聞こえる風なのだ。聴覚と触覚がともに近接する，その性格をオングは「統合的」「合体する感覚」と特徴づけた上で「声の文化では，音の現象学が人間の存在感覚の奥底まで入り込んでいる」と述べたのである。

　こうしたオングの指摘は，メルロ＝ポンティを踏まえながら，声が1つの音として身体にふれ，同時に声を響かせ合い溶かし合うことによって，自己が溶解する場に成立するコミュニケーションを，「わたしより古いわたし」と述べた鷲田清一の言葉とも呼応するだろう[2]。

### 2　声としての言葉，共同体，聖なるもの

　西欧文化において，声は特権的な地位を占めてきた。旧約聖書の創世記の冒

▷1　オング，W. J., 桜井直文・林正寛・糟谷啓介訳, 1991,『声の文化と文字の文化』藤原書店。音読から黙読への歴史的変化を考えるうえでは，前田愛，[1973] 2001,『近代読者の成立』岩波現代文庫も参考になる。

▷2　鷲田清一, 1999,『聴くことの力──臨床哲学試論』阪急コミュニケーションズ。あわせて，メルロ＝ポンティ, M., 竹内芳郎・木田元・宮本忠雄訳, 1974,『知覚の現象学』みすず書房，あるいはメルロ＝ポンティを読み進めるために鷲田清一, 2004,『メルロ＝ポンティ』講談社もぜひ参照されたい。

頭では「はじめに言葉があった。言葉は神と共にあった」と記されている。ここで言う言葉とは，言うまでもなく，声としての言葉である。あるいは，コリント人への第2の手紙には「文字は人を殺し，霊（つまり話される言葉を運ぶ息）は人を生かす」とある。声としての言葉にこそ真理が宿る，と長いあいだ考えられてきたのだ。だからそこ，文字文化が成立し，写本文化が続いた中世期においても，書くことはつねに声に出して読むことと一体であった。

　そのことをマクルーハンは詳細に論じている。彼によれば，「中世においては古代におけると同様，ひとびとは今日の読書家とちがって眼では読まず，口唇と耳で読んだのである」という。それはまさに聴覚的読書であった。つまり〈legere 読む〉は同時に〈audire 聴く〉をも意味していたのである」と。こうした音読という読書行為と密接に結びついた，聴くという行為は，また瞑想，祈り，学び，記憶といった中世的な理念全体の中心に位置していた。〈読む〉と〈聴く〉との一体性こそが，「肉体と精神に聖なるテクストを銘記する営み」であったということだ。聴きとられるべき声にこそ，〈真理〉が宿るとする，西欧社会に脈々と流れてきた思想的水脈である。ジャック・デリダが「音声中心主義」と呼んだ西欧文化，西欧の形而上学の伝統である。マクルーハンは「話されることばはすべての感覚をドラマティックに巻き込む」と述べたが，状況依存的で，感情移入的で，参加的である声の文化は，聖なるもの，そして共同体との深い結びつきを支えてきたのである。

## ❸　声の複製技術

　声の複製は蓄音機の発明にはじまる。そして声や音を周波数に変換し電波を通じて遠方まで伝達する技術が到来する。そして，今では，音や声をデジタル信号に変換して，音の修正をおこない，より効果的な音響を実現するさまざまな技術を手にしている。マクルーハンは，文字を書くこと，そして黙読すること，そこから形成される人間の知性と感覚の総体を〈近代〉とみなし，声が複製され，それがグローバルに移動するラジオとテレビそしてコンピュータの時代を「第2の声の文化」をみなした。この第2の声の文化は，数万年続いた声の文化をどう変容させていくのだろうか。

　声の文化を考えるための1つのエピソードを紹介しよう。アニメ（映画）にとって，声はその作品の完成度を高めるもっとも重要な要素である。だがこれまで，その担い手である声優は影の存在でしかなかった。しかし今日，声優はスターの地位を獲得した。何が変化したのだろうか。ヴァーチャルなアニメの映像に，声優のリアルな「声」が「生命」を付与しているのだろうか。無声映画時代の弁士にはじまり，ポスト複製技術時代の今でも，声の文化は生き続けている。

(伊藤　守)

▶3　デリダ, J., 高橋允昭訳, 1970, 『声と現象』理想社。

▶4　キットラー, F., 石光泰夫・石光輝子訳, 1999, 『グラモフォン・フィルム・タイプライター』筑摩書房。

▶5　第2の声の文化ともいえるデジタルメディアに媒介された言葉について考える上では，佐藤健二, 2012, 『ケータイ化する日本語』大修館書店がたいへん参考になる。

## Ⅲ　情報過程の歴史的階層性

# 3　文字を書く・読む技術

### 1　コンピュータで「書く／読む」風景

　私は今パソコンに向かってこの文章を「書いている」。いらない部分を削除したり，カットアンドペーストして語の順番を入れ替えたりしながら推敲を重ね，文章を仕上げる。原稿が書けたら，それを保存し電子メールで編者・編集者・知人などに送って「読んで」もらう。その際，メールに添付された原稿はパソコンの画面上で「読まれる」ことになるはずだ。このようにコンピュータで「書いた」り，「読んだ」りすることは，紙というメディアに「書く」ということ，紙というメディアで「読む」ということとは明らかに異なった営みである。それはコミュニケーションの「手段」といった点に留まらず，まさにコンピュータという「メディア」，そして0と1の二進法で記されたデジタルな「表記の体系」が思考様式や社会のあり方と分かちがたく結びつくなかでおこなわれているものだといえる。

### 2　メディアの傾向性と「界面（インターフェイス）」の方法

　ハロルド・イニスはこうした「書く／読む」ことの問題について，「メディア」と「表記の体系」がもたらす社会編成，思考様式のあり方と結びつけて論じている[1]。そこでまず重視されているのは，①メディアの物質的な特性である。石や粘土といったメディアは持ち運びに不便で空間的な拡散には不向きであるものの，長期間の保存という点では有利である。その点で，「時間的」な傾向性をもっているとされる。一方，紙やパピルスといったメディアは空間的な移動・伝達は容易であるが，保存という点では不利であり，「空間的」な傾向性をもっているといえる。イニスはこのようにしてそれぞれのメディアがもつ特性について「時間的」と「空間的」な「傾向性（バイアス）」のなかに位置づけたのである。さらにここに関わってくるのが②表記の体系である。つまり，いかなる表記の体系のなかで記録され，解釈されていくのかという側面である。そこでは複雑な筆記体系をもつ神聖文字や楔形文字，「融通性に富み，かついろいろな言語への適応力」をもったアルファベットの発展があった。さらに「数」の理論の登場，そして上記の筆記体系からの解放をもたらす電気の時代の口承性をイニスは取り上げる。つまり，こうした①メディアの物質性と②表記の体系が交わるところにおいて，社会構造や知識のあり方が編成されるとい

▷1　イニス，H., 久保秀幹訳，1987,『メディアの文明史——コミュニケーションの傾向性とその循環』新曜社。

うのである。

　例えば，楔形文字という複雑で高度な筆記体系と石碑という「時間的」な傾向性をもつものの結びつきは，ファラオや神官といった特権階級が知識を独占する強固な権威主義的社会を生み出した。しかし，この社会はパピルスという「空間的」な傾向性をもつメディアの普及やアルファベットという表記方法の登場で大幅な転換を余儀なくされる。そして，パピルスに代わって登場した羊皮紙によって大型本が制作されるようになると，前者に比べ羊皮紙は耐久性という点で「時間的」な傾向性をもつため，再び教会組織などの一部の人々に知識が集約されるようになっていく。さらには紙の普及やグーテンベルクによる活版印刷術の発明は「空間的」な傾向性をあらためて前景化させ，「自国語」での表記と結びつき，ナショナリズムを勃興させるのである。

　メディアの物質的な特性を「時間性」と「空間性」という「傾向性（バイアス）」によって位置づけようとするイニスの議論はともすればメディアの様態が社会的な形態を一方向的に規定するような「技術決定論」として受け入れられるかもしれない。しかし，上で見た通り，その「空間的」「時間的」な傾向性を見出していく過程は，それ以前のメディアの物質性と表記体系，それが交差するなかで作られた社会や知のあり方との関係とが複雑に絡み合うなかで位置づけられている。マーシャル・マクルーハンはこうしたイニスの視点について，「界面（インターフェイス）」の方法と呼んでいる。つまり，イニスはメディアと社会とがいかにして結びつけられるのか，それぞれが接触し相互に刺激し合う「界面」に注目することでメディアの文明史を描いてみせたのである。

## 3　デジタル時代における「書く技術」と「読む技術」

　「書く／読む」技術はこうした「メディア」と「表記の体系」，そして社会とが交差する関係のなかで可能になっている。イニスが上記の書物を著した時代には，電気テクノロジーやラジオといったメディアが最先端だった。しかし，現代社会において，メディア環境はまったく新しい局面をみせている。それはイニス的に言えば「空間的」な傾向性が極限まで推し進められたといえるかもしれない。あらゆる事象がことごとく，コンピュータを媒介にして記述され，流通するという形態へと転換しつつある。さらには「ケータイ」をはじめとしたモバイル・メディアの発達によって，いつでもどこでも「書いた」り，「読んだ」りすることが可能になっている。

　このような「書くこと／読むこと」を可能にする「メディア」と「表記の体系」，その社会編成，思考様式のあり方の相互作用を「界面（インターフェイス）」といった側面から考え続けることはきわめて重要な課題であるといえるだろう。

（堀口　剛）

▷2　こうした問題についてはベネディクト・アンダーソンの議論とも重なり合うだろう。アンダーソン, B., 白石さや・白石隆訳, 1997,『増補　想像の共同体──ナショナリズムの起源と流行』NTT 出版。

▷3　このような現代の「書く技術」と「読む技術」は，レフ・マノヴィッチが「文化のトランスコーディング」と呼ぶ「文化のレイヤー」と「コンピュータのレイヤー」との変換の関係性や，デジタル技術が可能にした社会の管理／制御のあり方といった問題とも結びついている。例えば，マノヴィッチ, L., 堀潤之訳, 2013,『ニューメディアの言語』みすず書房；ドゥルーズ, G., 宮林寛訳, 2007,「追伸　管理社会について」『記号と事件──1972-1990年の対話』河出文庫；レッシグ, L., 山形浩生訳, 2007,『CODE VERSION 2.0』翔泳社；ライアン, D., 河村一郎訳, 2002,『監視社会』青土社；北野圭介, 2013,『制御と社会』人文書院など。

▷4　モバイルメディア時代の「読む技術」「書く技術」の問題については，佐藤健二, 2012,『ケータイ化する日本語』大修館書店などがきわめて重要な示唆を与えてくれる。

## III 情報過程の歴史的階層性

# 4 光学メディア

## 1 19世紀の視覚装置

　「光学メディア」という言葉は多くの読者にとって，聞き慣れないものかもしれない。それは「視覚メディア」とどう異なるのだろうか。あるいは「映画」「写真」「テレビ」とは違うのだろうか。こうした疑問が浮かんだとしても不思議ではない。そこでここでは，まず「光学メディア」に対する2つのアプローチを取り上げ，その社会情報学との接点を概説していきたい。

　「光学メディア（Optical Media）」とは，狭義には，テレビなどの電子メディアや現代のデジタルメディアと区別して，主に19世紀に開発された光学や視覚の科学を応用したさまざまな視覚装置のことを指す。19世紀の西欧では，眼の構造や視覚のプロセスにかんする科学的な探求が進み，錯視や残像の実験の成果が大衆的で娯楽的な視覚装置へとさかんに応用されていったのである[1]。こうした19世紀の光学メディアにおける映像の探求こそが，1895年のシネマトグラフの発明へとつながっていく。従来の映画研究において，こうした映画に先立つ光学メディアは，しばしばいずれ発明される映画の未熟な形態か，劣った装置と位置づけられてきた。

　しかしながら，ジョナサン・クレーリーはこの光学メディアに注目し，それが単なる娯楽の装置ではなく，当時の先端的な科学技術の結晶であり，近代的な科学とメディアが，見る者の身体に直接働きかける場所だったと論じた[2]。しかもそれは教育や労働の現場で用いられ，19世紀における産業の発達や都市化と切り離せない存在だったのである。したがってクレーリーは，むしろ映画以前の光学メディアにこそ，近代化する視覚の徴候を見出したのである。

## 2 イメージの伝達装置

　以上のようなクレーリーの議論とも呼応しつつ，「光学メディア」をイメージの伝達装置としてとらえ直したのがフリードリヒ・キットラーである。キットラーは著書『光学メディア』で，クレーリーやマーシャル・マクルーハンのメディアに対するアプローチが「身体」や「感覚」を重視しすぎていると批判し，メディアの技術的な構造にフォーカスすることの重要性を訴えている[3]。

　マクルーハンにとってメディアは身体や感覚器官の延長であり，またクレーリーにとってメディアは社会的な諸制度と接続し，人間の感覚を再構成するも

▷1　例えば，ゾートロープ，フェナキスティスコープ，マジック・ランタン，パノラマ，ジオラマといった装置が知られている。

▷2　クレーリー, J., 遠藤知巳訳, 2005,『観察者の系譜──視覚空間の変容とモダニティ』以文社：クレーリー, J., 岡田温司監訳, 2005,『知覚の宙吊り──注意・スペクタクル・近代文化』平凡社．

▷3　Kittler, F., Enns, A. (tr.), 2002, *Optical Media: Berlin Lectures 1999*, Polity.

のである。他方キットラーにとってメディア・テクノロジーは，人間や身体感覚に外在し，自律して機能するような存在なのだ。キットラーは，感覚／言語／意味といった「人間」中心的な概念によって理解されるメディア史に代わって，「情報」に依拠したメディア・テクノロジーそれ自体の歴史を標榜する。

そのためにキットラーが導入したのが，クロード・シャノンの情報理論である。シャノンはコミュニケーションを情報源・送信機・伝達経路・受信機・宛先の5つの要素に整理し，そのプロセスをデータの保存・伝送・データ処理の3つの操作の結合ととらえた。キットラーはシャノンの情報理論を応用することで，遠近法からコンピュータグラフィックスまでのイメージの歴史を，メディア・テクノロジーの変遷のプロセスとして書き換えたのである。

多くのメディア研究者や文化史家が用いる「視覚メディア」や「視覚文化」という言葉を，キットラーが慎重に避ける理由はここにある。キットラーにとって写真や映画，テレビ，そしてコンピュータは，人間の感覚（視覚）の特性からではなく，あくまでイメージの保存・伝達・処理という装置の技術的な側面からとらえられるべきなのである。こうした視点からキットラーは，イメージの歴史を視覚表象ではなく，その生産・流通・保存のテクノロジーの変遷に注目することで，情報学的に記述する可能性を提示したといえるだろう。

## ❸ イメージの社会情報学

ここでキットラーが提示するのは，従来の人文学的な人間・感覚・意味が不在，あるいは希薄なまま展開するイメージのテクノロジーの歴史である。メディア技術の自律的な展開により，イメージのコミュニケーションから次第に人間が排除されていくプロセスとしての「光学メディア史」とまとめるならば，さすがにペシミスティックすぎるだろうか。

しかしながら，シャノンから出発した情報理論やキットラーのメディア史が「意味」を排除する方向に向かったのに対し，近年の情報理論はむしろ「意味」や「価値」，「生命」や「表現」といった広義の「意味作用」をあつかう方向にシフトしつつある。あるいは，映像が遍在する現代のメディア環境を，私たちが生きる生態系としてとらえ直す動きもさかんになっている。

人間不在の情報学から，機械としてのメディアと生命体としての人間が織りなす生態系としての情報社会の分析へ。イメージを生成するメディアと私たちが日常生活のなかでいかなる関係を結び，それによってコミュニケーションがいかに編成されているか——それを微細に観察し，再編していくことが，「光学メディア」以後にイメージの社会情報学になう課題ではないだろうか。

（大久保遼）

▷4　マクルーハン, M., 栗原裕・河本仲聖訳, 1987,『メディア論——人間の拡張の諸相』みすず書房。『観察者の系譜』におけるクレーリーのメディアの位置づけは，ジル・ドゥルーズが提唱した「身体＝機械複合系」に近い。

▷5　キットラー, F., 縄田雄二訳, 1996,「コミュニケーション技術の歴史」『現代思想』24（4）：pp. 144-159。

▷6　シャノン, C., E., 植松友彦訳, 2009,「通信の数学的理論」『通信の数学的理論』ちくま学芸文庫。ただしキットラーはシャノンの理論をアレンジしてメディア史に応用している。

▷7　キットラーお気に入りのフレーズを借りるならば，「Stop Making Sense！」（トーキング・ヘッズのライブ映像のタイトル）というわけだ。

▷8　西垣通, 2004,『基礎情報学——生命から社会へ』NTT出版。

▷9　水越伸, 2005,『メディア・ビオトープ——メディアの生態系をデザインする』紀伊國屋書店；濱野智史, 2008,『アーキテクチャの生態系——情報環境はいかに設計されてきたか』NTT出版。

▷10　ヴァルター・ベンヤミンが19世紀パリの街路で試みていたのも，都市空間に遍在するイメージ／メディアの生態系の分析であったように思われる。ベンヤミン, W., 今村仁司・三島憲一ほか訳, 2003,『パサージュ論』(1-5)岩波現代文庫。

## Ⅲ　情報過程の歴史的階層性

 # シネマ

### 1　映画の黎明期

　ショッピングモール内に併設された映画館が広く普及している現在,「映画館に行くこと」は必ずしも「映画を観に行くこと」のみを意味しなくなりつつある。私たちは映画を観る前後にショッピングや食事を同一モール内で楽しみ,あくまでその活動の延長線上で映画を消費している。いわば映画は,あらかじめ他のさまざまな娯楽と組み合わされて提供されているのだ。

　しかしこのことは,歴史を振り返ってみると決して新しい事態ではない。というのも映画は,黎明期においては積極的に他の娯楽と交流をもち,相互に影響を与え合いながら消費されてきたからだ。例えば初期の興行においては,映画は演芸場などの先行する劇場で流行の演目やショーなどと組み合わされて上映されていた。1900年代後半までの映画は一作ごとの時間がものによっては数十秒から数分と短く,内容においても首尾一貫した物語性よりも「動く画」それ自体のアトラクション性が重視されていたため,連続的に提供される見世物の「1つ」として消費されていたのだ。このような環境で人びとは,周りの人びとと自由に会話しながらアトラクションとしての映画を享受していたのである。

### 2　物語映画とハリウッドの覇権

　ところがこのような混淆的な状況は,映画と物語性が結びつくことで変容していく。映画の興行価値が高まることで歴史や小説などから題材を取った長編映画が数多く製作されることになり,映画上映を目的とした専門館を中心とした配給・興行のしくみが成立し始めたのだ。同時にこの時期は,映画製作の現場においても重要な変化が生じていた。長編の物語映画を製作するにあたり規範となる「映画の文法」がハリウッドを中心として整備されたのだ。これは例えば,窓の外を眺める人物が映しだされた場合,その次のショットでその人物の目線の先にある(と想定される)風景を映しだすことで,画面の移行によって「ある人物が窓の外を風景をみている」という状況を説明するような文法である。このような文法を用いることで映画内の時間と空間の連続性を示して円滑に物語を伝達することができるようになり,かつそれを規範化することで短時間での映画製作が可能となった。

▷1　現代的なショッピングモール内映画館も含めた映画館の形式の歴史については,加藤幹郎,2006,『映画館と観客の文化史』中央公論新社が包括的で参考になる。

▷2　初期映画のもつアトラクション性については,ガニング,T.,中村秀之訳,2003,「アトラクションの映画——初期映画とその観客,そしてアヴァンギャルド」長谷正人・中村秀之編『アンチ・スペクタクル——沸騰する映像文化の考古学』東京大学出版会,pp.303-315を参照されたし。

▷3　1903年に開館した日本で最初の映画専門館である浅草電気館の機能については,上田学,2012,『日本映画草創期の興行と観客——東京と京都を中心に』早稲田大学出版部が重要な議論を提供している。

▷4　ボードウェル,D.,杉山昭夫訳,1998,「古典的ハリウッド映画——語りの原理と手順」岩本憲児・武田潔・斉藤綾子編『『新』映画理論集成1——知覚／表象／読解』フィルムアート社,pp.176-194。

そして上記のような文法を用いて製作されたハリウッド映画は，その文法を内面化してさえいれば英語がわからなくても理解可能であるため，世界的に流通・消費されることになった。特に第1次世界大戦後は，戦禍によって製作能力が落ちた欧州に代わりハリウッド映画の世界市場における存在感が大きく増し，覇権を築きあげることになる。

また，このような構図は映画に「声」が技術的に付加された後も基本軸としては変らない。トーキー映画は「映画の文法」に加えて会話による物語進行が重要となるため製作国の言語を習得した人びとにしか理解できず，ひいては英語を基本言語とするハリウッド映画の世界的覇権は終わりを迎えると思われた。だが輸出先によって「吹き替え版」や「字幕版」，あるいは現地の俳優を用いて再撮影した「現地語バージョン」などを使い分けることで，ハリウッド映画は変わらず世界中で消費され続けたのだ。

## 3 デジタル技術がもたらすこと

映画のトーキー化は1930年代初頭から遅くとも半ばまでには各国で完遂され，それに応じて映画の〈製作-配給-興行〉をめぐる制度的基盤が形成されていく。だが，戦前に形成された制度は現在，デジタル技術の導入にともなって大きな変化を迎えている。もちろん歴史的には，例えばテレビが一般に普及し，映画産業が斜陽を迎えるタイミング等で映画をめぐる制度的基盤は変化してきた。冒頭で挙げたショッピングモール内映画館という興行形態も，その変化を示す1つの事例である。だがデジタル技術がもたらす変化は，アナログ技術を基盤に形成されてきたこれまでの映画の歴史をまったく新しい段階へと連れ出すものである。

例えばデジタルデータの「配信」という新たな配給形態によって，フィルムの複製・運搬費などのコスト削減が可能となり配給会社は恩恵を得るが，導入に数千万かかるデジタル映写機のシステムを購入できない小規模の映画館は大きな苦境に立たされている。配給・興行の現場が資本の有無に応じて再編されようとしているのである。また，デジタル機器で撮影した映像は即座に確認・編集することができ，さらに光源の位置や画面の陰影といった映像それ自体の加工すらも可能であるため，フィルムという物質を介したそれとは異なるプロセスでの映画製作がおこなわれることになる。〈製作-配給-興行〉のあり方が新しい技術の特性に応じて構造転換しているのだ。

このようにデジタル技術は，個々の作品 film の次元にとどまらず，それを包摂する制度 cinema の次元から変化をもたらしている。そのため現状を見定めるためには，私たちはあらためて映画の制度の歴史についての思考を深めていかねばならないだろう。ここまでの議論は，そのための大まかな見取り図である。

（近藤和都）

▷5 輸出先の現地語で再製作された「多言語バージョン」の実態や，日本において「吹き替え」ではなく「字幕」が採用されるに至った経緯については，Nornes, Abe-Mark, 2007, *Cinema Babel: Translating Global Cinema*, Minnesota University Press. の Chapter 4 を参照されたし。

▷6 デジタル技術の導入にともなって変化した映画製作のあり方について理論的に論じたものとしては，藤井仁子, 2008,「デジタル時代の柔らかい肌――『スパイダーマン』シリーズに見る CG と身体」藤井仁子編『入門・現代ハリウッド映画講義』人文書院, pp.67-94 が要点を簡潔にまとめていて参考になる。

▷7 個々の作品としての film と，そのあり方を構造的に規定する制度としての cinema という区分をはじめとする，映画研究において重要な用語の定義をおこなった文献として，コアン＝セア，ジルベール，武田潔訳, 1982,「研究の対象」岩本賢児・波多野哲朗編『映画理論集成』フィルムアート社, pp.158-168 がある。

## Ⅲ　情報過程の歴史的階層性

# 6　ブロードキャスティング・システム

## 1　テレビ的生活とその時空間

　わが国でテレビ放送が始まった1953年は、サンフランシスコ講和条約が発効した翌年にあたる。この新しいメディアの政治的使命は、その同時性、一方向性という技術的特徴に支えられていたといえよう。遍く偏らずに、高精細な情報を、臨場感をもって伝達できるという画期的機能は、全国津々浦々の人びとに自由と民主主義を実感させるという重要な役割を担った。地域あるいは家族コミュニティの基盤に乗って普及が進んだテレビではあるが、やがてそれは徐々にその土台を支える共同性を切り崩し始める。一斉送信によって発信者と受信者がダイレクトに結ばれる感覚は、その後の高度経済成長を支える都市型生活の一般化を促進させたのだ。

　「ブロードキャスティング」の情報様式が、社会システムの変容をうながすという動きは、もちろんわが国だけでなく、世界的規模で起こっていた。レイモンド・ウィリアムズが「モバイル・プライバタイゼーション（移動する私生活本位）」の名で呼んだこのムーブメントは、伝達される情報だけでなく、それを送受信する主体そのものをフロー（流動）化させ、新しい時空間秩序を生み出した。発信される情報をリアルな時間の流れに沿わせる「編成」、それによって発信源との受信者の共存空間が中心対周縁を成すように階層的に「ネットワーク」される。さらには混信のリスクを孕むアナログ地上波の電波特性が、一国主義的な制度思想と適合し、放送は20世紀の「ナショナル」な生活圏を下支えしていった。

　その後約50年このシステムは、物理的・制度的な堅牢さを維持しているかのような見かけを呈してきた。しかしその外景の中で実際に生きる人びとの時空間感覚は、大きく変化していたのである。

## 2　パレオTV／ネオTV

　イタリアの哲学者ウンベルト・エーコは、あまり知られてはいないが、この「ブロードキャスティング」の歴史性を理解する上で重要な論文を2つ書いている。1つは「偶然性と筋」（1962）、もう1つが「TV——失われた透明性」（1985）である。それまでのメディアになかった「現在性」「同時性」に注目し、それが創造性に与える影響に注目した前者に対し、後者では「外部世界につい

▷1　小林直毅・毛利嘉孝編、2003、『テレビはどう見られてきたのか』せりか書房。

▷2　ウィリアムズ, R., 木村茂雄・山田雄三訳、2020、『テレビジョン——テクノロジーと文化の形成』ミネルヴァ書房。

▷3　水島久光、2004、『閉じつつ開かれる世界』勁草書房。

て語ることを辞めつつある」テレビに批判的な態度を示す。

　大学卒業後，放送局に勤務した経験をもつエーコは，テレビの機能変化を，当事者意識をもって見ていたのだろう。彼は前者のシステムを「パレオ（旧）TV」，後者を「ネオ（新）TV」と呼んだ。かつて発信者と受信者の中間に位置し双方を媒介していたテレビは，自らのシステムの内部（カメラとスタジオ）の中に作り出した疑似的時空間の中に，外部を取り込み，世界を包囲するシステムへと反転したのである。

　テレビが送り出すコンテンツの規範がジャーナリズム的コンテキスト（文脈）からバラエティ的フラグメント（断片）に転化し，このシステムが，テレビによるテレビのための「純粋テレビ」（北田暁大）化し始める契機がこの1980年代にあったとするなら，徐々にその流れにデジタル化がシンクロし始める必然性も容易に理解可能となろう。

### 3 地上デジタル放送の真実

　2011年7月24日。東日本大震災によって傷ついた東北3県を除き，わが国の地上波テレビ放送は，デジタル技術のプラットフォームに完全に移行した。それは「ブロードキャスティング・システム」が独立して存在しえた時代の終わりを意味している。確かにいまだにテレビは定時放送を前提に編成された番組表にもとづき，送波され続けている。しかしこれ以降，受信側の環境と意識は大きく変わった。「録ってから見る」タイムシフト視聴が一般化し，ネット上の動画コンテンツとの違いは，ほとんど意識されなくなりつつある。

　もともとユニキャスト（1対1の通信）の拡張系として築かれ，同時性と一方向性に依拠しない新しいデジタル・ネットワークには，当然かつてのような方法で「ブロードキャスティング」を実現することはできない。一方でカバレッジを失いつつある放送単独で，「ブロードキャスティング」を担い続けることももはや不可能であろう。だからといってかつてこの情報様式が担っていた政治的・経済的使命が失われたのかと言えば，むしろ逆の状況にある。デジタルメディアとともに一般化した文化的状況――グローバルな時空間の広がりと，認識世界の閉じ（島宇宙化）が生む深刻な格差を見るにつけ，技術的および制度的な連携方法の確立は喫緊の課題であると実感する。

　技術を市場性に委ねていく方向性は，メディアの公共性が損なわれるリスクも高く，また実際に行われたさまざまな「マルチキャスト」実験も，残念ながら奏功しているとはいいがたい。やはり「ブロードキャスティング・システム」には，そのハブ機能の担う使命が残されているのではないか。

(水島久光)

▷4　前者は，エーコ, U., 篠原資明・和田忠彦訳, 2002,『開かれた作品』青土社所収。後者は，水島久光・西兼志, 2008,『窓あるいは鏡――ネオTV的日常生活批判』慶應義塾大学出版会所収。

▷5　北田暁大, 2005,『嗤う日本の「ナショナリズム」』NHKブックス。

▷6　水島久光, 2008,『テレビジョン・クライシス――視聴率・デジタル化・公共圏』せりか書房。

▷7　EBU (The European Broadcasting Union, https://www.ebu.ch/) の動向などに注目。大石裕・山越修三・中村美子・田中孝宜編著, 2016,『メディアの公共性――転換期における公共放送』慶應義塾大学出版会。

## Ⅲ 情報過程の歴史的階層性

# 近代社会の情報論的構造

### 1 グーテンベルクの銀河系

　近代社会の成立をどの時期からと考えるか。学問分野でその認識にかなりの幅がある。哲学ではデカルトが活躍した時代以降を「近代」と一般に呼ぶ。歴史学の内部でも種々の説がある。政治学や社会学ではほぼイギリスの市民革命やフランス革命以降の社会を近代社会と規定することが一般的だろう。そうした「近代」と「前近代」を分ける時代区分の基準は，理性にもとづく判断をおこないうる近代人の誕生であり，人権概念の成立と政治体制としての民主主義の確立といった点に求められる。では，社会情報学の視点に立つとき，「近代」と「前近代」を分かつ契機は存在するのだろうか。

　多くの研究者が指摘するのは，やはりグーテンベルクの印刷技術の発明が1つの分岐点をなした，ということだろう。中世の終わりまでものを書くのに用いられた材料は動物の革を白くなめしたパーチメント（parchment）であった。12世紀になると写本制作の需要が多いパリやオックスフォードといった大学街や修道院のあるフィレンツェには羊皮紙の工房が存在した。また中世写本は手のひらに入るサイズのものから，革表紙の大型本まであった。これら写本は教会や大学の図書館もしくは王族や貴族の書斎に所蔵されていた。

　1450年頃にグーテンベルグが42行聖書の印刷を企てた背景には，当時のドイツ修道院改革の過程で礼拝用の大型聖書の需要が増大したことがあげられる。印刷資本主義といわれる書籍の大量生産がここにはじまり，この技術革新は，当初の宗教関連本中心から文芸書さらに速報性の高い新聞やパンフレットなどの印刷を通して，情報や知識の流通の範囲や速度を劇的に変化させた。情報や知識が商品として生産・流通する過程はさまざまな地方語が「国語」として再編され，「想像の政治的共同体」としての「国民国家」を支える基盤ともなる。16世紀にはじまる情報の生産・流通・消費（受容）の過程は，第1に市場を介した資本主義の経済メカニズム，第2に自由な情報の移動とそれを受容する読者層の拡大を危険視する政府による規制と弾圧，という2つの制度的枠組みとの緊張関係のなかで組織されたのである。

### 2 ブロードキャスティング

　20世紀に入り，映画そしてラジオやテレビといったブロードキャスティン

▷1　『岩波哲学・思想事典』(1998)では，「近代」とは「ルネサンスおよび宗教改革に始まり……現代に至る時代の総称」と記載されている。『岩波小辞典』(2003)では，「近代社会」は「16世紀半ばに西欧世界で成立し」たと記述されている。

▷2　本の歴史については，高宮利行・原田範行, 1997,『図説本と人の歴史事典』柏書房が参考になる。

▷3　印刷文化については，アイゼンステイン, E. L., 別宮貞徳監訳, 1987,『印刷革命』みすず書房を参照してほしい。

▷4　「想像の共同体」については，アンダーソン, B., 白石隆・白石さや訳, 1987,『想像の共同体――ナショナリズムの起源と流行』リブロポートを参照。社会情報学にとっても基本文献の1つである。

▷5　近代の出版文化とジャーナリズム，近代国家の言論弾圧に関して知るためには，香内三郎, 1982,『活字文化の誕生』晶文社が基本図書である。

グ・システムが登場し，聴覚情報や映像情報が大量に流通する段階に至る。とはいえ，上記した社会情報過程の近代的特徴は変化することなく，むしろいっそうその特徴が明確となる過程であった。映画やテレビといった巨大な資本を必要とする情報システムは，社会空間に向けた情報の発信をごく一部のジャーナリストや記者や映像制作者に委ねる一方で，プリント・メディアとは比較できないほどの水準で，各国政府はこれらのシステムを規制の対象として組織したからである。市場メカニズムと政府による法的規制によって枠づけられつつ，その圧力と対抗しながら一定の自律性を維持して，特定の主体によって選別・選択・編集された情報が受け手に伝達される，という社会情報過程の基本的な構造である。[6]

こうしたマスメディアによる情報や文化の大量生産が，教育といった分野とともに，人びとの意識やアイデンティティに決定的な影響を及ぼすことをアルチュセールは重層的決定という概念でとらえた。またハーバーマスは人びとに共通する問題を市民自身が討議するスタイルから，討論番組のようにメディアで上演され市民がそれを単に消費する形態へ変化したことに着目して，これを「市民的公共性」から「操作的公共性」への変化，つまり「公共性の構造転換」としてとらえた。両者に共通するのは，社会における主要な情報の生産・移動がマス・コミュニケーションといわれる一方向の情報伝達技術に依存し，しかもそうした装置が市場によってコントロールされることで，多角的な情報の受容を基盤に一般市民が討議をおこない自己決定するという民主主義のプロセスを組織する上で必要な情報論的な基盤が十分なかたちで実現できていないことへの懐疑である。[7]

### 3 新しい技術環境と社会

グーテンベルグ活版印刷術以降に成立した出版資本主義は確かに，それまでの教会や特権階級による知の独占を解体した。そしてその後ラジオからテレビへと続くブロードキャスティング・システムによる情報生産と流通のメカニズムは，情報や知識そして娯楽の広範囲な共有を支え，さまざまなメディア文化を育て上げてきた。だが，その時代的な制約や限界をあらためて再考する必要がある。

20世紀後半にはじまるデジタルメディアの劇的な進展にともなうコミュニケーション・ネットワークの登場は，上述した近代の構造を変革しつつある。一部の専門家だけではなく，一般の市民がモバイル・メディアを通じて社会空間に向けて，多くの人々に，情報を発信できるという歴史上はじめての情報環境が造形されたからである。しかし，その社会情報のプロセスも，資本や法的規制と無縁ではない。その変化を同定することが研究の大きな課題である。

（伊藤　守）

▶6　放送制度の特徴を知るには，小林恭子，2011，『英国メディア史』中公選書，ならびに竹山昭子，2002，『ラジオの時代――ラジオは茶の間の主役だった』世界思想社が参考になる。

▶7　アルチュセール，L., 柳内隆訳，1992，「イデオロギーと国家のイデオロギー装置」『アルチュセールのイデオロギー論』三交社ならびにハーバーマス，J., 細谷貞雄訳，1973，『公共性の構造転換』未來社。

# Ⅳ　コンピュータのつくる言語映像圏

　総論

### 1　コンピュータの登場

　情報を扱う機械は太古からさまざまなものが存在するが，20世紀半ばに発明されたデジタル・コンピュータは，その中でもっとも成功をおさめた機械の1つである。半世紀あまり過ぎた21世紀の今日では，テレビや電話もふくめ大半の情報機械の機能がコンピュータにより支援され，コンピュータ文明の一部に組み込まれつつある。したがって，「情報社会」とは狭義には「コンピュータ社会」という見方もできるだろう。

　理論的なコンピュータのモデルとして知られているのは，1930年代に数学者アラン・チューリング[1]が考案した「万能チューリング・マシン」である。通常の情報処理機械は，メモリに格納されたデータ（記号や数値など）を目的におうじて相異なる方法で処理する。だが，万能チューリング・マシンは，処理対象データだけでなく，データ処理の仕方自体をも一種のデータとしてメモリに格納し，それを順次読み出しながら実行する。したがって，あらゆる情報処理機械の機能をシミュレートすることが可能となる。現代のいかなるコンピュータも，その基本機能は万能チューリング・マシン以外のものではない。コンピュータを用いた問題解決とは，原理的に万能チューリング・マシンモデルの上でアルゴリズム（算法）を実行することに対応しているのである。

　万能チューリング・マシンの理論モデルを実際のハードウェア上で実現するための方式は「プログラム内蔵方式」と呼ばれる。0と1の二進法表示を用いてプログラム内蔵方式を実装したデジタル・コンピュータは，1940年代末期から50年代初めに出現した。これがいわゆる現代コンピュータの祖型と言って差し支えない。

　以後，1980年代に至るまで，コンピュータの発展は主に，記憶や演算をおこなう物理的素子の高速化によって代表された。すなわち，真空管から，半導体，集積回路，（超）大規模集積回路へ，という素子の変化改良である。このハードウェアの進歩によって演算速度や記憶容量は飛躍的に向上した。あわせてソフトウェアの進歩もいちじるしく，各種の応用プログラムによるハードウェア操作を統括する「オペレーティング・システム」や，人間にとって使いやすい高級言語と機械言語とを仲立ちする「コンパイラ」も次々に開発された。1960年代になると，あらゆる用途に応じられる汎用コンピュータである「メインフ

▷ 1　Ⅻ-6 参照。

レーム」や，高速科学技術計算用の「スパコン（スーパー・コンピュータ）」が実用化され，さらに広域に散在する端末をむすんで時々刻々処理をおこなう「オンライン・リアルタイム・システム」も出現するにいたった。

　これらは複雑な科学技術計算や大規模な事務処理の効率を一挙に高めた。だが，いずれもきわめて高価な機械であり，オーダーメイドの特注品で，これを購入できるのは政府や大企業，地方自治体，研究機関などだった。ユーザーもそれら組織の専門関係者にほぼ限られていたのである。

## ❷ パソコンとデジタルな融合

　大きな変革期が訪れたのは1980年代である。集積回路技術の進歩にともない，小さなチップに基本的な論理演算回路を搭載した大量生産のマイクロプロセッサが登場し，安価に市場に出回るようになった。これを使ったマイコン（マイクロ・コンピュータ）は当初，機能も低く，一部のマニアが趣味的に使っているだけだったが，やがて一般人に馴染みやすい高級言語であるBASICがマイコンで使えるようになると，ビジネス利用もふくめ一挙に普及するようになった。こうして大量生産の安価なコンピュータである「パソコン」が，新たな情報機械として登場したのである。

　なお，パソコンの登場には，以上のような技術的背景だけでなく，思想的・社会的な背景があったことを忘れてはならない。すなわちパソコンは，「政府大企業ではなく市民のためのコンピュータ」として位置づけられたのである。そこには1960～70年代のベトナム戦争当時の米国対抗文化との明瞭な結びつきが見られる。米国国防総省は高価なメインフレームを駆使し専門家を動員してベトナム戦争の戦略を立てたが，これに対し，平和な世界を築くために一般市民が力を合わせるための道具こそがパソコンだと考えられたのである。

　一般の人びとがコンピュータのユーザーとなるとき，普及の鍵を握るのは価格だけでなく使いやすさ，つまりヒューマン・インターフェイスである。もともと対話型言語として開発されたBASIC言語は確かにパソコン普及のきっかけとなったが，それでも論理記号の列と向き合わなくてはならない。さらに望ましいのはより直感的なイメージ処理である。

　一般の人びとにとって魅力的なのは，アルファベットなどの記号や数字だけでなく，画像や映像，音声や音響などの「イメージ情報」を扱えるコンピュータに他ならない。またできれば，論理記号列であるプログラムよりも，もっと直感的・身体的なインターフェイスを駆使してゲーム感覚で使用したいという希望があらわれる。

　こういった背景のもとで，1990年代に出現したのが，「マルチメディア技術」であり，さらにマウスとビットマップ・ディスプレイを中心とした「GUI（グラフィカル・ユーザー・インターフェイス）技術」である。こうした技術が普及し

▷2　IBM社が1960年代半ばに開発した「システム／360シリーズ」はその代表であり，360度いかなる使用目的にも応じるという特徴をもつと言われた。

▷3　新幹線の座席予約システムである「みどりの窓口」は，オンライン・リアルタイム・システムの代表例である。

▷4　メインフレーム・コンピュータを時分割で共同利用するための言語であったBASICをマイコンで使用可能にしたのが，Microsoft社を創立したビル・ゲイツである。

▷5　西垣通編著訳，1997，『思想としてのパソコン』NTT出版を参照。

▷6　「パソコンの父」と言われるアラン・ケイは，子どもの教育用にも使えるコンピュータの開発をめざした。

▷7　GUIを備えた商用パソコンは1984年にApple社の「Macintosh」によって最初に実現された。しかし，これがパソコンの標準インターフェイスとして広く普及したのは，Microsoft社がGUIを備えたWindows OSを発売した1990年代半ば以後のことである。

た20世紀末に，コンピュータの主流は，特注品のメインフレームから大量生産のマイクロプロセッサをそなえたパソコンやサーバにはっきり移行したと言ってよいだろう。コンピュータは，一部の専門家ではなく万人が使用する情報機械となったのである。

マルチメディアとは，端的には「デジタル技術による諸メディアの融合」に他ならない。画像・映像・音響などのオーディオ・ビジュアル情報は，基本的にはアナログ（連続量）である。情報とは本来，生命体が身体的に認知するパターンだから，アナログ情報なのは当然のことだ。だがそれらは標本化／量子化という操作によって，デジタル情報（離散量）に変換できる。変換の精度を数学的に保証するのが標本化定理であり，メモリ容量を増しサンプリング間隔を細かくするなら，いくらでも精度を上げることができる。いったんデジタル情報にすれば処理や保存がたやすいことから，テレビやレコード，写真など，従来アナログだったメディアも次々にデジタル化され，現在は多様なイメージ情報がコンピュータ処理の対象となっている。

### ❸ グローバルなハイパーメディア

パソコンに関連して，米国で始まった「インターネット」の開発について述べなくてはならない。インターネットは世界中のコンピュータを結んだ「ネットワークのネットワーク」である。その前身は，1960年代末，米国の大学研究機関の複数のメインフレームやスパコンを通信回線で結び，ソ連の核攻撃に備えるために国防総省が開発したARPAネットワークと呼ばれるシステムだった。だが，その後冷戦の終了もあって，その目的は徐々に軍事利用から離れていく。すなわち，全米科学財団の支援のもとで，世界中の科学者たちがメインフレームやスパコンを共同利用し相互交流するための，グローバルな研究教育用ネットワークに次第に変容していったのである。

さらに1990年代になると，ビジネス利用にも開放され，一般向けにインターネット・サービスを提供するプロバイダーも現れ，爆発的に普及して，今や衆知の通り，国内外をむすぶ地球規模のネットワークになっている。21世紀の情報社会は，インターネットを抜きにして語ることができない。

ただし，一般の人びとによるインターネットの活用は，電子メールをのぞけば，大半が「WWW（ワールドワイドウェブ）」というシステムを介してであるという点は特筆に値する。WWW（単に「ウェブ」とも略称される）は，1990年代初めに，英国の情報科学者ティム・バーナーズ＝リーがスイスの欧州原子核研究機構で提案したものである。1990年代半ばには，MosaicやNetscapeといった初期のウェブ・ブラウザ（ウェブ閲覧ソフト）が開発され，さらにMicrosoft社のInternet ExplorerがパソコンOSのWindowsとセットで市場に提供されたため，一般の人びとが標準的にWWWを利用できるようになった

（なお，2000年代以降は，Internet Explorer に加え，Google 社の Chrome や Apple 社の Safari などのウェブ・ブラウザも多用されている）。

WWW は，端的には，インターネットと「ハイパーテキスト」の両者を結びつけたものと言ってよい。つまり，「グローバルなハイパーテキスト（ハイパーメディア）」なのだ。ハイパーテキストというのは，米国国防省の研究開発リーダだったヴァネヴァー・ブッシュが，コンピュータ発明前の1940年代に考えたアイデアに端を発している[8]。そこでは，複数の多様なテキスト（ドキュメント）群がリンクされ，それらを自由自在に検索しつつ人間の思考を組み立てる，というモデルが提案されている。ここでドキュメントとして，テキストだけでなく画像や音響のイメージもふくめることにし，さらに世界中のインターネット・サーバに蓄積されている情報群を包含するとすれば，それが WWW となることは明らかだろう。

2000年代に入ると，WWW は「ウェブ2.0」としてさらに進展をとげることになった。ウェブへの書き込みが非常に容易になり，さらにそれらを効率よく検索するエンジンが Google 社などによって提供され，今や WWW は共通のデータベースとして，世界中の人びとによって閲覧され活用されている。

## ❹ 夢としての人工知能ロボット

半世紀あまり前に登場したときから，コンピュータという存在は，人間の思考を代替する機械，すなわち「人工知能（Artificial Intelligence）」という夢想と直結していた。なぜなら，人間の正確な思考は論理記号の形式的操作で表現できるという論理主義の発想にもとづけば，コンピュータはまさに「思考機械」となりうるからである。

とはいえ，人間が生命体であり，その思考のベースが無意識をふくむ身体に支えられているとすれば，この前提は成り立たない。むしろ，個々の人間や社会組織の行動は，感情的で非合理的な側面が強いのである。実際，人間の言語的理性は動物の中でも例外的な存在に他ならない。

情報とは本来，生命体が生きるための「意味」と一体の存在であるとすれば，機械に意味を理解させることには原理的困難がある。にもかかわらず，コンピュータにパズルを解かせたり，チェスを指させたり，テキストを翻訳させたり，さらには人間と対話させたりする試みは，数限りなくおこなわれてきた。機械による形式的な論理記号操作によって，どこまで人間の柔軟な思考に肉薄できるか，場合によっては人間の能力を凌駕できるのか，という実験とも言える。近年は，WWW のなかの知識を自動検索し，膨大なデータを活用する人工知能が注目されている。さらに，こういった人工知能コンピュータを搭載して物理的に動作する知的ロボットにも，人間が近づけない危険な災害現場などでの応用に期待が集まっている。

（西垣　通）

▶8　ヴァネヴァー・ブッシュ，西垣通訳，1997，「われわれが思考するごとく」西垣通編著訳『思想としてのパソコン』NTT 出版所収。

# IV　コンピュータのつくる言語映像圏

## コンピュータの情報処理

### 1　道具としてのコンピュータ

　コンピュータは今や人間の生活にとって欠かせない必需品となっている。人びとはコンピュータの細かなしくみを知らなくてもコンピュータを使うことができるし，まるで人のように振る舞うコンピュータも存在する。ではコンピュータと人間との決定的な違いは何か？　それは，コンピュータはあくまで人間が作り出した便利な道具に過ぎないということだ。

　ときにコンピュータは「予測」や「学習」をするなど，情報処理をおこなう主体であるかのように表現されるが，しかし情報を処理している主体はあくまで人間である。コンピュータは人間から与えられた情報を，人間から与えられたプログラムにしたがって機械的に処理しているに過ぎない。

　では，コンピュータはこれらの情報やプログラムをどのように処理しているのだろうか？　ここではコンピュータがおこなう情報処理の基本的なしくみについて紹介する。

### 2　0と1の世界

　人間は古来よりモノの数を数え記憶するなど，数に囲まれた生活をしてきた。現在世界中でもっとも扱われている**記数法**\*1は0から9までの10個からなるアラビア数字を用いた十進記数法である。この由来は人間の指が10本あることからとされる。しかしわれわれの身の回りには必ずしもすべての情報が十進法の考えで成り立ってはいない。例えば，1年は365日あり，1日は24時間，1時間は60分からなる，などである。人間は自然現象を理解するために数を生み出したが，電気が「流れる」と「流れない」の2種類の状態を使って計算するコンピュータを生み出した。コンピュータは電気で動くシステムのため，電気が「流れていない」状態を'0'，電気が「流れている」状態を'1'とした。このことからコンピュータが生み出されてから今日に至るまで，コンピュータの情報処理はすべて内部的に0と1のみの2進数によっておこなわれているのである。

### 3　コンピュータが「計算をする」ということ

　われわれは普段アラビア数字を用いて計算（加算・減算・乗算・除算）をおこ

> \*1　記数法
> 数を表現する際に，文字や記号などを一定の規則を用いておこなう方法のこと。

なう。一方，コンピュータの世界ではこの計算のことを「論理演算」といい，またそれらを電気的におこなう回路のことを「論理回路」と呼ぶ。

コンピュータの論理回路の基本は「AND（論理積）回路」「OR（論理和）回路」「XOR（排他的論理和）回路」「NOT（否定）回路」の4種類からなり「組み合わせ回路」と呼ぶ。これらは入力した情報によって出力が決まる。

またコンピュータが計算をするためには過去に記憶した情報と現在の入力信号の組み合わせから出力を決めなければならない。これらをおこなう回路を「順序回路」という。順序回路の一例として，レジスタと呼ばれる情報を記憶する回路や，数を数えるカウンタなどがある。これらの回路を複雑に組み合わせることで，コンピュータは「記憶」「演算」「制御」をおこなっているのである。

### 4　機械のための言語から人間にやさしいコンピュータへ

人間にとっての脳と同様に，コンピュータはCPUによってさまざまな処理を実行する。処理する情報には命令とデータの2種類があり，これらの情報はすべて0か1で記述されている。コンピュータが直接実行できる命令のことを機械語という。機械語やこれをもう少し人間にわかりやすいかたちで記述可能なアセンブリ言語などを「低級言語」と呼ぶが，ここでいう「低級」とは機能が低いという意味ではなく，よりコンピュータのハードウェアに「密接」しているという意味である。

現在，コンピュータのアプリケーションを開発する場合には，より人間の言葉に近く，複雑な表現でプログラム作成が可能なC言語やJava言語などの「高級言語」が用いられる。高級言語により記述されたプログラムのソースコードは，「コンパイル」と呼ばれる工程を人が指示することにより，低級言語もしくは中間コードに翻訳される。その後生成されたプログラムを「実行」することで目的の処理をおこなうことが可能となる。

近年では人がコンピュータにコンパイルを指示しなくてもソースコードを逐次解釈しながら直接実行する，「スクリプト言語」の活用が盛んである。人間にとって理解しやすいソースコードをあたかもコンピュータが理解し実行しているかのように見える。しかしこれらはコンピュータの性能が向上したことにより，コンピュータ内部で低級言語への翻訳や実行を高速に処理しているに過ぎない。

(安田孝美・遠藤守)

▶2　CPU
Central Processing Unit（中央演算処理装置）。コンピュータを構成する主要部品の1つで，データの計算・加工や周辺装置の制御をおこなう。

▶3　中間コード
人間によって書かれたプログラムとコンピュータが理解可能な機械語の中間的な性質をもったコード形式。特定の環境に依存しない特徴をもつ。コンパイラによって生成された中間コードは最終的には機械語に変換され実行される。

Ⅳ　コンピュータのつくる言語映像圏

## マルチメディア

### 1　マルチメディアとは

　マルチメディア（multimedia）とは，一言でいえば，コンピュータ上で文字や音声，静止画像，動画を統合的に扱うことを指す。広く普及しているPCやタブレットコンピュータ，ケータイなどは，マルチメディアの端末であり，文字や音声などをすべて「０，１」の数値で一元的に表して処理する。逆にいえば，文字や音声などをすべて「０，１」で処理するがゆえに，１つの機器でそれらが同列に扱えてマルチメディアとなるのである。

　海外でも人気の初音ミクをめぐる現象は，近年のマルチメディア技術の状況を印象的に教えてくれる。2007年に発売された初音ミクは，ニコニコ動画などの動画投稿サイトを中心にして人気が急拡大し，CDも発売されゲーム化や小説化，さらにはコンサートやオペラもおこなわれている。2014年現在，その人気は衰えるところを知らない。その初音ミクは，基本的には音声合成ソフトウェアであり，それを使って作られた曲に画像でキャラクターが付与されていた。初音ミクが実際に歌うには，音声データだけでなく，歌詞としての文字もなければならない。また，初音ミクの動画も，イラストや音楽を取り入れながら作られていった。まさに，音声や文字，静止画，動画が組み合わさりながら，次々とマルチメディアの作品が出来上がっていた。

　デジタルデータの特徴の１つとして編集が簡単であることが挙げられる。音声の音域やテンポもすぐさま変えることができるし，画像は拡大・縮小はもちろん加筆・消去も何度でも容易におこなうことができる。それは，文字も動画も同じだ。近年は，初音ミク現象が示しているように，インターネットの普及によって複数の人がネット上でデータをやりとりしながら共同で作品を仕上げ，膨大な数の二次創作が実施されている。同じメロディでも，歌詞やアニメーションが別にアレンジされているケースが数多い。

### 2　マルチメディアの技術概要

　コンピュータで処理するデータは「０，１」にデジタル化されていなければならない。私たちの口から出た声，公園で目にする緑，電車のなかで見る移ろいゆく景色は，そのままではデジタルではなくアナログである。したがって，こうしたものをコンピュータで処理可能とするにはデジタル化（A／D変換：

▶１　特定非営利活動法人コモンスフィアは，クリエイティブコモンズライセンスとともに，同人マークの運用をおこない，ライセンスの面で二次創作活動を支えている。

▶２　初音ミクを使った「千本桜」は，2011年に投稿された楽曲であり，2015年２月時点でニコニコ動画で840万再生を超えている。その楽曲も，歌詞やアニメーションが変えられ，また「歌ってみた」「演奏してみた」等の二次創作が多数作られた。専門家だけでなく誰でもマルチメディア作品の制作に携われる時代であるといってよい。もちろん，共同制作でなくとも，一人でマルチメディア作品を作ることは可能である。例えば，新海誠は，10年以上も前の2002年に25分間のアニメーション作品『ほしのこえ』を発表した。その作品は，その高いクオリティとともに，新海誠が一台のマッキントッシュを使いほぼ一人で制作したことでも話題となった。

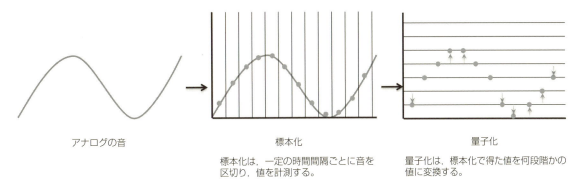

アナログの音　　　　標本化　　　　　　　　　量子化

標本化は，一定の時間間隔ごとに音を区切り，値を計測する。

量子化は，標本化で得た値を何段階かの値に変換する。

図Ⅳ-3-1　音のデジタル化

Analog to Digital conversion)のプロセスを踏まなければならない。

そのステップは，簡略化すると「標本化（サンプリング）」「量子化」に大きく分けられる（図Ⅳ-3-1）。標本化とは，一定の時間的・空間的な区切りを入れて音や画像を細かい範囲に分割することである。アナログのものは連続しているが，そこに切れ目を入れていく。音や画像を微細に分割していけばいくほどアナログを忠実にデジタル化できるけれども，そのぶんデータ量は増え処理に時間がかかってしまう。標本化が終われば，次は量子化の段階へと移る。量子化とは，標本化によって分割された１つ１つのデータをあらかじめ設定された段階に近似させていくことである。例えば，1.2を1とし2.9を3とみなすといったように，前もって設けられている段階に合わせて調整していく。この段階を細かく設定すればするほど，アナログの内容に近いかたちでデジタル化が可能となる。

▶3　量子化により生じる値のずれを「量子化誤差」という。

▶4　最終的には，量子化された値は「符号化」され，0と1の2進数に変換される。

### 3　意味の潜在化／顕在化

マルチメディアにともなうデジタル化は，情報の意味を潜在化する行為であるといってよい。私たちにとって価値をもたらす文字や音声，静止画像，動画がすべて「０，１」で扱われるからである。どんなに素敵な声色でも，どんなに耳をつんざくような声でも，「０，１」のパターンに変換される。とはいえ，私たちがそれを聞くときには，「０，１」のまま理解するわけではない。デジタルからアナログに変換され，心や身体でそれを感じ取るのである。

マルチメディアは，しばしば感性に訴えるといわれた。ロゴス（言葉，論理）だけでなく，ロゴスのベースとなる感覚的な刺激をもたらすと位置づけられた。初音ミクも，ニコニコ動画やコンサートの様子をみるに，その人気の秘密は機械音でありながら人間の感情を動かしていることにあるだろう。この点は，オンラインゲームも同じである。オンラインゲームの世界もデジタルデータで出来上がっているにもかかわらず，それに感情が引っ張られている。なかには依存症とみなされるほどのめり込む人もいる。

▶5　西垣通，2004，『マルチメディア』岩波書店。

（河島茂生）

## Ⅳ　コンピュータのつくる言語映像圏

# ウェブとデータベース

▷1　ウェブサイト／ウェブページ
ウェブサイトとはウェブページのまとまりのことであり，一般的にトップページなどの複数のページから構成されている。それに対して，ウェブページはウェブサイトの一部であり，ウェブブラウザに一度に表示されるデータをいう。

▷2　HTML は，ヴァージョン5が2014年10月に勧告された。また，XML の文法に合わせて HTML を記述した場合，XHTML と呼ばれる。

▷3　HTML が文書の構造を指定するのに対して，ウェブページの視覚的表現は CSS (Cascading Style Sheets) によって設定される。

▷4　Jesse, Alpert and Nissan, Hajaj, 2008, "We knew the web was big…"（http://googleblog.blogspot.jp/2008/07/we-knew-web-was-big.html）

▷5　サーチエンジンは，画像や映像といったマルチメディアの検索にも対応している。マルチメディアに付与されたキーワードだけでなく，人工知能の高度化により，特に画像に関してはその特徴量が自動的に抽出され検索に反映されるようになってきた。

## 1　膨張するウェブ空間

　ウェブの歴史はすでに20年を越えている。1990年にティム・バーナーズ＝リーによってウェブ技術の初期の仕様が提案され，1991年には世界最初のウェブサイトが立ち上げられた。**ウェブサイト／ウェブページ**▷1（以下，ウェブページ）の仕様はごくシンプルで，しかも裏側のしくみまで公開されたため，多くの人が取り入れることとなった。

　ウェブページの基本は HTML (Hyper Text Markup Language) と呼ばれる言語で書かれている▷2。この HTML は，見出しや箇条書き等の文書の構造をタグを使って示すもので，それぞれのウェブページがどのような HTML で構成されているかをウェブブラウザで知ることができる▷3。したがって，ほかのウェブサイトの HTML を見て，自分のウェブサイトに反映することも可能で支持を集めた。HTML では，別のファイルにリンクを張るハイパーテキストが実現され，画像や音声，動画も組み込むこともできる。

　また，2000年を過ぎたあたりから，ウェブログなどの CMS (Content Management System) が普及して，HTML などを書かなくともテキストや画像，音声，動画をウェブで発信することができるようになってきた。ウェブ2.0と呼称される現象である。HTML のコーディングやウェブサイトの公開にともなうサーバの設定等はコンピュータに詳しい人にとっては簡単でそれほど手間のかかることではないが，一般の人にとっては難しかった。そのため，インターネット上では一部の人の発言に偏っていた。しかし，CMS によって誰もがコンテンツさえ用意すれば，発言可能となった。このウェブ2.0の流れがウェブサイトの急激な増加につながっていく。2008年には Google 社が収集した固有の URL をもつウェブサイトが1兆に達しており，1日あたり数十億のペースで増加している▷4。今この瞬間にもウェブ空間は新たに増幅し続けているだろう。

## 2　サーチエンジン

　ウェブページを見つけるために使われるのが Google や Bing，Baidu といったサーチエンジンである。サーチエンジンは，ウェブ空間の膨張とともに，ロボット型というタイプが優位に立った▷5。ロボット型のロボットとは，ハイパーリンクをたどりながらウェブ空間を移動してウェブページをコピーしつつ集め

るコンピュータ・プログラムのことである。ボットとも呼ばれ，ほかにはウェブクローラーやスパイダーとも呼ばれる。ロボットが集めたウェブページはそこに含まれている単語が切り分けられインデックス（索引）が作られる。そして，最後にランキングづけされて利用者が検索語を打ち込むと上位にランキングされたものから順にリスト化して表示される。

　検索結果の表示順を決めるランキングは，検索語との関連度合いやクリック回数なども考慮されるが，被リンク数が重要な柱となっている。すなわち，ほかのページからハイパーリンクされている数が大きく影響を及ぼす。とくに，人気のあるページからリンクされていると高得点がもたらされる。このランキング方式は，いわば多数決の原理に沿ったものだといってよいだろう。というのも，リンクを一票となぞらえることができるからである。多数の人が支持したページが上位に出てくるしくみは，人びとの意見が反映された望ましいものであるように思われる。

　ただし，被リンク数によるランキングは必ずしも正確性が担保されたものではない。上位のページは，多くの人の目に触れていることは確かであろう。けれども，上位のページは一度その順位を占めると，多くの人の目に触れリンクがさらに張られる。そのため，上位のページは固定化しやすい。古くなってしまった内容が変わらず上位に表示され，その結果が鵜呑みにされてリンクが張られ上位に押し上げられていく。

## ③ 現代社会のデータベース

　ウェブは現代社会のデータベースである。サーチエンジンは，そのデータベースから必要なものを抽出するツールであり，そのありようは人類の知に大きな影響を与える。その被リンク数を柱としたランキング・メカニズムに加え，サジェスト機能もそれに当たるだろう。サジェスト機能は，検索語を入力していくとその文字に続く語が予測されて候補として表示される機能である。ネガティブな言葉が候補として挙がってしまうと，その組織名や人名のイメージが好ましくないものに仕立てあげられかねない。

　また，ここ数年，議論の的となったのが「忘れられる権利」（消去する権利）である。プライバシーにかかわる情報や誹謗中傷などが一度でも拡散してしまうと，ウェブ空間に残存し続け，サーチエンジンでも引っかかって出てきてしまう。この事態を解決するべく，EUを中心として議論が重ねられ忘れられる権利が提唱された。実際に，それに沿った判決がEU司法裁判所によって2014年5月に出され，すぐさまGoogleは削除申請ページを設けた。この権利は，「知る権利」「表現の自由」との関連を踏まえ，またいかなる処理を施せば削除となるのかも合わせて議論されなければならない。

（河島茂生）

▷6　ウェブ空間の膨張により，サーチエンジンが収集できていない公開ページもまた増加しているという指摘がある。この点については，宮田洋輔・安形輝・池内淳・石田栄美・上田修一，2012，「深層ウェブの実態とその要因」『日本図書館情報学会誌』58(2)：pp.97-109に詳しく記されている。

▷7　図書館の分類と比較しながら，ロボット型サーチエンジンの内部機構をわかりやすく解説した本として，森大二郎，2011，『検索エンジンはなぜ見つけるのか』日経BP社がある。

▷8　牧野二郎，2010，『Google問題の核心——開かれた検索システムのために』岩波書店。Googleに関する多角的な検討として，西垣通，2010，「グーグルは創造者か破壊者か」『世界』807：pp.261-269が挙げられる。

Ⅳ　コンピュータのつくる言語映像圏

 人工知能とロボット

### 1 ロボット大国

　日本では以前からロボットの研究開発が盛んであり，ロボット大国として知られている。とりわけ，工場の生産ラインで活用される産業用ロボットの技術は長いあいだ国際的にトップレベルを誇ってきた。概して，日本のロボット研究従事者の数は欧米にくらべて多い。例えば，コンピュータ科学全体におけるロボット研究従事者の割合に注目すると，日本の割合は米国のそれより 4〜5 倍は多いという報告さえある。工学部の学生のなかでも，全般にロボット工学専攻の人気は非常に高く，この傾向はたぶん今後も続くだろう。

　政府もロボットの実用化を支援している。3.11東日本大震災での福島第一原子力発電所の事故以来，そのニーズはいっそう高まりつつあると言ってよい。放射線汚染の危険のある現場で，ロボットは人間に代わって復旧作業をおこなう切り札と位置づけられているためである。関連してさまざまな防災用のニーズがある。高度経済成長期に建設された自動車道路やトンネルなど，社会インフラは老朽化が進み，防災上の整備が不可欠な箇所が全国で急増している。だが，崩落の恐れのある場所を点検診断したり，いったん災害が起こったときに復旧したりするための人手は非常に不足している。この問題解決のためにロボットが期待されているわけだ。

　また，高齢化にともなって，介護用のロボットのニーズも高まってきた。この種のロボットは，寝たきりの患者の食事や排泄を補助するなど，物理的な支援機能ももつが，それだけではない。孤独な高齢者とコミュニケーションをおこなうなど，精神的なケアにも活用できると言われている。一時はロボット犬がペットの代わりになると騒がれたし，人間の感情を読みとって会話できるというヒト型ロボットも市販されている。

### 2 日本の文化的特性

　欧米と比べて日本でロボットの研究開発が際だって盛んな理由は，さまざまに論じられてきた。典型的な議論は，日本では万物自生のアニミズムの伝統がある一方，欧米のユダヤ＝キリスト教文化においては，人間が造物主をまねてヒトまがいの存在を創ることを瀆神の行為とみなす宗教的心情がある，というものだ。確かに，欧米においては，ロボットが人間に逆らって反乱を起こす，

▷1　松原仁, 1999, 『鉄腕アトムは実現できるか──ロボカップが切り拓く未来』河出書房新社, p. 19。

▷2　ソニーのロボット犬「AIBO」や，ソフトバンクのヒト型ロボット「ペッパー」など。

▷3　カプラン, F., 西兼志訳, 2011, 『ロボットは友だちになれるか──日本人と機械とのふしぎな関係』NTT出版。

というストーリーが少なくない。フランケンシュタインもそうだし，もともと「ロボット」という名を生み出したカレル・チャペックの戯曲「R.U.R.」は，人間の支配欲や機械労働を批判するメッセージを含んでいた。

これは，ロボットといえばすぐ「ドラえもん」や「鉄腕アトム」などのフレンドリーな存在を思いだす日本人との大きな違いだろう。多くの日本人にとって，ロボットは科学技術の開く明るい未来のシンボルなのである。この相違は，ペットの代わりになるロボット犬や，会話をするヒト型ロボットなど，いわゆる娯楽ロボットにたいする評価とも関わっている。欧米では娯楽ロボットは人気がない。また，寝たきり患者の支援をする介護ロボットにも，心理的な抵抗感があるようだ。

### 3 自律性と他律性

欧米と日本のロボットにたいする人気や熱意の相違は，単なる文化的伝統の違いとして片付けられない，深い意味をもっている。例えば，人間と会話するという娯楽ロボットは，真にわれわれと「コミュニケーション」をおこなっていると言えるだろうか。当初それは一見，人間の言葉を理解し，いかにも利口そうに返答をするかもしれない。しかし，やがてすっかり飽きてしまう可能性もある。生きたペットのイヌやネコは一言も言葉を話せないが，人間の心の動きや感情を読みとって，新たな状況に対応する。ときには思いがけないやり方で反応することもある。その相違は，われわれがウェブ画面と会話する場合と，人間の係員と話す場合との違いに似ている。

本質的な点は，生命体がオートポイエティックな自律システムであるのに対し，ロボット（コンピュータ）はあくまでアロポイエティックな他律システムであるということだ。すなわち，前者はリアルタイムで刻々と環境変化に対処し続けていくのにたいし，後者は人間によって過去に作りこまれたアルゴリズムにもとづいて作動する存在なのだ。

人間の言葉を理解し，人間と会話をするコンピュータの実現は，昔から人工知能学者の夢である。むろん，人工知能の研究開発はそれなりの成果をあげ，機械翻訳などの分野で，部分的にせよ実用化されているものもある。人間の認知機能の分析にも有用かもしれない。

しかし，言葉の意味が「生きる」という行為と直結している以上，ロボット（コンピュータ）と人間のあいだに越えがたい壁があることもまた否定できない。安易に「心をもつ機械」といったレトリックに酔う前に，生物の心の成り立ちについて深く考え，コミュニケーションの本質について洞察することが大切だろう。むろん，このことはロボット一般の有用性の否定にはつながらない。そういう洞察のもとに，防災や介護のための実用ロボットを正しく位置づけることが重要なのである。

（西垣 通）

▷4 マトゥラーナ, H. R., ヴァレラ, F. J., 河本英夫訳, 1991, 『オートポイエーシス――生命とは何か』国文社.

▷5 ウィノグラード, T., フローレス, F., 平賀譲訳, 1989, 『コンピュータと認知を理解する――人工知能の限界と新しい設計理念』産業図書.

# Ⅴ　コミュニケーション空間

## 総論

### 1　インターネットのインパクト

　2000年以降，われわれの生活はインターネットの普及によって大きな影響を受けた。V-6でも述べる通り，若年層ではテレビ視聴時間とネット利用時間はすでに拮抗状態にある。テレビの普及後，テレビはつねに日本人の情報行動の中心に位置し，ニュースや娯楽の強大な情報源であったものが，その牙城がネットによって脅かされようとしている。

　インターネットはこれまでのコミュニケーション・メディアと比較して，特別なインパクトをもっている。

　まず，インターネットは音声，文字，静止画，動画という，人がコミュニケーションに駆使している聴覚的・視覚的情報をほぼすべてやりとりできる。一対一でも一対多でも，双方向のやりとりができる。そのことにより，これまで人が発展させてきた諸メディア・ツール，すなわち，書籍，新聞，電話，ラジオ，雑誌，テレビなどと同等の情報のやりとりが可能である。テレビで新聞記事の画面が提示できるとは言え，誰もテレビで新聞を読もうとはしなかったし，少なくとも通常に普及しているテレビで電話は代替できなかった。

　ネットはこれらすべてのメディアの機能代替が可能である。そして，現実に，既存のメディアの存亡に大きな影響を及ぼしつつある。テレビは，その普及過程で，書籍や雑誌の販売額や新聞の発行部数に負の影響を与えることはなく，むしろそれぞれのメディアは共存共栄の関係にあった。しかし，ネットの普及にともない，その直接的因果関係はともかく，2000年以降，書籍や雑誌の販売額，新聞の発行部数は減少傾向にある。少なくとも，その背景には，書籍，雑誌，新聞の伝える情報が，ネットによっても取得可能という現実がある。

　第2にネットは国家等，制度からの制約を受けにくい。新聞や雑誌に関しては，日本でも国家の検閲，統制の歴史を経てきた。ラジオ，テレビなどは電波という公共的資源を利用しているため，放送にあたっては国（総務省）による許認可を必要とする。アメリカではラジオ，テレビは民間の運営によるが，連邦通信委員会（FCC）の規制監督下にある。一方，インターネットは，その発祥の地アメリカで電話回線の利用から始まったという経緯もあり，当初から制度の規制を免れ，技術者主導の分散管理システムに委ねられ，その他の国家や地域もその方向性を追随した。もっとも一部の国家，地域ではアクセスを規制

したり，やりとりする情報内容を監視したりしてはいるが，世界の大勢において情報の交流は自由である。

　第3に，電話，ラジオ，テレビといったメディアは，その送受信設備に膨大な資本を必要とし，ラジオやテレビではコンテンツの制作にも多額の資金を必要とする。しかし，インターネットは，既存の回線を利用することにより，特殊な発信設備も必要とせず，その気になれば，1台のパソコンから全世界の人に，自分の意見や心情，作品等を発信できる。情報の受容面でも，新聞代や雑誌のようにパッケージごとの料金や受信料はいらず，通信料を別にすれば，多くの情報が実質的に無料で入手できる。

## ❷ ネットと文化

　こうした特性をもつインターネットはわれわれの文化や日常的生活面でも甚大な影響をもたらした。

　例えば，文芸の世界では2007年には「ケータイ小説」が大ヒットし，それらは後に活字化されて，2007年の単行本フィクション部門10位中5つが元をただせばケータイ小説であった。音楽の世界でも素人が自作あるいは既存曲のアレンジをネット上に流し，多くのアクセス数を集める例が出ている。

　動画でもYouTube等を通した投稿が盛んで，日々膨大な量の自作の映像作品がネット上に流されている。

　これらに共通して言えるのは，誰でもネット上にコンテンツをアップすることができ，プロと素人の垣根がなくなってきたこと，それまでの出版社やレコード会社など，既成の文化装置を経ずして作品が流通するようになってきたこと，コンテンツが選考・淘汰される過程が可視化されてきたことである。「文化」もネットで激変したのである。

　しかし，同時に誰でも参加できるネットという舞台の限界も見えてきた。2007年のケータイ小説のブレイク以降，スマホ小説なども登場したが，その後，年をまたいで読み継がれるような小説は出ていない。音楽の世界でも，後世に名を残す作品はみあたらず，映像作品においても「名作」は今後を待たなければならない。ネットという自由空間は，玉を選びプロとして育て上げる，これまでの文化装置の存在意義を新たに確認したとも言える。

## ❸ 伝統的メディアの信頼性

　橋元らが継続的に実施している全国調査によれば，テレビ，ラジオ，新聞，雑誌，書籍，インターネットのうち，「いち早く世の中のできごとや動きを知る」のにもっとも利用するメディアとして選択されたのは，2000年以降，一貫してテレビが多く，その比率もほとんど低下していない（2013年で全年齢層平均65.1％。ネットは30.2％）。また，同様の質問で「世の中のできごとや動きにつ

▷1　その前の2004年には巨大掲示板「2ちゃんねる」のログから『電車男』が書籍化され，発行部数が100万部を超えた。

▷2　その一部は「同人音楽」とも呼ばれ，例えば2012年に米津玄師の「マトリョシカ」は短期間のうちにニコニコ動画で500万再生を超えた。

▷3　V-6 ▷1参照。

いて信頼できる情報を得る」のにもっとも利用するメディアとして選択されたのも，一貫してテレビである（2013年全年齢層平均で59.3％。ネットは12.9％）。

ニュースに関しては，ネットは組織化された独自の取材体制をもっておらず，基本的にはマスメディア情報の横流しである。もっとも日本版オーマイニュースやJanJanのように，韓国を真似て市民記者を登用する試みもあったが，経営的に成り立たずいずれも破綻している。日本の新聞社，テレビ局を構成する情報コングロマリットのもつ膨大な資本力，編集能力，ノウハウの蓄積を考えれば，時事ニュースの情報源は現状ではマスメディアが中心とならざるを得ない。

また信頼性に関して，テレビもこれまで情報バラエティにおけるヤラセや編集上の偽造，報道番組における不適切な取材対象者等，BPOの放送倫理検証委員会でも審議対象になるようなトラブルをいくつか起こしている。新聞も誤報やねつ造記事でしばしば問題になっている。そうした問題が発生するたびに一部の視聴者や読者において信頼性が低下したのは確かであろうが，大勢としてわれわれの調査データにみられるように，安定した信頼性を確保している。その理由は，長期的にみて，例えばテレビにおいて，目立つような事件の隠蔽や政治的に不公平な報道がほとんどなかったこと，そのときどきにおいて，専門家の意見も番組にとりいれてきたこと等による。そしていささか逆説的ではあるが，局ごとに何の特徴もない報道，番組編成をくり返すことで，その均質性が，ある意味で視聴者に安心感，安定感を与え，それがメディアイメージとしての「信頼性」に結びついている。一方で，ネットは，本物の専門家の発言があったり，マスメディアでは伝えない機密情報の掘り出しがあったりするものの，情報源も明らかでない一種のデマ情報も流通したりして，「玉石混淆」という印象を利用者に与え，それがメディアイメージとして今ひとつ信頼性の向上に結びつかないのだろう。

### 4　ネットの普及と公共的関心の喪失

公共的情報に接触せず，身内の私的情報のやりとりに終始する若者において，彼らの関心はますます狭小化，内向化する。実際，われわれの調査で，継続して「政治に関心があるか否か」という質問をしているが，2005年には10代の44.8％が「関心あり」と応えていたものが，2013年には14.4％に低下している。もちろん，政治的関心の低下はネットのせいだけではなく，不安定な政局や，自分たちに政治を動かす力はないという政治的無力感等，さまざまな要因があろう。とはいえ，ネットの利用が，関心領域の狭小化，内向化を助長している側面もあろう。

### 5　ネット空間における擬似世論，デマゴーグ

社会心理学では，コンピュータを介したコミュニケーションで，意見が極端

▷4　例えば10代のネット利用で，時間量的に消費量の多いのはメールやソーシャルメディアといった「コミュニケーション系」であり，全体の67.9％を占めている。その中で10代ではソーシャルメディアにかける時間はメールの倍である。ちなみに，ニュースサイトも含む，「ウェブサイトを見る」がネット利用のうちの11.3％，他に「動画を見る」が11.2％に過ぎない。しかも，この「コミュニケーション系」の比率は2013年に至るまで年々増加している。コミュニケーション系のネット利用行動の情報のやりとりの相手はほとんどが日常的に接している友人のたぐいである。そこでやりとりされる内容は，身の回りの世界の些細な出来事や個人的な心情である。すでにテレビ等のマスメディアへの接触時間も減少していることは指摘した。若年層のコミュニケーション空間では，「公共的情報」への接触が減少し，私的な情報への接触が増加している。公共的情報といえば，いわゆるニュース情報について，若年層の新聞

な方向に傾く場合があるという指摘がしばしばなされてきた（「意見の極化」）。方向性の多くは，よりハイリスク・ハイリターンの結論である（「リスキーシフト」）。その理由として挙げられてきたのは，発言の匿名性から自己の責任感が低下すること。年齢や地位への配慮が無用になり，誇示動機が大きく働き，リスキーで勇ましい意見が注目を帯びやすいこと。場を活性化する意味でも，場の雰囲気にそぐわない反対意見や中庸な意見，意見間調整を試みようとする発言が無視されたり罵倒されたりしがちなこと等によるとされる。例えば，近隣諸国に対する誹謗が飛び交う言論空間で，対象国を声高にののしり，攻撃的語彙を重ねる方がウケがよく，「でも逆の側面もあるよね」とか「隣だから仲良くしようよ」などという発言が無視されたり，罵倒されたりする場面は容易に想像できよう。また，特定の芸能人の些細な過失を断罪する大規模掲示板やまとめサイトでも同じような状況が生じている。しかも，いったんある方向性の声が数件上がると，それが「大勢」であるかのような錯覚が生じ「沈黙の螺旋（大きな声の意見が幅をきかせ，反対意見は表明が見合わせられる現象）」が始まる。一部のネット言論空間では，こうして，実態の意見分布をゆがめた「擬似世論空間」が生まれる。

　またネットは，自分からアクティブに情報を取りに行くのが基本となるメディアであるから，どうしても自分と考えや態度が類似するブログやコミュニティにアクセスすることが多く，そうした言論空間で，よく似た考えをもつ者が同じ方向性の議論のやりとりをしがちだ。その方が認知的に快だからである。すなわち，他の立場，考えが排除された中で，自分たちに都合のいい情報の共有・確認が進む。こうした現象を音響検査室内の共鳴になぞらえて「エコーチェンバー現象」と呼ぶこともある。もちろん，新聞などのメディアでも，さまざまな争点に関し，偏った方向性の意見が掲載される場合もあるが，良識的な新聞であれば，その中に「反論」を掲載するスペースも用意されているのが普通であり，またテレビなどでは，ほとんどの場合，立場の異なる意見をもつ人も登場させて公平性を保とうとしている。ネットの場合，異なった立場の発言が排除されるような雰囲気の中で議論が進められることも多く，いわばネット空間で，交わることのない水と油の島が，モザイクをなしているような状況にある。

　ソーシャルメディアに関しても，例えばカリスマツイッターは100万人規模のフォロワーをもち，それぞれがかりに10人のフォロアーをもっていると仮定した場合，カリスマツイッターの声はわずか2ステップで1000万人の元に届く。視聴率ならまだしも，これが政治的態度の問題となると，自由な討論が可能で，理想的な民主主義の実現をサポートするように見えるネットメディアという装置が，一方で少数のデマゴーグが跋扈する扇動社会を現出させるパンドラの箱にもなりかねないという危惧を抱かせる。

（橋元良明）

購読時間は平均すれば限りなく0分に近づいた（2013年調査で10代0.6分，20代1.4分）。ニュースはネットで見ている，という意見もあるが，われわれの調査では，新聞情報を得るためポータルニュースサイトを利用していると答えた比率は10代で25.9%（20代では48.9%），いずれの媒体でも新聞情報に接していないが10代で44.6%（20代28.3%）である。別質問で「この1ヶ月で時事ニュース情報を得た情報源」として，ネットのニュースサイトを挙げた10代は20.1%に過ぎない。つまり，10代はネットでもニュースをあまり見ていない。たとえ見ていたとしても，エンタメやスポーツなど限られた領域であり，しかもスマホ画面上であるから，せいぜい見出しをチラと見る程度であろう。橋元研究室と総務省情報通信政策研究所の2013年全国調査による（ V-6  ▶1 参照）。

▶5　ツイートの影響は決して軽視すべきものではなく，例えば2013年のTBSドラマ『半沢直樹』の最終回は，近年にまれな視聴率42%強（関東地区）を示したが，そのドラマに関連するツイートも回を増す毎に増え，最終回の日には21万7000件に達した。ドラマを見てツイートするケースもあるが，ツイートに導かれてドラマを視聴したケースもあったと考えられ，その場合，ソーシャルメディアは視聴率の増加に影響をもったわけである。

# V　コミュニケーション空間

## 2　ソーシャルメディアとコミュニケーション

### 1　ソーシャルな孤独？

　2000年代半ばからの「ウェブ2.0」と言われる技術展開のなかで，FacebookやTwitter，LINEなどのSNSは著しくユーザー層を拡大した。YouTubeやpixivなど，動画・画像を共有し，コメントを交換するサイトも人気を集めるようになった。これらのサイトは，単なる情報の入手・伝達の手段という以上に，人と人との交流を楽しむという側面を大きくもち，そのことをもって今日では「ソーシャル（≒社交の）」メディアと呼ばれるようになっている。

　ソーシャルメディアは，私たちに新たな関係性やコミュニティのありようをもたらすものとして期待される一方で，それとは逆に，近年しばしば話題になる「SNS疲れ」のような，人間関係の負担感を強め，孤独感を増すといった問題も生じている。これは日本に限ったことではない。例えば，オーストラリアで2011年におこなわれた調査では，ソーシャルメディアの利用（なかでもとくにFacebook）と孤独を感じる頻度が関連していることが報告されている[1]。はたしてソーシャルメディアは，逆説的にも私たちのつながりを弱体化し，孤独を強めるものなのだろうか？

　ここでまず注意すべきは，上記のような1時点の調査データからは，たとえ関連が認められたとしても，ソーシャルメディアの利用が孤独感を強めるのか，もともと孤独感の強い人が（それを解消しようとして）ソーシャルメディアをよく利用するのか，因果の向きが明らかでないことだ。こうした因果関係にまで踏みこんだ実証研究はきわめて少ないものの，そのひとつに，2011年と翌年の2時点にわたってパネル調査を実施した河井大介の研究がある[2]。その分析結果によれば，《第1時点でのソーシャルメディア利用が→第2時点での孤独感を高める》という向きの因果が示唆され，その反対方向の《孤独感→ソーシャルメディア利用》という因果は認められなかった。

　河井は，このような因果が生じる理由として，ソーシャルメディアでは他者の状況が幸せそうにみえやすいことで孤独感が強まる可能性や[3]，オンラインで取りもたれる交友関係が，対面的関係よりも希薄な，弱い紐帯（weak ties）であることに起因する可能性[4]を指摘している。ただ，その他にも，SNS上でのやりとりから取り残されることへの不安や不信，オンライン上での自己演出（キャラ）へのプレッシャーやそこから生じる自己疎外感など，さまざまな要因が考えられ

▷1　Relationships Australia, 2011, "Relationships Indicator Survey 2011" (http://www.rasa.org.au/media-centre/relationships-indicator-survey-2011/)

▷2　河井大介, 2014, 「ソーシャルメディア・パラドクス——ソーシャルメディア利用は友人関係を抑制し精神的健康を悪化させるか」『社会情報学』3(1)：pp.31-46。

▷3　Chou, Hui-Tsu G. and Edge, N., 2012, "They Are Happier and Having Better Lives than I Am: The Impact of Using Facebook on Perceptions of Others' Lives," *Cyberpsychology, Behavior and Social Networking*, 15(2)：pp.117-121.

▷4　Kraut, R. et al., 1998, "Internet Paradox: A Social Technology That Reduces Social Involvement and Psychological Well-being?," *American Psychologist*, 53(9)：pp.1017-1031.

▷5　パリサー，E., 井口耕二訳, 2012, 『閉じこもるインターネット——グーグル・パーソナライズ・民主主義』早川書房。

よう。

　河井の用いたデータには調査対象の代表性等の面での限界もあり，上記のような因果関係がより一般的に認められるかどうか，そして，どのような要因が関わっているのかについては，今後さらなる実証研究の蓄積が求められるところである。

## ❷ 閉じこもるインターネット

　これとはまた別の観点から，ソーシャルメディアで形成・維持される人間関係の同質性が問題にされることもある。「類は友を呼ぶ」ということわざがあるように，私たちは概して，似た意見や好みをもつ相手を友だちにする傾向をもつ。ネット上ではそのような相手を実世界以上に見つけやすい。それによって私たちは，異なる意見や考えの持ち主を排除した同質的な人間関係のネットワークに閉じこもることになってしまうのではないか，というのである。

　さらには，そのことが民主主義的な世論形成を阻害する可能性も懸念されている。自分と同じ意見（の持ち主）に取り囲まれることは，異なる意見にふれる機会を減らし，一方的に自分の意見を強め，極端化するように作用するだろう。強められた意見は表明しやすくなって勢いを増し，それに異を唱える意見は表明しにくくなって黙りこむ。このような「沈黙の螺旋」と呼ばれる過程によって，ネットワーク内の意見の同質性はますます増幅され，議論や熟慮を経ずに，意見の一極集中——集団極性化（group polarization）——が起きるのではないか，と。

　Twitterにおける原子力発電問題についての発言（ツイート）を分析した小川祐樹らは，こうした沈黙の螺旋過程による意見の一極集中が実際に生じうる可能性を確認している。ただし，ユーザー自身のオリジナル発言か，他のユーザーの発言の引用・拡散（リツイート）か等によって，分析結果はいくらか異なっており，必ずしも一貫した強い可能性が示されているわけではない。

　その他の国内外の関連諸研究を見渡しても，ソーシャルメディアによる意見の極性化の可能性を示唆する分析結果と，逆にむしろ異質な意見への接触機会を増やし，民主主義的な政治関与をうながす効果を認めた分析結果，両方が存在しており，確たる結論はまだ出ていないのが現状だ。

　このように各研究の知見に少なからず相違がみられる理由としては，調査対象としたソーシャルメディア（例えばTwitterかFacebookか）によって，コミュニケーションや相互行為のありかたが異なるため，そのことが影響している可能性が考えられる。また，同じソーシャルメディアであっても，そこで取りもたれる人間関係のネットワーク特性は，国や地域によって異なってもいる。ソーシャルメディアの背景にある文化的・社会的コンテクストを見据えながら研究を進めていくことが重要だろう。

（辻　大介）

▷6　サンスティーン, C., 石川幸憲訳, 2003, 『インターネットは民主主義の敵か』毎日新聞社。

▷7　ノエル＝ノイマン, E., 池田謙一・安野智子訳, 2013, 『沈黙の螺旋理論——世論形成過程の社会心理学［改訂復刻版］』北大路書房。

▷8　小川祐樹・山本仁志・宮田加久子, 2014, 「Twitterにおける意見の多数派認知とパーソナルネットワークの同質性が発言に与える影響——原子力発電を争点としたTwitter上での沈黙の螺旋理論の検証」『人工知能学会論文誌』29(5): pp.483-492。

▷9　それらの諸研究については，小笠原盛浩, 2014, 「ソーシャルメディア上の政治コミュニケーションとマスメディア」『マス・コミュニケーション研究』85: pp.63-80を参照。

▷10　Halpern, D. and Gibbs, J. 2013, "Social Media as a Catalyst for Online Deliberation? Exploring the Affordances of Facebook and YouTube for Political Expression," Computers in Human Behavior, 29 (3): pp.1159-1168.

▷11　石井健一, 2014, 「Facebook利用者の日米台比較——個人情報の開示とネットワークの同質性を中心に」『情報通信学会誌』31(4): pp.39-50。

Ⅴ　コミュニケーション空間

# デジタルネイティブの進化

## 1 「デジタルネイティブ」論の形成

　「デジタルネイティブ」とは，幼少期からデジタル技術に本格的に接した世代のことで，およそ1980年生まれ以降を指す。80年代，パソコンやパソコン通信がビジネスを中心に普及する一方，任天堂のファミリー「コンピュータ」（ファミコン）が「スーパーマリオブラザーズ」とともに一般家庭に普及した。つまり，1980年前後生まれは，社会にデジタル技術が普及する中，幼少期からゲーム機を介してデジタル技術に接し，中高生で，ポケベルに始まる移動体通信，大学でインターネットと，社会に出るまでにデジタル（ネットワーク）に出会い，適応する機会をもった初めての世代なのである。

　「ミレニアル」「ジェネレーションＹ」「ネットジェネレーション」などもほぼ同じ世代を指す概念だが，「デジタルネイティブ」は，高等教育論として提起されたことに特徴がある。プレンスキーは，ICT利用能力・スキル・行動を言語運用になぞらえ，デジタル「ネイティブ話者」である大学生とデジタル「移民（イミグラント）」である大学教員を対比する枠組みにもとづいて高等教育の現状と課題を議論した。

　デジタルネイティブ話者は，情報をできる限り早く入手し，高速に処理し，複数の処理を同時並行でおこない，一方向的講義にたいする耐性は低く，能動的であることを好む。ところが，デジタル移民である大学教員は，デジタル技術への接し方に「訛り」が強く，学生の変化に対応できていないため，高等教育において，教授法とコンテンツの変革が必要だと主張した。このようなプレンスキーの議論は，「デジタルネイティブ」という言葉の喚起力も手伝い，社会的反響，教育学を中心にした学術的議論を呼び起こした。

## 2 デジタルネイティブ論批判

　ただし，「デジタルネイティブ」という概念は慎重に議論しなければ，表層的な世代論に陥る危険性がある。デジタルネイティブ論は，①デジタルネイティブたちが世代として一様に，高度で洗練されたICT知識とスキルを有していること，②世代特有の学習選好ないし学習スタイルもっていることを前提としているが，両者は理論的にも，実証的にも脆弱な主張である。

　まず，ICTに関する知識，スキルは，社会経済的地位，文化・民族的背景，

▷1　Strauss, W. and Howe, N., 1991, *Generations: The History of America's Future, 1584 to 2069*, William Morrow & Company.

▷2　Oblinger, D., Oblinger J. and Lippincott, J., 2005, *Educating the Net Generation*, Brockport Bookshelf. Book 272. (http://digitalcommons.brockport.edu/bookshelf/272)

▷3　Prensky, M., 2001, "Digital Natives, Digital Immigrants," *On the Horizon*, 9(5) : pp.1-6.

性別，学科・専門などにより大きく異なることが明らかとなっており，デジタルネイティブたちが，均質に高いICTの知識，スキルをもっているとみなすことは，こうした多様性，差異，それと結びつく社会的問題を視界から隠してしまうことになる。

また，複数タスク同時並行処理，高度な視覚処理，ビジュアル表現，双方向性の選好といった知識，情報への接し方，学習スタイルの根底的変化についても，それがデジタルネイティブ世代に特有の現象であるかは論拠に乏しい。例えば，いわゆる「ながら学習」は，ラジオ，テレビ，ウォークマン等の情報機器とともにつねに問題とされ，デジタルネイティブ特有ではない。さらにそれが日常的な情報への接し方だとしても，日常生活におけるICT利用と，学校教育におけるICT利用およびそれにともなう学習効果とは別である。

このように，デジタルネイティブ論は，十分な実証的データにもとづかず，移民世代との対比のみが優先され，先駆的とされる青少年たちの印象的なエピソード，「IT革命」といった言説により生み出される急速な社会的変化認識に整合的な青少年変化像の提示に陥る懸念がある。

### ③ 日本社会において「デジタルネイティブ」論持つ意味

ただ，デジタルネイティブという概念がその脆弱性を含め広く人口に膾炙しており，学術的研究はより適切な議論を喚起する役割がある。さらに，ネットワーク社会として日本社会を考える場合，より積極的な意味をもっている。

国連の人口推計によれば，2015年時点で，世界の年齢中央値は30歳，1980年生以降が58％を占める。米中も中央値が36，37歳であり，人口のほぼ半分がデジタルネイティブである。ところが日本は，少子高齢化が進んでいるため，中央値47歳，デジタルネイティブは34％に過ぎず，半数を超え，多数派となるのは，2030年代を待たなければならない。

つまり，デジタルネイティブという観点からみると，日本社会は，デジタル移民が依然として社会の主流派を占める一方，デジタル技術の革新は，デジタルネイティブ内の多様性を生み出していく過程にある。2000年代，ブロードバンド，モバイルインターネット，スマートフォン，タブレット端末が次々と社会的に普及し，ソーシャルメディアが人びとの生活に深く浸透してきた。今後もウェアラブル，拡張現実（AR）など，デジタルメディア環境は絶えず変化していく。デジタルネイティブが多数派であるグローバル社会の変化を視野に入れながら，単純な若者論ではなく，移民世代と対比し，内部の多様性に留意しつつ，情報ネットワークメディア環境の変化が，情報行動，対人関係，生活様式，価値体系などの変化とどのように結びついているかを実証的に明らかにすることは，社会情報学にとって重要な知見をもたらす可能性をもっている。

（木村忠正）

▶4 デジタルネイティブ論の脆弱性については，Thomas, M. ed., 2011, *Deconstructing Digital Natives*, Routledge 所収の諸論文で詳細に議論されている。

▶5 Palfrey and Gasser, 2011, "Reclaiming an Awkward Term: What We Might Learn from 'Digital Natives,'" Thomas, M. ed., *Deconstructing Digital Natives*, Routledge, pp.186-204.

▶6 United Nations, Department of Economic and Social Affairs, 2012, *World Population Prospects: The 2012 Revision*. (http://esa.un.org/unpd/wpp/unpp/panel_population.htm)

▶7 具体的な分析例として，木村忠正，2012，『デジタルネイティブの時代――なぜメールをせずに「つぶやく」のか』平凡社.

## V　コミュニケーション空間

# ネット空間のコミュニティ

## 1　ネットコミュニティの「理想」と「現実」

「インターネットは、ユニークな、あるいは変革的ですらあるコミュニケーションチャネルである。匿名性が高く、共通した興味・価値観・信念をもつ人びとをたやすく結びつけることができる。」

これはアメリカの社会心理学者ジョン・バージが2004年に書いた「ネットコミュニティ」の特徴である。皆さんはどんな印象を抱いただろうか。確かによくネットコミュニティの特徴として語られる内容だが、自分自身を振り返るとそんな経験はあまりない、と感じた方が多いのではないだろうか。

今では、ネット上で人びとが幅広くつながり、まるで現実社会とは切り離された場であるかのように存在するオンラインコミュニティは少数派となった。もちろんネットとて現実社会の一部なのだから、厳密な意味では最初からそんなものはないのだが、そうと錯覚させるに十分な場が存在していた頃と比べると、たかだか十数年のことでも「隔世の感」がある。ここでは、ネットコミュニティの歴史と現状を概観し、このような変容が生じた理由を読み解いていく。

## 2　ネットコミュニティの特徴

バージたちの言葉にある通り、従来型のコミュニティと比較したネットコミュニティの顕著な特徴は大きく2つある。1つは、情報縁が強い力を発揮することである。情報縁とは、距離や元来の関係性の近さを超えた趣味や関心の近い人びとによる結びつきである。これまでのコミュニティで成員間を結びつけていた地縁や血縁、社縁や学校縁などは、個人の属性を共有するつながりであるために流動性が低く、社会的な制約との関わりが強いので、それによるコミュニティは持続的に堅固なつながりを保持できる可能性が高い一方で離脱可能性が低い。情報縁は、個人そのものに近い「属性」ではなく、彼らの関心をもつ「情報」が共通することによるつながりなので、流動性が高い一方で多面的であり、互いに相手を選び合う自由で多元的な人間関係が形成されやすい。

もう1つは匿名性の高さである。この特性は、ネットコミュニティで起きる「対面とは異なる」さまざまな事象をすべて説明していると言ってよい。匿名性は階層構造をもち、視覚的匿名性、アイデンティティの乖離、識別性の欠如の3段階がある。視覚的匿名性により、身振りや声色、表情といった非言語的

▷1　Bargh, J. A. and McKenna, K. Y. A., 2004, "The Internet and social life," *Annual Review of Psychology*, 55 : pp.573-590.

▷2　属性
人のもつさまざまな特徴のうち、性別や人種など一般に変わらない（変わりにくい）もの。

▷3　森尾博昭, 2009,「インターネットと対人相互作用」三浦麻子・森尾博昭・川浦康至『インターネット心理学のフロンティア』誠信書房, pp.88-115.

な情報の伝達が対面コミュニケーションと比べて極度に制限される。アイデンティティが乖離した状態では，実社会とは独立した自己を確立できるので，ネット上の行動の影響が及ぶ範囲をその内部に限定することができる。ここに識別性の欠如が加われば，自己と他者の区別すら曖昧になる。匿名性によって身元が秘匿され，コミュニケーションの解釈に際する社会的な手がかりが減少することは，特に現実社会におけるマイノリティたちの自己開示を促進させ，孤立感を低減させる機能をもつことが指摘されてきた。

## ③ ネットコミュニティの変容

しかし，匿名性によって現実社会のもつ制約から解き放たれた自由で多元的なつながりに支えられたコミュニティの隆盛は長続きしなかった。その原因はネット利用者の増加である。個人がネット上で主体的に情報を発信する行為が当たり前のものになり，情報縁によるつながりやすさは飛躍的に増した。しかし発信の場が個人ベースのウェブサイト（ホームページやブログなど）からID制をとるコミュニティサービス（mixiやFacebookなど）に移行し，利用者間のつながりも可視化され，匿名性は低下した。

こうした状況は「拡大が同質性を生む」というパラドクスをもたらした。利用者の増加によってネット社会が拡大したことで，むしろ似通った者同士の小さく緊密な結びつきを志向したネットコミュニティが増えた。俯瞰するとありとあらゆる人や情報がつながり合い，混ざり合いながら浮遊している大海原のようなインターネットだが，よくよく眺めてみれば「蓋の閉まったタコツボ」がずらりと並んでいて，それぞれの中のつながりは緊密だが，それぞれのあいだのつながりは希薄なケースが増えた。情報縁をきっかけにコミュニティが形成されるという土壌は残る一方で，現実社会との境界線は曖昧になった。

## ④ ネットコミュニティの将来像

既存コミュニティとは異なるつながりを自由にもちうる「新しい」場所だったネットコミュニティは，Wi-Fi接続やスマートフォンなど携帯端末からのネット利用が一般化したことによる「身体化」ともあいまって，もっともアクセスしやすいコミュニティへと変容した。ネットならではの要素をある面では保持する一方で，従来型コミュニティともシームレスに統合され，それを支える機能をも果たすようになった。「コミュニティ」そのものの主要なあり方の1つとして，コミュニティに関わる問題のすべてを包含する存在となったネットコミュニティは，これからも社会的に重要な役割を果たし続けるだろう。

（三浦麻子）

▷4 例えば，性的マイノリティ（ゲイ・レズビアン）など。

▷5 McKenna, K. Y. A. and Bargh, J., 1998, "Coming out in the age of the Internet: Identity 'demarginalization' through virtual group participation," *Journal of Personality and Social Psychology*, 75(3): pp.681-694. 匿名性が高い状況では抑制の効かない暴力的なやりとりが発しやすいという負の効果も指摘されている。

▷6 ネットワークやその接続端末がウェアラブル（身につけてもち歩くことができる）やユビキタス（どこでもつなぐことができる）といった特徴をもつこと。

Ⅴ　コミュニケーション空間

# 5 テレビの未来と社会的受容

## 1 テレビのこれまで

　1953年に本放送が開始された日本のテレビは短期間で国民の生活に深く入り込み，10年後の1963年には世帯普及率が88.7％にまで急上昇し，その視聴時間の長さや社会的影響力において強力なメディアとなった。1960年にはカラー放送が本格化，1975年のカラーテレビ世帯普及率は90.3％となっている▷1。

　日本の放送制度は，公共放送NHK（受信料が財源）と民間放送（広告収入が財源）の二元体制をとっている。また，教養・教育・報道・娯楽をバランスよく編成する総合放送が放送法で義務づけられている（NHK教育テレビは除く）。NHKと民放あわせて全国6系列の総合放送が存在することは海外と比しても珍しい。

　1980年代後半以降，多チャンネル時代を迎え，BS放送（1989年から本放送），CS放送（1992年から本放送），またCSから受信したチャンネルを有線で契約世帯に配信する都市型ケーブルテレビが開始された。そこでは，映画，スポーツ，ニュース，音楽，アニメ，趣味といった専門チャンネルが加わった。

　また，テレビにとって大きな変革となったのはデジタル化である。1996年のCS放送を皮切りに，2000年にはBS放送で，2003年には地上波でデジタル放送が開始▷2，2012年には地上波アナログ放送がすべて停波され，放送の「完全デジタル化」が完了している。デジタル放送の特徴としては，ノイズを排した美しい映像，データ圧縮技術を活用した多チャンネル化や高精細度化（ハイビジョン），文字や画像をインタラクティブに利用できるデータ放送などがあげられる。

## 2 インターネットの普及とテレビ離れ

　一方，1990年代後半からインターネットが普及しはじめた。当初はパソコンが主な端末だったが，1999年に開始されたNTTドコモの「iモード」以降，携帯電話からのインターネット利用も拡大，2007年に登場したApple社のiPhoneなどのスマートフォン，タブレット端末もインターネット利用を底上げしている▷3。

　当初インターネット（ウェブ）は文字と静止画で表現されるメディアであったが，1990年代後半からは動画配信技術が発達し，また，端末性能の向上や通

▷1　内閣府，2013，『消費動向調査』（主要耐久消費財等の普及率）。

▷2　いわゆる「地デジ化」である。地デジ化の目的は，テレビ放送の高度化もさることながら，それまでテレビ放送が占有してきたVHFやUHFという移動体通信に適した周波数帯域（プラチナバンド）を，通信量が急上昇している携帯電話などのモバイル通信，公共機関による自営通信，ITS（高度道路交通システム）などの用途に転用することであった。

▷3　趣味などで閲覧されるウェブサイトの多くは，2013年あたりから，パソコンよりもスマートフォンからのアクセスが上回る。

▷4　動画上にユーザーがコメントを載せられることで人気となり，ライブ配信を含め無数の動画が共有されている。ゲームの「東方」や「初音ミク」関連の創作映像など，多様なUGC（User Generated Content：プロではない人が制作するコンテンツ）が集積し，独自の文化を形成している。

信環境の高速化（ブロードバンド）を背景に，動画サービスも一般化した。特に，2005年にアメリカでスタートした動画共有サイトのYouTubeは大変な人気となり，動画サービスの起爆剤となった。日本独自の動画サービスとしてもニコニコ動画（2006年〜）などがある。ユーザーは自分で制作した映像を公開したり，他者のものを閲覧したりすることに時間を割くようになった。また，メディア企業側も，映画やテレビ番組をインターネットで視聴するVOD（ビデオオンデマンド）サービスを拡大しており，DVDやブルーレイといったビデオパッケージ市場から移行しつつある。

このようにインターネットはすでに映像メディアの1つであり，テレビを代替する可能性も出てきた。「テレビは時代遅れで，映像メディアもインターネットに収束してゆく」とする論調もある。

一方，テレビの視聴時間の推移をみると，若年層を中心に減少傾向にはあるものの，高齢者は依然として長時間視聴が続き，今のところ，全体としては大きな変化はない。

### ❸ テレビの未来

次世代のテレビとして具体的に進められているのは，2020年の東京オリンピックを最終ゴールとした4Kや8Kというさらなる高精細度化，2013年から一部で開始されたHybridcastというテレビ放送とインターネットを組み合わせたサービスである。

また，デジタル技術を活用した録画機器やモバイル端末の進化でタイムシフト視聴やプレースシフト視聴が増加している。メタデータ（番組の詳細な内容を文字データ化したもの）を活用して，出演者や番組内容を検索しながら視聴することも一部の機器では可能になった。こういった，ユーザーがテレビ番組を自由にカスタマイズしながら視聴する傾向は今後も拡大し，テレビ局の決めた編成表通りに視聴する時代は去りつつある。民放にとっては，リアルタイム視聴を前提とした広告ビジネスを再構築する必要が出てくるだろう。

とはいえ，ソーシャルメディアのように種々雑多な情報が行き交う情報環境の中で，安心で信頼性の高い情報メディアはいよいよ重要である。電波法や放送法といった法制度，またテレビ局が独自に定める番組基準に準じた，報道を含む総合編成のテレビ放送の存在意義は今後も大きい。言論の多元性や情報の多様性を保障するためにも，テレビはその形態を自在に変えながら生成してゆくことだろう。

（田村和人）

▷5　動画共有サイトに投稿される動画は個人が制作した映像だけではなく，テレビ番組などの著作物も多く，それを目当てにした利用者も多い。そうした著作権法に反した映像は大きな問題となり，対策も講じられているものの抜本的な解決方法がみつかっていない。一方，音楽やゲームの著作権者の中には，インターネットをプロモーションツールとみなし，むしろ積極的に露出する動きもある。

▷6　例えば，橋元良明編，2011，『日本人の情報行動2010』東京大学出版会，あるいは，NHK放送文化研究所，2011，「2010年国民生活時間調査報告書」（http://www.nhk.or.jp/bunken/summary/yoron/lifetime/pdf/110223.pdf）を参照。

▷7　画面の解像度（水平）が，現行のハイビジョン（1080×1920，約2000＝2K）から，4K（2160×3840），日本が推し進める8K（4320×7680）というウルトラハイビジョン，スーパーハイビジョンへの移行が検討されている。

▷8　詳しくはIPTVフォーラムのHPを参照（http://www.iptvforum.jp/hybridcast/）。

▷9　さらに，NHKと民放連によって設立された，放送への苦情や放送倫理の問題に対応する第三者機関の「BPO・放送倫理番組向上機構」が存在する。

Ⅴ　コミュニケーション空間

　ネット社会と情報行動の変容

　テレビ視聴時間の減少とネット利用時間の増加

　ここでは，主に情報行動の時間量的な側面から時代の変化を見てみよう。
　橋元らが「日本人の情報行動調査」を開始した1995年には，1日のテレビ視聴時間は全年齢層の平均で203.3分，10代，20代はそれぞれ183.5分，213.8分であった。2013年の全国調査の結果では，全年齢層，10代，20代の順でそれぞれ167.8分，102.5分，125.5分となっている。減少した分数は順に35.5分，81.0分，88.3分でとくに10代20代の減少が著しい。
　われわれの調査で，若年層を中心とするテレビ視聴時間の減少は2000年以降，顕著になった現象であり，インターネットの普及過程と一致する。インターネットの日本での商用サービス開始は1993年の暮れであるが，実質的に2000年から本格的に普及が始まった。われわれの全国調査によれば，2000年でネット普及率は24.4％であったものが，2013年には93.9％に増加している。
　インターネットの利用時間は利用機器，利用目的等が複雑なため，単純に数値化するのが難しいが，自宅以外でのパソコン（PC）を通した利用は，学業や仕事目的のものが多いため，自宅でのPC経由の利用と，モバイル（従来型携帯電話またはスマートフォン）による利用を合わせた数値で言えば，10代は2012年の数値で107.9分であり，テレビ視聴時間の102.7分を上回った（この年の20代のネット計は102.0分であり，まだテレビの120.2分より少ない）。
　テレビが普及して以来，日本人の情報行動の中心は圧倒的にテレビであり，コンスタントに在宅起床時間の40％程度を占めていた。例えば，インターネットが十分普及する前の2000年調査では，全年齢層平均で，テレビ190.3分に次いで利用時間が長いメディアはラジオ（27.7分），新聞（16.8分）であり，テレビとは大きな差があった。それが10代において，2012年に時間量でネットに逆転された。これは日本人の情報行動史上，きわめて特記すべき現象である。
　利用機器で言えば，自宅PCネットはすでにピークを過ぎており，ネット時間の増加はモバイルネットによっている。2010年以降，従来型携帯電話からスマートフォンへの切替が増加し，2013年では10代で63.3％，20代で87.9％がスマートフォン保持者である。スマートフォンはネットへのアクセシビリティが高く，その利用者はネット利用時間が長い傾向にある。

▷1　「日本人の情報行動調査」は橋元研究室が1995年以降5年ごとに実施しており，全国13歳から69歳の男女が対象で，層化2段無作為抽出，訪問留置調査による。サンプル数は年によってバラツキがあるがおおむね1500から2000。調査の結果は次の文献でも紹介している。橋元良明，2011，『メディアと日本人——変わりゆく日常』岩波書店。さらに2012年と13年には，東京大学橋元研究室と総務省情報通信政策研究所との共同研究の一環で「情報通信メディアの利用時間と情報行動に関する調査」を実施した。この調査は「日本人の情報行動調査」とほぼ同様の形式・内容で実施され，調査対象は全国13歳から69歳の男女1500名でランダム・ロケーション・クォータサンプリング。調査期間は2012年調査が9月から10月，2013年調査が11月から12月。それぞれの結果の概要については総務省情報通信政策研究所サイトを参照。

## ② ネット利用時間の増加および飽和の背景

サービスの側面で，ネットの利用時間が延びた大きな要因は動画視聴とソーシャルメディアの普及である。YouTube やニコニコ動画などのサービスが開始されると，若年層を中心にネットの利用時間が拡大した。とはいえ動画に関して内実は，テレビが情報源である場合が多い。2010年調査の結果ではあるが，自分が見るネット動画で，元がテレビ番組と認識している量的割合は，10代で34.7％，20代で27.5％である。[2]

mixi や Twitter，Facebook などのソーシャルメディアが普及するにつれ，とくに若年層におけるネット利用時間はさらに増加することになる。2013年において，ソーシャルメディア利用率は10代で76.3％，20代で91.0％に及び，とくに LINE の利用率はそれぞれ70.5％，80.3％である。ネット利用時間の合計のうち，2013年にはネット総利用時間中，ソーシャルメディアの利用がもっとも大きな比率を占め（10代で41.9％，20代で27.1％），今では若年層におけるコミュニケーションの中心ツールはメールではなくソーシャルメディアに移行した。

在宅起床時間は限られており，自宅における諸情報行動時間はその配分の結果である。2000年以降，ネットへの配分比率が増加し，その分，テレビへの配分比率が減少した。しかし，2010年以降では，ネットのサービス面において，動画視聴やソーシャルメディアのような新しい機能の追加がなく利用時間は伸び悩み，テレビの視聴時間も下げ止まりの傾向がみられる。他の情報行動について言えば，新聞，書籍，雑誌，マンガの利用時間は相変わらず減少の一途にあり，上記4メディアの利用時間は10代で0.6分，2.6分，2.0分，2.6分，20代で1.4分，2.6分，1.0分，1.3分といった状態で，行為者率（調査当日当該の情報行動を行った人の割合）はいずれも1割を切っている。

情報行動は，機能的に等価のものが安価かつ簡便なメディアで得られれば，メディアの代替が起こる。いわゆる機能代替である。新聞，雑誌，書籍に関しては，一部ネットの登場で，この機能代替がおこなわれた。同時に，消費時間に関しても，同様にネットに取って代わられつつある。しかし，現状においてネットでは，コンテンツの生産能力，一次ニュース情報の取材能力が不足しており，その分，まだテレビはネットに機能代替されていない。ニュースの速報性，ビッグイベントを中継する資本力，ドラマ等の制作能力等を考えれば，簡単にテレビがネットに代替されるものではない。ただし，テレビの番組を伝送する回路として，放送と通信の垣根はなくなるだろう。

（橋元良明）

### 表V-6-1 インターネットをめぐる主な出来事

| 年 | 出来事 |
|---|---|
| 1993 | 日本最初の商用インターネットサービス開始 |
| 1995 | Windows95発売 |
| 1998 | 携帯電話普及率50％突破 |
| 1999 | iモード登場 |
| 2001 | Wikipedia（英語）登場（日本語版は2002年） |
| 2004 | mixi，サービス開始 |
| 2005 | YouTube，アメリカでサービス開始 |
| 2006 | Twitter，アメリカでサービス開始（日本版は2008年） |
| | Facebook，アメリカで一般サービス開始 |
| | ニコニコ動画登場 |
| 2007 | ケータイ小説大人気 |
| 2008 | Facebook，日本でサービス開始 |
| 2011 | LINE，サービス開始 |

▷2 これはあくまで自己認識であるから，ネット上で視聴されているネット動画の実態は，相当量が元をたどればテレビに行き着くものと推察される。

## V コミュニケーション空間

# ネット評判社会

▷1　ダンバー，R.，松浦俊輔・服部清美訳，1998，『ことばの起源——猿の毛づくろい，人のゴシップ』青土社。

▷2　山岸俊男，1998，『信頼の構造——こころと社会の進化ゲーム』東京大学出版会。

### 1 評判の2つの役割

　評判はゴシップやうわさなどのかたちでインターネットの普及以前から存在していた社会情報であり，人びとが協力的な関係を築く上で非常に重要な役割を果たしている[1]。この評判がインターネットという乗り物を得たことで，これまでにない規模での社会的・経済的交換が可能になった一方，新たな社会問題を生み出している。

　山岸俊男によれば，評判には2つの役割がある[2]。1つは情報的役割であり，未知の相手がどの程度信頼できるのかを判断する材料を提供する。例えば，良い評判をもっていることがわかれば，見ず知らずの人であってもインターネットオークションで取引をしやすくなる。もう1つは統制的役割である。これは，評判が罰や報酬として働くことで，評判を立てられる人の行動を統制する機能を表す。人は悪い評判を立てられると困るので，人に迷惑の掛かる行為や自分勝手なおこないをしないようにする。

　インターネットオークションのような見ず知らずの人との取引が可能になっているのは，評判システムが機能しているからである。信頼できる参加者に対しては良い評判が付き，不正直な参加者には悪い評判が付く。したがって，見ず知らずの取引相手であっても，相手の評判を参照することによって取引が可能になる。一方，インターネットは悪い評判も瞬時に拡散させる。例えば，インターネット以前の社会ではうわさとして徐々に広まっていた悪い評判が，ソーシャルメディア上では瞬時に共有される。その結果，評判の統制的役割が過剰なまでの効率性を帯びて機能するケースが出現している。さらに，インターネットで拡散した悪い評判はデジタルデータとして残るため，なかなか忘れてもらうことができない。ソーシャルメディアにおけるいじめや「忘れられる権利」をめぐる問題は，こうした評判の役割と関連している。

### 2 開かれた交換を可能にする評判システム

　インターネットオークションのような未知の人びととの取引において，評判の情報的役割はどのように機能しているのだろうか。インターネットオークションでは売り手は商品の品質についての情報を有しているが，買い手は落札して商品を手にするまでその品質について完全に知ることはできない。山岸俊

男と吉開範章は，こうした情報の非対称性が存在する状況における評判システムの有効性について擬似オークション実験を用いた検討をおこなっている。その結果，オークションの参加者が完全に匿名で取引をする場合には不良品ばかりが横行して市場が衰退するが，評判システムを導入することで市場の衰退をある程度抑制できることが明らかにされている。さらに，悪い評判の効果は名前（ID）が変更できるかどうかによって大きく影響を受けるが，良い評判の効果はあまり影響されないことが示されている。これは，悪い評判を立てられた参加者は名前を変更することでその評判をリセットしようとするのにたいし，良い評判は「個人のブランド」としてより有利な取引を可能にするので，リセットする誘因が働きにくいためであると考えられる。

▶3 山岸俊男・吉開範章，2009，『ネット評判社会』NTT出版。

### ③ 閉じたソーシャルメディアと評判

評判の統制的役割は，閉じた人間関係において協力的な関係を築くのに特に有効である。例えば，グライフによる一連の歴史制度分析は，11世紀の地中海貿易で栄えたマグレブ商人が閉鎖的な同業者ネットワークを構築することで評判を有効に活用していたことを指摘している。遠隔地にいるマグレブ商人の代理人が不正直な行為をした場合には，同業者ネットワーク内でその代理人に関する悪い評判を流して排除することで，代理人の行動の信頼性を高めることに成功していたのである。

▶4 グライフ，A., 岡崎哲二・神取道宏監訳，2009，『比較歴史制度分析』NTT出版。

こうした評判の統制的役割の効果はインターネット上で増幅される場合がある。例えば，ソーシャルメディアのLINEと若年層でのいじめの関連が社会問題化しているが，これは悪い評判がソーシャルメディアを通じて一気にグループ内に拡散し，かつデジタルデータとして記録・複製が容易になっていることと関連している。ソーシャルメディアによって悪い評判の共有が促進されると，集団内で罰や攻撃の対象とされていることがすべての集団メンバーに明らかになってしまう。また，ソーシャルメディアではコミュニティをカスタマイズすることが容易であるため，悪い評判を立てられた人を排除した新しいグループが作られやすく，排斥状況が固定化されやすい。

さらに，デジタルデータとして記録された悪い評判はその後もインターネット上に残り，複製・転送されることで新たな排斥を生み出す場合がある。そもそも評判の統制的役割は，一時の不正直な行為に対して罰や警告して機能することで協力的な行動を促すものであるのに，デジタルデータとして残ることで半永久的に罰が下され続ける事態が発生する。「忘れられる権利」はこうした事態に対する対処を模索するものである。このように，インターネット上で悪い評判が拡散すると，協力的な関係の構築という本来の機能以外の副作用をもたらす場合がある。

▶5 インターネット上では，特定の意見や情報が広い範囲に伝播し，雪崩のように増幅されていくサイバー・カスケード現象が生じることがある。したがって，悪い評判の内容が誤りであっても，その評判を信じた人びとの行動が他の人にとっての社会的環境を作り出し，評判の信ぴょう性がさらに高く評価されることによって雪崩式に多くの人の行動に影響を与える可能性がある。

（小林哲郎）

# Ⅴ　コミュニケーション空間

# ビッグデータと社会情報学

## 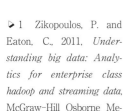 ビッグデータとは何か？

21世紀に入り，IT技術の発展とともにそれまで紙媒体などで利用されていたアナログ情報の多くがデジタル情報へと変化していった。これによって，多くの人間社会に関係する情報がコンピュータの中でデジタルデータとして蓄えられるようになった。現在それらのデータをさまざまな分野で利活用する動きが高まっている。

近年では特にビッグデータという言葉に特に注目が集まっている。一般に大量にあるデータであればビッグデータと思われがちであるが，単にデータがたくさんあればビッグデータというわけでは無い。大量データの中でも3つのVを兼ね備えたものがビッグデータと呼ばれる。3つのVとはVolume（大量），Velocity（頻繁），Variety（多様性）である。2015年現在で言えばデータ量としては数ペタバイト，数十億レコードのデータが存在し，秒単位でそれらの情報が更新され，かつ情報源が単一ではないことがビッグデータと呼ばれるデータの正体である。もっともビッグデータというデータの定義に当てはまることに意味があるわけではなく，それらのデータをいかに利用するかが重要であろう。ここではビッグデータを中心とした大規模データ全般の社会情報学への応用について述べる。

## 2 データがアルゴリズムに勝つ時代

大規模データが社会に還元されるかたちで利用された例として，Googleがおこなった画像認識がある。人間にはある画像が何を表しているのかを理解することは難しくないが，同じ事をコンピュータにやらせることは非常に困難であった。それにたいして，深層学習（Deep Learning）と呼ばれる手法に大量の画像を適用することで特定の画像を自動的に抽出することに成功した。特に，猫の顔の認識に成功したことから，この手法は猫画像の検出として有名である。

Deep Learning自体はNeural Networkと呼ばれる古くからある機械学習の手法を進化させたものに過ぎないが，それに1000万枚という大量のデータを入れることで「猫の画像とは何か」を人間が教えることなく機械が自動的に学習したという点がきわめて優れている。同様の手法を利用することによって画像認識の精度は飛躍的に向上することが期待される。

▶1　Zikopoulos, P. and Eaton, C., 2011, *Understanding big data: Analytics for enterprise class hadoop and streaming data*, McGraw-Hill Osborne Media.

▶2　ビッグデータはBig Dataである。ビックデータではない点に注意が必要である。ビックデータとは某大手家電量販店に関するデータということになるだろう。興味深いデータではあるが，間違えて使うと，やや恥ずかしい。

▶3　Le, Quoc V., 2013, Building high-level features using large scale unsupervised learning, IEEE International Conference on Acoustics, Speech and Signal Processing (ICASSP).

▶4　画像認識は，例えば自動車の自動走行や犯罪の抑止など，今後の社会を支える重要な技術となることは確実である。

画像認識以外にも，機械翻訳や音声認識など大量のデータを利用することで人間に近い認識能力をコンピュータで実現する技術も実用化されつつある。

現在では"More data usually beats better algorithms"，すなわち新しいアルゴリズムを開発するよりもデータを利用した方が遙かに優れた結果が得られるとも言われており，今後さらなる発展が期待される。

### 3 データが発見する世界

大量のデータから得られる恩恵は，コンピュータの能力向上だけでは無い。大量のデータを分析することによって新しい知見を発見することも可能である。

マーケティングにおける知識発見として有名なものに「オムツとビール」がある。あるスーパーで販売データを分析したところ，オムツとビールが同時に買われる事が多いという事実が発見されたというのである。一見無関係な2つの商品であるが，母親はかさばる紙おむつを買うように父親に頼み，店に来た父親は同時にビールを購入しているため，これらは同時に買われるというのである。そこで，ビールとオムツを同じ棚に置いたところ売り上げが向上したという。

マーケティング以外でも，ソーシャルメディアのデータを利用したインフルエンザの流行予測や，株価の動向予測といった技術も開発されている。これらは人間によって予測可能であるかもしれないが，そもそもそれだけの大量データを人間が視認することは難しい。その意味では，データとコンピュータの組み合わせによって高い知識発見や予測能力を有するようになった分野も数多い。

### 4 データと社会情報のこれから

データが社会にもたらす価値は計り知れない。今後ともデータが人々の暮らしを豊かにするために利用され続けることに間違いはない。一方で，保存されるようになったデータの量は日々増加し，2015年現在でもペタバイトレベルを超え，エクサバイト（$10^{18}$＝100京バイト）レベルについて議論される時代となっている。さらに，数年後にはウェアラブルコンピュータやライフログの一般化が実現されればゼタバイト（$10^{21}$＝10垓バイト）レベルのデータが対象となってくるであろう。そのような巨大なデータを処理可能なコンピュータ技術の開発も必要となるであろう。

ところで，社会データには個人情報が含まれる可能性がある。しかし一般にビッグデータと呼ばれる巨大データとなれば個人一人一人を意識することはなく，単なる統計データとして扱われることになる。そのため，個人のデータが利用されたとしても，不利益よりも利益のほうが遙かに大きく，本来ナイーブになる必要はない。それでも，自分のデータを何かに使われるのは気持ち悪いという感覚は確実に存在する。個人情報の保護という観点も今後の社会情報とデータの関係を考える上で重要である。

（鳥海不二夫）

▶5 なお，この逸話はよくデータの有用性を説明する上で利用されるが，事実かどうかは不明である。現在オムツとビールが同じ棚に並んでいるところを見る機会がないところからも伝説である可能性が高いようである。

▶6 ウェアラブルコンピュータ
身につけることのできるコンピュータ。2013年にGoogleから発売されたGoogle Glassや2014年にApple社から発売されたApple Watchなど。

▶7 ライフログ
人間の生活そのものを画像や音声のログとして記録しておくこと。

▶8 ところで，この時代になっても「新聞で言えば$10^{12}$年分のデータが入る」などという書き方をする場合があるが，世の人びとは新聞10億年分と新聞100億年分の区別がついているのだろうか？ 東京ドーム100個分と同じくらいピンと来ない表現である。

# Ⅵ 社会的意思決定と情報

 総論

 "社会的意思決定"と"情報"

「社会的意思決定と情報」は，少なからず挑戦的な主題である。単に「意思決定」でなく「社会的意思決定」とする点，「情報」への着眼をふくむ点の双方から，意思決定の中でも高度で中心的な問題に向かうことになる。逆説的だが，学問としての意思決定理論では，これまでこの中心的な問題に必ずしも焦点を当ててきていない。また，「社会情報学」の研究者がこの問題に向かう場合には，特徴的に立ち現れてくる研究上の役割期待もある。総論として，これらの事情を整理していきたい。

第1に，「社会的意思決定」は，意思決定の規模の点で包括的である。通常，意思決定は個人的意思決定と集団的意思決定に分けられる。社会的意思決定は，後者のうち規模が社会水準のものである。例えば，大学受験で個人が受験先を決めるのは前者の例，大学が組織として合格者を決めるのは後者の例である。国会でおこなう消費税率の変更などは社会的意思決定の例としてよいだろう。ここで大学等の組織の意思決定がその構成員の個人的意思決定に依存することからわかるように，大規模な意思決定は小規模な意思決定の問題を内包するのが常である。したがって，「社会的意思決定」は，より小規模の集団的意思決定や，個人的意思決定の論点を内包する[1]。

第2に，「情報」への着眼は，多数の意思決定の連鎖に注意をうながす。例えば，受験生は受験先を決めるため大学情報を収集する。決定後は願書提出や実際の受験により自身の情報を発信する。大学はそれらの受信情報から合格者を決定し，合格者リストの発信をする。それらを受信した合格者は，特定の入学先を決定し，入学手続きという新たな情報受発信の準備を始めるだろう。企業取引や行政手続きにも同様に意思決定の連鎖がある。こうして見るとさまざまな主体の意思決定が情報の受発信を介して連続し，その営みの全体が社会を構成しているともとらえられる。上の例で言えば，多数の受験生や大学がおこなう意思決定と情報の受発信の全体が，ある年の受験生集団の進学先を配分決定する社会的意思決定を構成しているともいえる。すなわち，議会決議等とは別に明示的形式をもたない社会的意思決定も想定可能であり，「情報」への着眼は，こうした問題への注意をうながすのである。

続けて，これまでの意思決定理論の展開と，社会情報学の研究者に特徴的な

▷1　ただし，紙面の制限から，本章では集団以上の意思決定に特徴的な論点に比重をおく。個人の内面に着目した理論としては，プロスペクト理論など認知的アプローチの研究展開が注目される（カーネマン，D.，村井章子訳，2012，『ファスト＆スロー』（上・下）早川書房；友野典男，2006，『行動経済学』光文社；広田すみれ・増田真也・坂上貴之編，2006，『心理学が描くリスクの世界［改訂版］』慶應義塾大学出版会ほか参照）。

役割期待の問題に向かおう。これらは，以下に２項目を設けてそれぞれ個別に議論したい。本章で着目すべき重要な論点についても整理していく。

## ２ 意思決定理論の展開

元来，意思決定は広範な領域に存在する。例えば，農業，工業，経営，教育，医療等は意思決定の連続である。対応して，農学，工学，経営学，教育学，医学等は，実質的にそれらの営みのための意思決定学を構成する。諸学には相互に関連があり，その中で，数学，物理学等の理学も本質的に各意思決定学の基礎を提供する。法学，経済学等の社会科学や心理学，倫理学等も同様であり，特に社会的意思決定ではしばしば中心的な重要性をもつ。ノーベル文学賞の決定等，文学や芸術に関わる複雑な意思決定の場面も多様に想像できるだろう。

学問としての意思決定理論は，しかしながら，とりわけ経営学において企業の合理的決定の研究として展開されてきた。「合理的」とは，基本的に数理水準の合理性であり，情報技術にも大いに関連してきた。

意思決定理論には，すでに多くの数理的な研究蓄積がある[2]。原料投入量の決定等を連立不等式問題に帰着させる線形計画法や，非線形の資源配分問題での動的計画法等が古典的である。これらは選択肢の選択時点で結果が確定する「確実性の下での意思決定」の範疇に入る。一方，株式の売買のように，選択肢の選択時点では結果が不確実な問題も多い。この種の「不確実性の下での意思決定」の場合は，確率論が基本となる。ただし，問題が複雑な場合は，意思決定のプロセスの設計も重要である。基本的には，問題の理解から始まり，選択肢立案という「発散思考」，その１つを選ぶ「収斂思考」に続くプロセスを念頭におく。そして，その各ステップを洗練して合理的な判断をめざすのである。企業には競争相手が存在することが多く，その意味でもさらに不確実性が生じ問題が複雑になる。数理的側面での成果としては，囚人のジレンマ等，複数のプレイヤーを前提するゲーム理論の蓄積が代表的資産と思われる。

意思決定理論には，すでに多くの技術的な研究蓄積もある。アイデア導出のためのブレーンストーミングは，１つの意思決定支援技術である。上述のプロセスでは発散思考の支援に対応する。また，これを電子化した電子ブレーンストーミングには，参加者の匿名性を高めてアイデアを出しやすくする意図があった。意思決定の支援技術は情報技術を応用する例が多く，インターネットとともに大きく発展した[3]。技術的側面での成果としては，集団活動支援の情報技術の総称としての「グループウェア」技術の蓄積が代表的資産と思われる。

「社会的意思決定と情報」という主題に向かうには，それでも新たな探索的努力が必要となる。企業の水準を超え，社会全体の合理的決定を問うなかでは経営学以外の比重が自然に増す。その問題の広がりは原理的に際限がない。

選択できる有望な探索方針の１つは，多様な問題状況の共通部分をフォーマ

▷2 この蓄積の基本部分は，オペレーションズ・リサーチ（OR：Operations Research）の研究成果として参照される。OR は軍事研究の一領域として開始されたが，その後，企業経営等の領域に拡大した。

▷3 VI-5 も参照。

▷4 ただし，近年は経営学でも経営者より構成員に焦点をあて，その意思決定の連鎖として企業システムをモデルする例が増えている。前述のゲーム理論も，社会的ジレンマの分析等，経営者支援を越えた広範な応用領域をもつ。また，サイモン，H．稲葉元吉ほか訳，1995，『システムの科学［第3版］』パーソナルメディアを参照。

▷5 社会学，経済学等，社会科学領域の理論を特に念頭におく。なお，紙面の制限から除くが，社会心理学におけるジャニスの集団思考理論等，社会理論とは別の研究蓄積からの探索も有望である（Janis, I. L., 1982, *Groupthink*, 2nd ed., Houghton Mifflin；亀田達也，1987，『合議の知を求めて』共立出版社ほか参照）。保健医療領域の医療者患者関係に関する意思決定研究も注目を集めつつある。尊厳死の論点等は，今後，社会的意思決定の重要主題にもなりうる。

▷6 他の要件も考えうるが，メディアの知識は核心的要件の1つである。したがって，社会情報学部生が就職面接で学問内容を問われた際，「法学や経済学ではその学問を学びます。私たちはそれをメディアに載せることまで考えます」と答えるのは適切である。「組織に関わる諸学」は前項の諸学問全体に広がりうるので，在学中は何かに比重をおくのがよいだろう。

ライズして検討することであろう。経営学における意思決定理論もそうして発展し，一定の汎用性をもつ数理的・技術的な成果を得た。その蓄積を継承し，経営学を越えた社会水準の成果をめざせば効率的であろう。具体的には，数理面では，経営者が作業者を指揮する古典的な経営学の視点を離れた，会議，合意形成，また，投票等の社会的選択に関する数理の展開が有望と思われる。技術面では，情報技術の展開全体に潜在性があるが，特に社会シミュレーションの技法と，選挙におけるインターネット利用の様相が注目される状況にある。

一方，数理や技術でなく，社会理論の研究蓄積を継承，発展させることも探索方針として有望である。ただし，「社会的意思決定と情報」に関連する社会理論は多い。その選択は，社会情報学者に対する役割期待と併せて整理する。

### 3 社会情報学の射程と役割期待

社会情報学は，「社会の情報化」とともに生まれた。しかし，通常の情報処理学とは区別される。その独自性は，近年，企業や自治体が多くの社会的説明責任を意識している点や，広告や広報の目的で日常的に情報発信に努めている点に注意するとわかりやすい。大学教員がHP管理や高校訪問に時間を割いている例も参考になる。多くの個人が疲弊を感じつつSNS等の発信を続けている状況も興味深い。いわば「誰もが誰もにプレゼンテーションする時代」が到来しつつあり，ここに情報機器の普及とは別の「社会の情報化」の本質がある。

社会情報学の育成する職業者像はどのようなものか。例えば，メディア会見を開く企業や自治体の代表者を考えてみる。カメラと対峙する代表者自身は，当面の目標ではない。しかし，このときカメラに映らない別の組織側スタッフ，この会見の設定者は1つの目標像であろう。社会に流れる多様な情報を独自の観点から統計分析し，組織の主脳陣にこの会見の必要性を伝え，メディア関係者を集めた人物である。会見後には実際の効果を追尾し，自身の権限の範囲でSNS上の追加発信等もおこなう。その職務の遂行には組織に関わる諸学の他，電子メディア技術を含め，メディアの知識も必要となる。

この職業者像は，無論，新しい型のものである。例えば，地域の古い酒造メーカーであれば，歴史的に元は組織全員が酒造りの職人だったであろう。しかし，貨幣経済が進展すると会計担当が，法務が複雑になると法務担当が組織に加わる展開となる。そして，情報の受発信がこれほどに複雑な様相を呈する今日では，新たに情報の専門家が求められる状況にあるのではないか。例えば，大学教員にHP管理や高校訪問を控えさせ，専門の職員を採用する場合がある。社会情報学の人材育成は，こうした需要に対応しつつあるように思われる。

ただし，社会情報学には組織を超えた社会水準の目的意識もある。組織別の会計や法務の担当者に，全体として社会を支える一面があるのと同様である。例えば，社会情報学者には「災害等の大規模な問題が起きてもデマが流れない

社会」という伝統的な目標設定が見られる。困難だが社会的に価値ある目標設定であり，探索的な研究が続いている。社会情報学の目標は，より一般的には，「正確で質の高い情報が低コストで流通する社会」の実現等と表現できるかもしれない。ここで「低コスト」には，当該組織に不都合な情報であっても社会的に必要であれば速やかに提出できる組織体制の論点等を含む。

最後に，こうした「社会情報学」の研究者が「社会的意思決定と情報」の問題に向かう場合に立ち現れる，研究上の役割期待について整理する。

第1に，基本的な姿勢として，社会情報学者は情報発信の設計問題等も意識せざるを得ない。通常の情報発信は先立つ別の意思決定の単なる内容伝達であるが，近年では，誰が，いつ，どのように情報発信するのかという問題自体が意思決定問題として比重を増しつつある。例えば，中央銀行の総裁が，実際の金利の上げ下げの戦略ではなく，今後の上げ下げの可能性に関する発言の仕方に悩む状況は好例かもしれない。こうした意思決定は，理論的には演劇の脚本作成に似ており，情動的，芸術的な論点も含まれうる。

第2に，より深刻な点として，社会情報学者は社会における言説の問題に関わるため，「熟議民主主義」等，民主主義の再考への取り組みを期待されることが多い。同様に，社会福祉の観点では，自らの願望を各個人がどの程度言説的に表現可能かという古典的な議論があり，「厚生主義」をめぐる政治経済学的な検討も期待されることが多い。社会理論の研究蓄積を継承，発展させる探索方針としては，特にこれらの先行研究に焦点を当てるのが適切と思われる。

▶ 7 以上の学問的な射程は，当然ながら「社会的意思決定と情報」という主題を含む。社会水準の合理的決定の実現は，この主題の下における社会情報学者の課題の1つであると，あらためて確認できる。なお，この課題に他分野の研究者が臨んだ場合も，経営学的蓄積の重要性は変わらないであろう。しかし，多様な社会理論の参照順序については，役割期待の相違が関連すると思われる。

### ❹ 意思決定の数理・技術と社会理論

本章では，以下「社会的意思決定と情報」の各論を展開する。すべてを網羅することはできないが，数理，技術，社会理論の3側面についてそれぞれ3項目を取り上げ，計9項目を議論する。

Ⅵ-2, Ⅵ-3, Ⅵ-4 は，数理に関する項目である。Ⅵ-2 では，社会的ジレンマを表現するゲーム理論の枠組みを整理する。Ⅵ-3 では会議と合意形成に関する数理モデルの論点を，Ⅵ-4 では社会的選択理論に関する論点を確認する。

Ⅵ-5, Ⅵ-6, Ⅵ-7 は，技術に関する項目である。Ⅵ-5 では，グループウェアと意思決定支援の技術について整理する。Ⅵ-6 では，社会シミュレーションに関する論点を，Ⅵ-7 ではインターネットと選挙に関する論点を確認する。

Ⅵ-8, Ⅵ-9, Ⅵ-10 は，社会理論に関する項目である。Ⅵ-8 では公共圏と熟議民主主義に関する論点を，Ⅵ-9 では厚生主義に関する論点を確認する。Ⅵ-10 では，自己組織性の概念を整理する作業をおこない，その観点から社会的意思決定過程をとらえ直して章の終わりとする。

（岩井　淳）

# Ⅵ 社会的意思決定と情報

## 社会的ジレンマ

### 1 社会的ジレンマの3つの定義

　動画のような大容量のファイルを皆が好き放題にダウンロードすると，回線が混雑して個々のダウンロードが遅くなる。一方，皆が協力的に節度をもって必要なだけダウンロードすれば混雑はおきず，個々のダウンロードも速くなる。このような状況は「社会的ジレンマ」と呼ばれる。一般に，社会的ジレンマとは，誰もが個人的に合理的な行動をとると，社会的に不合理な結果が生じる状況のことをいう。言い換えれば，社会的ジレンマは「個人的合理性と社会的合理性の乖離」が存在する状況のことである（広義の定義）。

　社会的ジレンマは「ゲーム理論」によってより明確に定式化される。ゲーム理論は，互いに自分の行動が他人の利害をも左右する相互依存状況（ゲーム）の数理モデルである。ゲームにおいて合理的な行動主体である「プレイヤー」は，自身の「利得」を最大化するような「戦略」（行動の計画）を選択するとされる（利得最大化の仮定）。このゲーム理論を用いれば，上記の個人的合理性は「ナッシュ均衡」，社会的合理性は「パレート効率」として位置づけられる。このとき2つの合理性の乖離とされた社会的ジレンマは「パレート効率なナッシュ均衡が存在しない」ゲームとして定式化される（ゲーム理論的定義）。

　上記の定義をみたす無数のゲームのうちで最も典型的な社会的ジレンマは，三人以上のプレイヤーが「協力」「非協力」という2つの行動選択肢をもつ，次のゲームである（二人の場合は「囚人のジレンマ」と呼ばれる）。このゲームでは第1に「自分以外の協力者の数が何人であれ，プレイヤーは協力するより非協力のほうが個人的に望ましい」（個人的合理性条件）。よって個人合理的に行動すれば全員が非協力をとり，これがナッシュ均衡になる。しかし第2に「全員非協力より，全員協力のほうが誰にとっても望ましい」（社会的合理性条件）。つまり唯一のナッシュ均衡である全員非協力は，パレート非効率である。典型的な社会的ジレンマはこの2つの条件によって定義される（ドーズの定義）。

### 2 公共財の自発的供給と社会的ジレンマの解消

　冒頭の例におけるインターネット回線は価値ある共有物（コモンズ）であるが，このように社会的ジレンマはコモンズに関連して現れることが多い。コモンズは経済学的には「公共財」を意味する。公共財とは，公園や道路のように，

---

▷1　技術的に光ファイバーなどで回線を太くすれば一時的に問題は解消するかもしれないが，そのたびに個々の動画の画質や音質が向上していくので，中長期的にはイタチゴッコである。科学技術をもってしても社会的ジレンマは解消困難なことが多い。

▷2　木村邦博, 2002, 『大集団のジレンマ』ミネルヴァ書房；盛山和夫・海野道朗編, 1991, 『秩序問題と社会的ジレンマ』ハーベスト社。

▷3　入門書として下記など。武藤滋夫, 2001, 『ゲーム理論入門』日経文庫。

▷4　ナッシュ均衡
互いに相手の戦略に対して自分の戦略が最適になっているような戦略の組である。よってそこから一人のプレイヤーだけが戦略をどのように変更しても，自分の利得が大きくなることはない。ゲームではこれが実現するとされる。

▷5　パレート効率
誰かの利得を増やすと他の誰かの利得が減る社会状態をいう。逆に，他の誰の利得も減らさず誰かの利得を増やせる社会状態を「パレート非効率」という。

誰もが利用できる財のことである。したがって公共財は、特にその財を供給するための費用や使用料を支払わなくても利用できる。このような利用者は「フリーライダー」（ただ乗り）と呼ばれる。個人合理的に考えれば誰もがフリーライダーになろうとするので、個人や企業を通じて自発的に公共財が供給されることはあまりない（この問題は「公共財供給問題」と呼ばれ、社会的ジレンマの別側面である）。

それゆえ、公共財は通常、政府が供給する。しかしインターネット空間上ではフリーソフトやオープンソースのOSのように、個人が公共財を供給することも多い。これは作成者の氏名等が広く知られる名誉が「選択的誘因」になることで、ジレンマの利得構造が解消するからとも考えられる。ただしWikipediaのような共同で作られる匿名的百科事典は、名誉では説明がつかない。したがって、すくなくともインターネット上の公共財は、名誉だけでなく社会に貢献したいという「規範意識」にも由来すると考えられる。このように社会的ジレンマの解消法には選択的誘因や規範意識などがある。

## 3 情報の非対称性がもたらす社会的ジレンマ

ところでゲーム理論には、互いに相手の利得構造などの情報が共有されている完備情報ゲームと、そうでない不完備情報ゲームがある。社会的ジレンマはふつう完備情報であるが、次のような「中古車市場」の不完備情報ゲームは社会的ジレンマの一種とも考えられる。

売り手の中古車の質がよくわからないために、買い手は売り手からみれば低く感じる平均的な評価をつけざるをえない。よって良質な売り手ほど中古車を売らず、商品全体のレベルが低下し、それにともない買い手の平均的な評価も低下し、ますます良質な売り手が離れていき、粗悪な中古車のみが残る。このような悪循環がこのゲームの特徴である。

本来は良質な商品を残すはずの市場が、粗悪な商品のみを残してしまう。この現象は「逆選択」とか「逆選抜」と呼ばれる。ここでは買い手はもちろん、売り手にとってもまともな商品が売れず損をするというパレート非効率が生じている。これは買い手の売り手に対する情報不足（情報の非対称性）がもたらす社会的ジレンマの一種といえる。

実は社会的ジレンマは、以上のほかにも環境問題や少子化など、さまざまな社会問題に共通する普遍的な構造である。このジレンマ構造を個々人の努力や科学技術だけで解消することは難しい。しかし裏を返せば、ジレンマ構造や情報の非対称性があるからこそ、これらを解消すべく私たちはコミュニケーションしあい、新たな社会的しくみを共同で作り出し、社会をよりよいものにしていくことができるのかもしれない。

（武藤正義）

▷6 Dawes, Robyn M., 1980, "Social Dilemmas," *Annual Review of Psychology* 31: pp.169-193；山岸俊男, 1990,『社会的ジレンマのしくみ』サイエンス社。

▷7 選択的誘因と似てはいるが別の方法で、そもそもの共有物を私有化してしまう方法もある。しかし空気や公共電波のように私有化できない公共財もある。

▷8 武藤滋夫, 2001,『ゲーム理論入門』日経文庫、Ⅳ章などを参照。

# VI 社会的意思決定と情報

 会議と合意形成

## 1 「会議」から「合意形成」へ

社会や集団が全体としての決定をおこなう場として会議や選挙が挙げられる。ここでは，まず，社会的選択理論における会議の数理モデルからはじめ，次に，主体間の態度や情報交換，それにともなう主体の選好変化を扱う集団的意思決定の数理モデルについて解説する。また，主体の許容範囲を考慮に入れて社会や集団の決定の安定性を分析する数理モデルにふれる。さらに，主体の誤認識や新たな代替案の生成，主体と場のあいだの関係を取り込もうとする合意形成の数理モデルを紹介する。

## 2 社会的選択理論における会議

社会的選択理論では，社会や集団が決定をおこなう際の意思決定ルールを関数あるいは対応で表現する。例えば，社会厚生関数，社会選択関数，社会選択対応などが用いられる。一方で，意思決定ルールを集合族で表現する会議の枠組みもしばしば利用される。ここでは，会議の枠組みを紹介する。

会議の枠組みでは，社会や集団が決定をおこなう場を，主体，意思決定ルール，代替案，主体の選好という4つの成分の組で表現する。このうち意思決定ルールは，その意思決定ルールのもとで社会や集団の決定を完全にコントロールできるだけの影響力をもつ主体のグループである勝利提携をすべて列挙することで表現される。例えば三人の主体1，2，3からなる集団の過半数ルールであれば，二人以上の主体からなるグループが勝利提携だから，勝利提携全体は $\{\{1,2\},\{2,3\},\{1,3\},\{1,2,3\}\}$ という集合族となり，これにより表現される。この三人の主体が全員一致ルールを用いていることを表現したければ，集合族を $\{\{1,2,3\}\}$ とすればよい。

## 3 主体間の態度と情報交換，主体の選好変化

社会的選択理論では，通常，主体間の人間関係は考慮されない。しかし現実には，主体のあいだに肯定的あるいは否定的な人間関係が存在することが多く，それが，肯定的な関係にある他者には献身的に，否定的な関係にある他者には攻撃的に，というように，主体の行動に影響を与えることがある。

主体間の人間関係は，例えば態度と呼ばれ，グラフ理論の中の符号付きグラ

▷1　猪原健弘，2002，『合理性と柔軟性』勁草書房，7章。

▷2　猪原健弘編著，2011，『合意形成学』勁草書房。

▷3　セン，A.，志田基与師監訳，2000，『集合的選択と社会的厚生』勁草書房。Ⅵ-4 も参照。

▷4　Inohara, Takehiro, 2007, "Relational dominant strategy equilibrium as a generalization of dominant strategy equilibrium in terms of a social psychological aspect of decision making," *European Journal of Operational Research*, 182(2): pp.856-866.

フを使って数理的に表現可能である。各主体の他の主体にたいする肯定的な態度を「＋」，否定的な態度を「－」で表現し，主体を表す頂点間を結ぶ辺に割り当てていくのである。また，主体間の態度と情報交換，および，主体の選好変化のあいだに次の関係があるとする。つまり，もし主体 $i$ が主体 $j$ に肯定的態度を持っていて，主体 $j$ から説得を受けた場合，主体 $i$ は主体 $j$ と同じ選好を持つように選好を変化させる。一方，主体 $i$ の主体 $j$ に対する態度が否定的なら，主体 $i$ が主体 $j$ から説得を受けても選好を変化させない。すると，主体間の情報交換が十分におこなわれ，それ以上情報交換を続けても主体の選好が変化しない状態を表現，分析することができるようになる。[5]

## 4　主体の許容範囲と決定の安定性

　主体の柔軟性を取り入れる枠組みも存在する。通常の会議の枠組みでは，各主体は自分の選好のより上位にある代替案を達成しようとしていると想定される。しかし現実には，一定の水準以上の代替案であればよい，あるいは，どの代替案でもよいと考えている主体も存在する。

　主体が受け入れる代替案の集まりを主体の許容範囲と呼んで[6]，社会や集団の決定を特定しようとする研究がある。また，主体が許容範囲を戦略的に選択することを考慮して，社会や集団の決定の安定性を論じている研究も存在する。[7]

## 5　合意形成の数理モデル

　会議の枠組みを発展させて，社会や集団による合意形成の数理モデルを構築しようとする研究もある。実際，全員一致ルールと主体の許容範囲を考慮した会議の枠組みを用い，合意の存在や安定性，効率性を示している研究がある。[8]

　現実の合意形成の場においては，きわめて多数の，多様な主体が関わるため，すべての主体が場を正しく認識していることが想定しづらい。最近の研究では，意思決定ルールについての誤認識の修正のための方策や[9]，主体の許容範囲についての誤認識が社会や集団の決定に与える影響が議論されている。[10]

　合意形成のためには，与えられた代替案の中から選択することだけでなく，すべての主体が同意しうる新たな案を生成することも重要である。また，合意形成の場に影響を与えることができ同時に合意形成の場から影響を受ける者だけでなく，影響を与えることはできないが影響を受ける者，逆に，影響を与えることはできるが影響を受けない者，さらには，影響を与えることも受けることもない者など，主体と場の多様な関係を考慮する必要がある。

　会議の枠組みが合意形成の枠組みに発展していく過程で，社会や集団の決定に関係するさまざまな側面が取り入れられてきた。この発展がさらに進み，現実の社会や集団の決定に資する数理モデルが構築されることが望まれる。

（猪原健弘）

▷5　猪原健弘，2002，『感情と認識』勁草書房，5章。

▷6　猪原健弘，2002，『合理性と柔軟性』勁草書房，8章。

▷7　Inohara, Takehiro, 2011, "Majority decision making and the Graph Model for Conflict Resolution," *Proceedings of 2011 IEEE International Conference on Systems, Man, and Cybernetics*, pp.2702-2707.

▷8　猪原健弘編著，2011，『合意形成学』勁草書房，5章。

▷9　猪原健弘，2013，「異文化理解が必要な組織状況の数理モデル」『一般社団法人経営情報学会2013年秋季全国研究発表大会予稿集』pp.337-340。

▷10　猪原健弘，2014，「許容範囲の誤認識を伴う集団意思決定状況の分析」『一般社団法人経営情報学会2014年春季全国研究発表大会予稿集』pp.197-200。

## Ⅵ 社会的意思決定と情報

# 4 社会的選択理論と情報

### 1 情報の集計方法への問い

　国会や地方議会の議員選挙では，多数の市民が投じた票をもとにして，当選者が確定する。選挙のように個人の意見を集約する集合的決定は，民主制の根幹である。また，各人の望みの充足度をもとに社会全体の状態の望ましさを確定できるだろう。こうした理論上の確定手続は，あらゆる社会で重要である。これらのように，個人的選好に関する情報を集計して社会的選好を導出するさまざまな方法を，数学的装置によって解明する分野が，社会的選択理論である[1]。

　では，選好とは何か。選好とは，選択肢の好ましさに関する順序である。強順序（$aPb$：$a$ は $b$ よりも好ましい），弱順序（$aRb$：$a$ は $b$ と少なくとも同程度に好ましい），無差別（$aIb$：$a$ は $b$ と同程度に好ましい）がある。弱順序は，完備性（$aRb \lor bRa$：$a$ が $b$ と少なくとも同程度に好ましいか，または $b$ が $a$ と少なくとも同程度に好ましい）と，推移性（$aRb \land bRc \Rightarrow aRc$：$a$ が $b$ と少なくとも同程度に好ましく，かつ $b$ が $c$ と少なくとも同程度に好ましいならば，$a$ は $c$ と少なくとも同程度に好ましい）という性質をもつ。

　社会的選択理論は，中世における萌芽的考察の後，近現代に3つの興隆の波を経てきた。第1の波は18世紀のフランスで起こり，ジャン-シャルル・ボルダと M. J. A. N. C. コンドルセによって代表される。第2の先駆的研究は19世紀の英語圏でおこなわれ，チャールズ・ドジソン（筆名ルイス・キャロル）や E. J. ナンソンが活躍した。その後，1940年代にダンカン・ブラックとケネス・アロウをもって第3の興隆期が始まり，今日まで著しい発展を続けている。

### 2 循環と一般可能性定理

　循環とは，3選択肢で説明すれば，$aPb \land bPc \Rightarrow cPa$ であることを指す。これは，推移性が満たされない典型的な状態である。循環は，個人的選好の組み合わせによって，社会的選好でときおり生じ，コンドルセのパラドクスとも呼ばれる。ブラックは，単峰性が満たされるならば，社会的選好で循環が生じないことを発見した。単峰性とは，各人の個人的選好を折れ線グラフで示したとき，ただ1つの峰をもつことである。この条件が満たされやすいのは，集合的決定で1つの事由のみが考慮される単次元争点空間である。多次元争点空間においては，ある強い仮定をおくと，あらゆる選択肢をまきこむ包括循環が生

> 1　概説書として，クラーヴェン，J., 富山慶典・金井雅之訳，2005, 『社会的選択理論——集団の意思決定と個人の判断の分析枠組み』勁草書房；鈴村興太郎，2012, 『社会的選択の理論・序説』東洋経済新報社．

じる（マッケルヴィの定理）。より弱い仮定の下では，社会的選好が一定範囲に収束するものの，一部の選択肢からなる局所循環の発生は避けられない。

アロウは，理にかなった少数の条件を同時に満たす集計方法が存在しないという衝撃的な事実を証明した。一般可能性定理である。ここでは，推移性を満たす社会的選好を導出する社会的厚生関数が前提されている。条件を順に見てゆこう。定義域の無制約性とは，いかなる個人的選好も算入されることである。パレート原理とは，あらゆる個人 $i$ が $aP_ib$ とするならば，社会的選好が $aPb$ となることを指す。無関係選択肢からの独立性（二項独立性）とは，$a$ と $b$ に関する社会的選好が，これらに関する個人的選好によってのみ定まり，$c$ の順位に左右されないことである。非独裁とは，自らの個人的選好をつねに社会的選好に反映させうる個人がいないことだ。二人以上が3選択肢以上について弱順序をもつとき，定義域の無制約性，パレート原理，無関係選択肢からの独立性，非独裁を満たす社会的厚生関数は存在しない。この発見を受けて，4つの公理や弱順序の前提を緩めた場合にどのような結果が出るかについて，膨大な数の研究がおこなわれた。その結果，多様な不可能性定理が発見された。

▷2　アロー, K. J., 長名寛明訳, 2013,『社会的選択と個人的評価［第3版］』勁草書房。

### 3　リベラル・パラドクスと戦略的投票

一般可能性定理と並ぶ重要な不可能性定理として，アマルティア・センのリベラル・パラドクスがある。ここでは，推移性よりも弱い非循環性を満たす社会的決定関数が前提とされている。次に，自由選択権とは，少なくとも二人が，少なくとも1つの選択肢ペアについて社会的選好を左右できることである。定義域の無制約性，パレート原理，自由選択権を同時に満たす社会的決定関数は存在しない。この驚くべき逆理に対して，さまざまな解法が提案されてきた。また，個人の権利をどのように定式化するべきかをめぐる論争も起こった。

▷3　セン, A., 志田基与師監訳, 2000,『集合的選択と社会的厚生』勁草書房。

虚偽の選好を表明する戦略的投票に関しても，いくつかの不可能性定理が証明されている。なかでも知られているのは，ギバード＝サタースウェイトの定理である。まず耐戦略性を説明しよう。これは，どの個人にとっても，真正な選好に代えて虚偽の選好を表明する場合に，自らにとってより好ましい社会的選択を得られないことである。二人以上，3選択肢以上のとき，定義域の無制約性，耐戦略性，非独裁を同時に満たす社会的厚生関数は存在しない。

### 4　社会的選択理論の含意

社会的選択理論の成果は，民主制論に対して重大な含意をもつ。民主制とは，市民の多数派の意志を政府の決定に反映させるしくみだという理解は，循環や戦略的投票などの知見に照らすと，実は根拠が乏しい。そこで，多数派の意思の反映とは別の観点から民主制の意義を説明する理論が求められる。

▷4　ライカー, W. H., 森脇俊雅訳, 1991,『民主的決定の政治学——リベラリズムとポピュリズム』芦書房；宇佐美誠, 2000,『決定』東京大学出版会。

（宇佐美誠）

## VI 社会的意思決定と情報

 **グループウェアと意思決定支援**

### 1 意思決定支援システム

　個人や集団の意思決定支援のための技術には，情報システムとして実現されるものが少なくない．ここでは集団に重点をおきつつ，そうした意思決定支援システム（DSS：Decision Support System）[1]の展開をまず振り返る．その上でグループウェア研究の文脈を確認し，社会的意思決定支援の点をふくめて論点を整理したい．

　DSS の関連研究（DSS の呼称以前の MIS：Management Information System などをふくむ）は20世紀中庸に現れ，1970年代にはすでに注目を集めていた．しかし，当初は企業等の組織の経営者・管理者が対象とされ，その意味で個人レベルの意思決定支援が目標とされた．コンピュータの対話的操作を通じて，利用者個人が支援を受けるシステムである．

　DSS の定義と強調点は時代により推移したが，一般には，構造的問題の意思決定（手順が明確なルーチン的業務などの意思決定）よりも，非構造的な部分問題（目標が曖昧で解を求める手続きがはっきりしない問題）をふくむ半構造的な問題に関する支援が重視されてきた．また，個人を超えた集団的意思決定の支援が着目され，集団的意思決定支援システム（GDSS：Group Decision Support System）[2]の研究が広がる展開があった．

　GDSS 研究は，投票の電子化など最終決定の支援だけでなく，むしろ，それ以前の相互作用の支援に力点をおく研究が多い．すなわち，集団的意思決定では，参加者の問題にたいする知識や価値判断基準に相違があり，支援のあり方もより複雑な問題をふくむものとなった．

　電子ブレーンストーミングのシステムは，GDSS の一例である．まず情報システム以前の支援技術としてブレーンストーミング[3]があり，その電子システム版として現れた．ブレーンストーミングは，グループでアイデアを出しあうことで発想の誘発を期待する手法で，「批判の禁止」「質より量」「自由奔放」「結合便乗」の4原則にもとづく[4]．電子版では，参加者を隔離してネットワーク環境化でこの作業をおこなう．匿名性を高めることで参加者の評価不安を抑制し，アイデア提出を活性化させる効果をもった．また，電子化により同時発話も可能となり，いわゆるプロダクションブロッキングへの対処ともなった．

　この他，問題構造の階層的理解に焦点をあてるISMや[5]，問題の諸側面の重要

---

▷1　Scott-Morton, M. S., 1971, *Management Decision Systems: Computer-Based Support for Decision Making*, Harvard University Press.

▷2　DeSanctis, G. and Gallupe, R., 1987, "A Foudation for the Study of Group Decision Support Systems," *Management Science*, 33(5)：pp.589-609.

▷3　Osborn, A. F., 1953, *Applied imagination*, Scribner's.

▷4　ブレーンストーミングなどにより得られた発想を，ラベリングとグルーピングにより図として把握し，さらに文章化して問題解決に結びつける KJ 法も集団的な発想支援法として用いられる．川喜田二郎，1986，『発想法――混沌をして語らしめる』中央公論社．

▷5　Warfield, J. N., 1982, "Interpretive structural modelling," Olsen, S. A. ed, *Group planning and problem solving methods in engineering management*, John Wiley and Sons, Inc.

性をふくめて数理的表現を与えて最適な代替案選択を支援するAHPなどの手法も，しばしば集団的意思決定で用いられる。いずれも情報システムの利用を前提としており，GDSS の代表例と位置づけられる。

## 2　CSCW とグループウェア

　1980 年代後半に工学領域を中心に広がった CSCW（Computer-Supported Cooperative Work）の研究は，意思決定にかぎらず，広くグループ内での協同作業を支援する着想にもとづく。組織やコミュニティの協同行動を扱うことから心理学や社会学にもまたがる学際的な研究領域である。

　グループウェアは，CSCW の概念のうち「CS」の部分を具体的に実装したアプリケーションシステム群ととらえられる。支援するのは，典型的には企業等の組織におけるコミュニケーションや情報共有である。リアルタイム型と非リアルタイム（蓄積）型，対面型と分散（遠隔）型等の分類があり，例えば，リアルタイム・対面型には電子会議，リアルタイム・分散型にはチャットや遠隔会議，非リアルタイム・分散型には電子メール，掲示板，ワークフロー，スケジュール・プロジェクト管理，ファイル共有などが対応する。

　近年では，ウェブを基盤としたグループウェアの開発も進み，企業等の組織を超えた例も増えつつある。複数者が共同でウェブサイトを編集していくWiki や，テキストや画像・映像コンテンツを容易に管理・配信するコンテンツ管理システム（CMS：Content Management System）等は代表例である。ウェブ技術の知識がないメンバーでも比較的容易に構築，利用できるのも近年の特徴である。

　元来 DSS は経営者の，グループウェアは一般メンバーの視点に立つため，両者の経緯には対照的な面がある。しかし，今日の GDSS は，基本的にグループウェアの 1 カテゴリである。また，GDSS の定義によるが，通常の情報共有等も集団意思決定の基盤と認めれば，グループウェア全体が GDSS にふくまれうる。この観点からすれば，インターネット自体を社会的意思決定支援の GDSS とみなせるかもしれない。ただし，かつて DSS が念頭においた最終決定の意味で社会的意思決定を支援するような GDSS は，まだ今後の課題である。

　なお，グループウェアが有効に機能し始めるには，最初に一定数の利用者が必要であるということがしばしば指摘される。電子メールや電子掲示板でもわかるように，グループウェアには利用者が増えるほどそのシステムの利用価値が高まるネットワーク外部性と呼ばれる側面がある。逆に，クリティカルマスと呼ばれる一定の普及率を超えなければ，結果的にそのシステムの導入を中止せざるをえなくなるとされる。グループウェアの設計では機能的設計だけでなく，導入と同時に多くの人に参加してもらい，利用し続けてもらうための人間組織や運営方針の論点も重要である。

（小川祐樹）

▶6　Saaty, T. L., 1980, *The Analytic Hierarchy Process: Planning, Priority Setting, Resource Allocation*, McGraw-Hill.

▶7　石井裕, 1994, 『CSCW とグループウェア——協創メディアとしてのコンピュータ』オーム社。

▶8　近年のインターネットの選挙利用の動向からは，かなりの将来的可能性も期待される。Ⅵ-7 を参照。

# Ⅵ 社会的意思決定と情報

## 社会シミュレーション

### 1 社会現象を分析する第3の方法としての社会シミュレーション

　社会シミュレーションは，社会現象の分析で用いられる研究手法の1つである。人間を模したエージェントと呼ばれるコンピュータ上のプログラムにさまざまな意思決定をおこなわせ，それぞれ独自のルールで相互作用させることで，人工的に社会を再現することができる。社会科学者のみならず，人工知能の研究者や生物学者なども，しばしばこの手法を用いて注目する社会現象のより深い理解を目指している。

　この手法は，社会科学において用いられてきた2つの伝統的な手法——解析的手法と統計的手法——の両者の欠点を補完する可能性をもっているため，第3の分析方法として注目を浴びている。解析的手法では，モデルをなるべく抽象化・単純化して数学的に解けるようにする必要があるため，非現実的な仮定が用いられることも少なくない。一方，統計的手法は，大量のデータに対しその要約や解釈をおこなうのに適しているが，対象の数量的な理解が目的であるため，その質的内容の分析やモデルの操作性が課題となり，それが研究上の限界となる場合も多い。社会シミュレーションは，プログラム言語の柔軟性を十二分に活用することで非常に複雑なモデルも容易に記述でき，しかもモデルの操作性が十分に高いため，解析的手法や統計的手法が扱えない事象を分析することができる。すなわち，実際の社会では到底できないようなことも，コンピュータの中の人工的な社会のさまざまな変数や関数，意思決定のルールや相互作用の方針などを意図的に操作することで実現できる。その結果，解析的あるいは統計的な手法では，もしくは直接現実を観察したり単に言葉のみでその社会現象を記述したりするだけでは，望みえないほど，複雑なダイナミクスを明らかにすることができる。社会シミュレーションを採用する研究者は，そのようにして，従来手法では予期することも困難であったような，社会現象に関する新たな洞察や知見を得ることを期待しているのである。

　社会シミュレーションを用いて分析をする場合，エージェントモデルを構築してシミュレーションすることが多い。つまり，特定の社会構造（社会ネットワークや近隣の空間的構造あるいは社会制度）に埋め込まれた，異質な多数のエージェント（プログラム）を作成する。彼らは独自に自身の環境を認識し，意思決定や学習をおこない，別のエージェントと相互作用をおこなう。その結果，

▷1　研究者にとって，構築したモデルの中身（変数や関数など）が操作可能であること。モデルの操作性が保証されると，もしこの変数の値が異なっていれば，全体の挙動はどのように変化するだろうかといった分析が可能となる。

▷2　エージェントの意思決定ルールや記憶している情報などが互いに異なること。解析的手法ではエージェントの同質性がしばしば解析可能性の必要条件になっている場合が多い。

▷3　社会科学には社会を個人の集積としてとらえる方法論的個人主義と，社会が個人を規定するととらえる方法論的集団主義という対立的立場がある。複雑系

（コンピュータの中の）社会が変動していく。研究者はエージェントの設定や環境の設定を変化させることで社会全体の挙動がどのように変化するのかを観察し，それにもとづいて社会現象の理解をおこなっていく。

## 2 社会シミュレーション研究の現状と課題

コンピュータを用いてシミュレーションをおこなうという研究手法は，ローマクラブの『成長の限界』で有名な世界モデルなどにさかのぼることができる。ただし，当時の研究者は理解や説明ではなく予測を目的としていたため，集計結果やシステムそのものが関心の的であった。1990年代に入り，コンピュータの処理能力も格段に向上していくと，複雑系研究，とくにミクロマクロリンケージを実現する手段として，シミュレーションは急速に普及しはじめた。すなわち，エージェントを明示的にモデル化することによるミクロ的相互作用と，その相互作用の結果として観察されるマクロ的な社会の統計量がエージェントに及ぼす影響の分析に，多くの研究者が関心を寄せたのである。

社会シミュレーション研究は，社会現象の分析のほかに，学校教育の支援，あるいは実際の政策立案や複雑な組織管理の支援など幅広い目的でおこなわれている。実際の社会的現実を対象とした研究は，ほかにも疫学（感染病の伝搬），都市工学（交通流の再現による渋滞の回避），マーケティング（顧客の購買行動の分析）など多様に存在する。また，やや抽象的な社会現象を扱ったものも多い。とくに社会規範や慣習・互恵性・パートナー選択・評判といったいわゆる協調問題の分析や，分居・文化伝搬・集合的意見・市場のダイナミクスといった社会的影響過程の分析では，数多くの成果がある。また今世紀に入り，優れたシミュレータが開発されてくると，分析に必ずしも高度なプログラミング能力が必要ではなくなってきた。その結果，広範な分野の社会科学者が比較的容易にこの手法を用いるようになり，ますます研究分野が広がってきている。

しかし社会シミュレーションにはいくつかの根強い批判も存在する。解析的手法を好む立場からは，この手法は現実的すぎて数学からはほど遠い。解析するには余りにも不明瞭で，信頼しづらいと言われる。また，定量的研究者からは，これは社会的現実の詳細を記述する複雑性をもっていない。あまりにも抽象的で過度に単純化しすぎていると批判を受ける。また，この手法でないと分析できない分野が乏しいのではないかとの批判も多い。これは，まだこの手法が発展途上の段階であることを物語っている。

この分野に興味をもった読者のためにいくつかの参考文献や国際的な研究団体，学術誌を挙げておいた。国際会議も活発におこなわれている。

（岡田　勇）

研究では，それらを止揚し，個人と社会が相互に影響を及ぼしあうという立場をとった研究手法が開発された。社会シミュレーションもその1つととらえることができる。

▷4　ギルバート，N.，トロイチュ，K.，井庭崇ほか訳，2003，『社会シミュレーションの技法』日本評論社；Squazzoni, F., 2012, *Agent-Based Computational Sociology*, John Wiley & Sons；岡田勇・遠藤薫・佐藤哲也・鳥海不二夫・山本仁志・水野誠・寺野隆雄・太田敏澄，2012，「社会シミュレーション——モデルの粒度と現象の接合を探る」『日本社会情報学会学会誌』23(2)：pp.65-80。

▷5　PAAA（Pan-Asian Association for Agent-based Approach in Social Systems Sciences），ESSA（European Social Simulation Association），CSSSA（Computational Social Science Society of the Americas）

▷6　JASSS（Journal of Artificial Societies and Social Simulation），CMOT（Computational and Mathematical Organization Theory），JSI（Journal of Socio-Informatics）

▷7　WCSS（World Congress on Social Simulation），SSC（Social Simulation Conference），AESCS（Agent-based Approaches in Economic and Social Complex Systems）

## VI 社会的意思決定と情報

# 7 インターネットと選挙

### 1 スマホから投票できる日は来るか？

　先進国の政治的課題として，低投票率や低関心が指摘されることがある。その対策の1つとして，電子投票に注目が集まっている。パソコンやスマートフォンから投票できれば，政治から遠かった人も一部は再び政治に参加するようになる可能性がある。そうした場合，変化は投票率や関心のみにとどまるだろうか。

　IT産業の盛んなことで知られる北欧のエストニアでは，すでに電子投票を利用している。その関連報告によると，電子投票と従来の投票では投票結果に顕著な差があるという。つまり，電子投票は実際の社会運営に強く影響を与える革新的な技術であるらしい。

　電子ネットワークを利用した公的な意思表明には通常の電子投票以外にもさまざまな可能性がある。▶1

### 2 直接民主制とそれを支援する制度・システム

　国民が政治に直接参加できるしくみのことを総じて直接民主制と呼ぶが，ネットを利用して直接民主制をどのように実現させるのか，またそのことが本当に望ましいのかどうかという議論は重要である。

　直接参加の制度を設けても，現実的には一般の国民がそこまで政治的な課題に明るいとは限らない。よく知りもしない問題にたいして正しい判断がおこなわれる保証もない。しかし，有権者の政治的な決定を支援するアプリケーションの研究開発が進められていることにも注意されたい。いわゆる投票支援システム（Voting Assistance Applications）である。さまざまな方法があるが，1つはボートマッチと呼ばれるしくみであり，わが国でも2001年前後より実際の選挙で提供されてきた実績がある。ボートマッチシステムでは，事前に定められた政策的争点について，有権者が自身の考えをアンケートのように回答していくことで，考えの近い政党や候補者が表示される。政治では，しばしば戦略的な駆け引きや特定の争点を隠すような公正とはいえない方法によって決定に導こうという誘惑が生じる。しかし，VAAを利用することによって，一時的な感情にもとづく投票や特定の争点のみに偏った決定などを防ぐ効果が期待できるのだ。

▶1　例えば，国会の議決に対して直接国民が賛否を問うようなことすら，技術的には十分可能である。もっとも，デジタルネイティブと呼ばれる世代の若者から見たら，なぜできないのかという問題意識の方が強いかもしれないが。

## 3 ネット選挙運動

すでに現実の選挙にインターネットが影響を及ぼしている点の1つとして，選挙運動における活用もあげられる。候補者（政治家）が自身の主張を伝達し，投票を依頼するプロセスでの活用である。ただしわが国では公職選挙法により厳しく制限されてきた経緯があり，国内での実践は2013年のいわゆるネット選挙解禁まで待たなければならなかった。このため，知られた事例もまだ少ない。一方，そのような規制のない国では，比較的早期からインターネットを利用した選挙運動が実施され，いくつかの興味深い例も出てきている。

もっともよく知られているのは，2008年の大統領選を勝ち抜いたオバマ大統領の選挙運動である。支援者の草の根によるネットワークを活かした選挙運動を支援するSNSを準備したことや，効果的なメッセージによる資金集めが成功したと言われている。また，2012年の選挙では，多大な資金や人材，技術を投入したネット選挙運動を実施したとされている。とくに，さまざまな団体の名簿情報などから，有権者の属性（男女・年齢等）に合わせた効果的な投票依頼メッセージを的確に選定する，いわゆるデータベース・マーケティングの技術を採用したことなどが知られている。今後，これらのネット選挙の活動方法は日本でも導入されていくと考えられる。ただし，選挙制度の違いのほか，選挙活動を支える資金や人材の確保においても文化面を含めた社会的な相違の影響は大きく，単純に大統領選挙のやり方が日本に適しているとは限らない。この点には留意が必要だ。

## 4 政治を変えるかもしれない広告技術

選挙期間中の運動だけでなく今後の「インターネットと選挙」全体を考えるうえでもデータベース・マーケティングの論点は重要だろう。インターネットはユーザーのアカウント情報を含めた行動履歴全体がデータとして記録されうる世界であり，こうしたデータを使うことで精度の高いマーケティングが可能になる。とくに並列処理等の技術により，膨大なデータを比較的容易に扱うことができる近年では，消費者の属性や好みを推定する技術が急速に普及しつつある。これらの技術を政治分野で応用する流れは，今後強まっていくだろう。

かつて，テレビを支配するものが政治を支配すると言われ，テレビで魅力的に見える政治家が強いとされる時代があった。テレポリティクスの時代とも評された。しかし，インターネットを活用した21世紀の政治は，SNSや個人の属性推定技術などを存分に活用する新しいフェイズに入っていくことが考えられる。すなわち，データベース・マーケティングなどの広告技術の活用により，草の根の支持を集めていく政治手法が見直されていく可能性がある。

（佐藤哲也）

# Ⅵ 社会的意思決定と情報

# 8 公共圏と熟議民主主義

## 1 公共圏モデルとその意味

　公共圏（Öffentlichkeit）という言葉は，「誰でも自由に参加できる議論の空間」という意味で用いられる。この言葉をこの意味で最初に使ったのはドイツの社会学者・哲学者ハーバーマスである[1]。例えば，彼が注目した17〜18世紀のロンドンのコーヒーハウスには，そこに集まった人びとが自由に議論する空間が自然発生的に成立していたという。当時のコーヒーハウスは客同士の情報交換の場として機能しており，当初は芸術作品の良し悪しを論じあっていたが，次第に政治的な話題を取り上げるようになり，やがてそこでの議論が一定の政治的役割を果たすようになっていった。政治の「素人」である一般の市民が政治的なことがらに関する自分の意見を表明し，他者との議論を通じて「世論」を作っていくという事態は，今でこそ当然のことのように思われる。しかし，政治の歴史の中では近代以降に初めて現れた新しい状況であり，市民が実力を増していた当時の政治状況を反映したものである。

　こうした公共圏モデルは，一般の市民が世論を通じて政治的意思決定に参加し，自分たちのことは自分たちで決めるという自己決定の理念を実現するものであり，近代民主主義の1つのモデルを提供するものである。

## 2 熟議民主主義の理念と現実

　ハーバーマスによれば，公共圏モデルはさまざまな近代国家でその価値が認められ，議会制度として公的な政治のしくみに組み込まれていく。しかし，いったん制度化されてしまうと，今度はそれが機能不全を起こして形骸化していく。19〜20世紀以降に起きたこの事態を彼は「構造転換」と呼ぶが，これには大衆の政治参加，ジャーナリズムの商業化，政党政治・圧力団体の登場など多くの要因が複雑に関係しているとされる。

　形骸化した民主主義のしくみを再活性化させ，あらためて理念的価値を復活させようとする動きは，これまでに何度もあった。しかし，1990年代に英語圏の政治哲学を中心に活発化した一連の議論では，特に熟議民主主義（deliberative democracy）という言葉が使われた[2]。「熟議」は見慣れない言葉かもしれないが，市民が参加する議論を通じてより普遍的な利害を確保し，政治的決定の正当性（決定内容の正しさに関する確信）を調達しようとする考えにもとづく。

▷1　ハーバーマス, J., 細谷貞雄・山田正行訳, 1994, 『公共性の構造転換——市民社会の一カテゴリーについての探究［第2版］』未來社。

▷2　ギャスティル, J., レヴィーン, P. 編, 津富宏・井上弘貴・木村正人監訳, 2013, 『熟議民主主義ハンドブック』現代人文社。

公式な議会制度の下では軽視されがちな市民による政治参加を，選挙での投票以外のさまざまな議論の場を通じて促進しようとする構想である。

この議論と同時期に普及しつつあったインターネット上のコミュニケーションは，その構想と呼応するかたちでも注目された。それまでのメディアに比べて情報発信のコストが圧倒的に小さくて済むインターネット空間は，かつて不可能であった一般市民の熟議プロセスへの参加を可能にするので，公共圏の理念を復活させるのに好都合と考えられたのである。しかし，実際に人びとがネット上でさまざまなやりとりをするようになってみると，必ずしもそのままでは理性的な議論にはならないことが多くの実例や研究からわかってきた。例えば，匿名掲示板での無責任な誹謗中傷，いわゆる「荒らし」や「祭り」，ブログやTwitterの「炎上」だけでなく，同調圧力が強まる「集団分極化」など多くの事例が知られている。

## 3 ミニ・パブリックスの可能性

近年ではむしろ，議論の空間を自発的な発展に任せるのではなく，適切にデザインするミニ・パブリックスの実践が注目されている。これは国民や住民全体の性質（年齢や性別，階層など）を適切に反映させた数十人～数百人程度の小規模な公衆（ミニ・パブリックス）を人為的に選出し，教育，就労問題などの公的な話題について議論してもらい，その結論を集団的決定に活かそうとするものである。例えば日本でも，民主党政権下の2012年8月に，将来のエネルギー政策をテーマとした討議型世論調査（Deliberative〔Opinion〕Poll）が実施された。これは，アメリカの政治学者フィシュキンが提案した手法である。

討議型世論調査以外にも，コンセンサス会議，計画細胞会議，市民陪審といった実験的な試みが各地でおこなわれている。それらは相互に異なるが，一般に利害関係がある専門家は議論の参加者からは排除されることが多く，素人である市民の良識による判断が求められる（その意味では裁判員制度における裁判員に近いかもしれない）。新聞社などがおこなう通常の世論調査では，対象者はよく知らない問題に関しても何らかの回答をしがちである。その集計結果は，質問の仕方やその前後の出来事・報道などに左右される不安定なものとなる傾向がある。しかし，議論を経た人びとの回答は安定的であり，私的な利害を離れた公共的利益を重視する傾向が増すことが知られている。ハーバーマスのいう公共圏は誰でも参加できることで公論の妥当性を確保しようとするものだが，ここではむしろ参加資格を制御することでよりよい判断を導こうとしていることに注目しよう。

ミニ・パブリックスを用いたこうした実践にもいくつかの問題点が指摘されているが，この試みはまだ始まったばかりである。さまざまな条件を変えた実験が今後もおこなわれていくであろう。

（伊藤賢一）

▷3　サンスティーン, C., 石川幸憲訳, 2003,『インターネットは民主主義の敵か』毎日新聞社；サンスティーン, C., 那須耕介監修, 2012,『熟議が壊れるとき——民主政と憲法解釈の統治理論』勁草書房.

▷4　フィシュキン, J. S., 曽根泰教監修, 岩木貴子訳, 2011,『人々の声が響き合うとき——熟議空間と民主主義』早川書房.

▷5　篠原一, 2004,『市民の政治学——討議デモクラシーとは何か』岩波書店；篠原一編, 2012,『討議デモクラシーの挑戦——ミニ・パブリックスが拓く新しい政治』岩波書店.

# Ⅵ 社会的意思決定と情報

## 9 厚生主義と非厚生主義の視点

### 1 厚生主義から非厚生主義へ

　厚生主義とは，制度や政策の善し悪しの評価を，人びとの主観的選好（いわば願望）の充足度としての"効用"に基づいておこなう立場を指す。効用の集計と最大化をめざす経済理論として登場し，貧困者への所得の再分配を正当化する意味をもった[1]。その基礎には福祉への強い思いがある。ただ福祉には本来多様な側面があるが，厚生主義では経済面のみに着目している場合が多い。その評価は，基本的に"財（やサービス）の消費"の意味での効用を情報的基礎としておこなわれる。以下でも，この経済的厚生主義を念頭におく。

　厚生主義は「善し悪し」の評価に関わるため，1つの倫理的立場を構成する。また，効用測定の考え方などによりさらに細分化できる。例えば，個人1が政策A，B，Cをこの順に選好するとして，「AとCの差はBとCの差の3倍」などの計量を可能と考えるか，元の序列のみを受け容れるかで立場の違いがある（基数的効用と序数的効用）。また，個人2がB，C，Aの順に選好するとして，「個人2がAを好む程度は個人1がAを好む程度に及ばない」とするなど，個人間で効用の比較が可能と考えるかどうかの違いもある（効用の個人間比較の可能性と不可能性）。図Ⅵ-9-1はこうした区分を含む道徳原理の樹形図例である。「厚生主義的帰結主義」の部分がここでいう厚生主義に相当する。

　厚生主義は福祉への思いを基礎としたが，より質の高い福祉，より厳密な意味でのあるべき社会を考究する議論の中で，情報的基礎である効用の限界を指摘するさまざまな批判を受けた。例えば，全員の所得の向上は厚生主義では高評価だが，同時に貧富の差の拡大やコミュニティ衰退が進み福祉問題が生じる場合がある。「酸っぱい葡萄」[2]のような選好表明への懐疑の問題なども懸念され，「厚生主義から非厚生主義へ」と称される理論展開が進行した。図の「非厚生主義的帰結主義」の部分が新展開部に相当する。

### 2 センの潜在能力論

　アマルティア・センの潜在能力（capability）の考えを取り上げて要約する[3]。潜在能力は，人がなしうる「機能」（functioning）の集合と定義される。ここで機能には，「健康であること」「教育を受けた状態であること」「コミュニティの活動に参加できること」など多様な例が挙げられる。センは，（効用の平等化

▷1　新たに同じ金額を得た場合，高所得者より低所得者の効用が大きいと考えられる（限界効用逓減の法則）。この事情から，社会全体の効用集計の最大化は経済的平等化をうながすことが期待された。厚生主義の背景には，産業化が進む中での貧困層の窮状があった。

▷2　酸っぱい葡萄
高所の葡萄を取れない狐が「どうせあの葡萄は酸っぱい」と言って去ったという童話。こうした防衛機制にもとづく選好表明に照らし，狐に葡萄を与えないことを正当化できるか。

▷3　セン，A.，鈴村興太郎訳，1988，『福祉の経済学』岩波書店の議論にもとづき整理する。なお，センは潜在能力に先立ち社会的選択理論の集中的研究をおこなっている（セン，A.，志田基与師監訳，2000，『集合的選択と社会的厚生』勁草書房）。この中では，効用の個人間比較に関する「部分的比較可能性」の概念なども議論された。

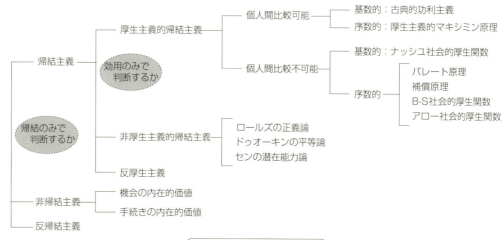

図Ⅵ-9-1　道徳原理の樹

出所：須賀晃一，2014，「社会的正義の情報的基礎」井上彰・田村哲樹編『政治理論とは何か』風行社，p.250をもとに一部修正．

ではなく）この潜在能力のうちの基本的な項目についての平等化を主張した。

　センの潜在能力は，個人が利用可能な財ベクトルの集合と，財から機能ベクトルを生みだすための利用関数の集合に依存した階層的な数式定義をもつ。すなわち，機能，財，利用関数が分けてとらえられ，財の平等配分だけでは不十分であると議論される（多数の子に同一の給食（財）を提供していても，ある子に食物アレルギーがあり（利用関数の違い），しばしばその子の体調が損なわれたとすれば，重要な機能について不平等が生じたことになる）。また，「なしうる」というように可能性に着眼するため，実際の消費を超えてその背景をとらえるしくみがある（食物を買えず飢える人とハンガーストライキをして食物を買わない人は，財の消費の観点では区別できないが，潜在能力では後者を大きく評価できる）。

　センの潜在能力は，財の消費の意味での効用を超える情報的基礎をもつ。機能として列挙される限り，コミュニティの論点なども取りこぼされることがない。その平等は本人の選好表明でなく客観的評価に基づくため，酸っぱい葡萄などの問題も回避される。

## 3　情報的基礎の拡大

　非厚生主義の諸論は，それぞれ「情報的基礎の拡大」と呼ばれる特徴をもつ。その共通する難点の1つは，理念水準の議論に留まり，実践的な政策決定の指標が見出しにくい点である。ただし，人間開発指数（HDI）や国際生活機能分類（ICF）など，潜在能力論を背景に特定目的の指標が作成されている例もある。

　なお，以上の情報的基礎の拡大には，個人情報保護をめぐる議論など，プライバシーの意味での情報論とも連結する部分がある。その提言内容が，財の消費の情報を超える個人情報の提供，例えば，身体的精神的な病理特性の情報提供などを要する場合もあるためである。

（岩井　淳）

▶4　関連する議論として，岩井淳，2014，「政策決定のための幸福指標は実現可能か──社会的選択理論の情報学的展開」今田高俊・舘岡康雄編，『シナジー社会論』東京大学出版会，第4章を参照。

# VI 社会的意思決定と情報

## 10 社会的意思決定と自己組織性

### 1 自己組織性の観点

いろいろな社会的意思決定の様子を外から眺めれば，既存のものに代わる新たなしくみや体制が次々にわき上がってくるように見えるだろう。こうした自発的な秩序生成に関連して，長く「自己組織性」の概念が議論されてきた。ここでは，社会的意思決定を自己組織性の観点からとらえ直したい。

「自己組織性」は，自己組織化（self-organization あるいは self-organizing）の性質であり，外部の制御によらず，自ら秩序だった状態を整える過程全般に用いられる語である。しかし，学術用語としては過去に2つの大きな議論があり，これらが自己組織性に関する社会理論にも影響を与えてきた。

### 2 自己制御と「混沌からの秩序」

自己組織性が通常の学術用語として使われ始めたのは20世紀中庸で，当初は，サーモスタットのような自己制御系への着目が主であった。W. R. アシュビーによるシステム科学上の定式化から始まる，一連のサイバネティクス研究が中心であった。こうした自己制御系では，まず何らかの目標があり，そこからの逸脱を縮小させる制御を念頭におくことが多い。形式論理として，自己を制御する自己の定式化，すなわち自己言及の問題が生じたことでも注目を集めた。

自己組織性は，しかしながら，その後，I. プリゴジンによる**散逸構造**の発見等を通して，「無秩序状態から，その構成部分やエージェントの相互作用を通して新秩序が生成する過程」に着目する新たな研究段階に入る。プリゴジンの著書名でもある「混沌からの秩序」のイメージをともなう自己組織性であり，既存の秩序を崩す「ゆらぎ」の増幅に焦点を当てることも多い。通常，特定の構成部分やエージェントが変化の方向を統御できるような場合は除いて考える。

### 3 自己組織性に関する社会理論

自己組織性の概念に関わる主な社会理論を社会的意思決定の問題との関わりをふくめて整理する。

今田高俊は，自己組織性を「システムが環境との相互作用を営みつつ，みずからの手でみずからの構造をつくり変える性質を総称する概念」と位置づけ，環境の影響がなくとも自己を変化させうる点を重要とした。上記2つの自己組

▷1 氷の結晶が成長していく様がよく例とされるが，これは1つの用法であり，この語に対応する特定の問題領域があるわけではない。自己組織性は，「相対性」や「反復性」などと同様，微視的な物理現象のほか，生物，機械，組織，社会等の議論で広く用いられる用語である。

▷2 散逸構造
熱平衡になく散逸過程が生じているときに現れる巨視的な構造であり，通常の熱平衡として現れる構造との対比からこの語が使われる。散逸過程とは，力学的・電気的なエネルギーが熱に転化する不可逆の過程である。エントロピー増大の観点からすれば，こうした熱平衡から逸脱した中間状態に新たな構造が発現することは意外であった。プリゴジン，I. ほか，伏見康治ほか訳，1987，『混沌からの秩序』みすず書房。

▷3 今田高俊，1986，『自己組織性』創文社；今田高俊，2005，『自己組織性と社会』東京大学出版会。

織性はサイバネティックな自己組織性とシナジェティックな自己組織性と呼び区別するが，その双方をふくむ理論を構想した。社会システムの経時的変化は，行為次元の慣習的・合理的・自省的の三相とシステム次元の構造・機能・意味の三相をめぐる複合螺旋運動としてモデルされる。例えば，公害問題の対策法案の成立は構造変化に対応するが，その背景に（従来の慣習的行為とは差別化してとらえられる）企業の社会的責任の認識という自省的行為を想定する。今田理論は社会理論の再構築として企図され，さらに支援型社会の構想に展開した。

一方，吉田民人は，〈情報に媒介される自己組織性〉と〈情報に媒介されない自己組織性〉を区分し，生物（遺伝情報）の出現以降のシステムのありように関心をよせる立場から，これに対応する前者のみを議論した（プリゴジン理論の自己組織性は後者の例とされ捨象された）。また，この観点から自己組織システムを〈「当該システムに内在し，貯蔵作用および変異作用と自然選択および／または内部選択の作用とを介して存続・変容する情報」に基づいて，その情報処理および／または資源処理を組織化するシステム〉と暫定的に定義した。吉田理論では，社会的選択理論をふくめ，さまざまな選択現象の定式化をすべてその自己組織性理論の枠組みに取り込むことが意図されていた。吉田理論は社会学原理を再構築する目的意識にもとづいていたが，独自の「情報学」を拓いた様相もある。

少し背景が変わるが，イスラエルの医療社会学者A.アントノフスキーの研究も広く知られる。欧米の医療社会学では，古くから疾病に対照的な病気の概念構築を試みてきた。アントノフスキーの健康生成モデル（Salutogenic Model）はその成果の1つであり，リスクファクターよりも健康の原因に着目し，その鍵を首尾一貫感覚（SOC：Sense of Coherence）という一種の個人的世界観に見出す特徴をもつ。アントノフスキーは自己組織性の語はあまり用いなかったが，プリゴジン理論に共鳴し，SOCを混沌からの秩序形成現象の1つの発現と位置づけた。また，アントノフスキーの関心はストレス対処にあったが，個人のストレス対処のみでなく，集団特性としてのSOCにも議論が及んだ。その拡張的理論にもとづけば，重要政策に関する社会的意思決定も集団的なストレス対処としてとらえられる。

## ④ 社会的意思決定理論の展望

自己組織性に関する社会理論にはそれぞれ広範な背景的蓄積があり，今後もこうした観点から社会的意思決定をとらえ直すことは有意義だろう。例えば，保健医療領域における蓄積との連結により，社会的意思決定研究の新たな方法論を検討できるようになる可能性がある。社会的意思決定の諸研究はまだ全体を統合する枠組みを欠いているが，それを構築するための手がかりが得られる可能性もある。

（岩井　淳）

▷4　今田理論においては，後者は散逸構造だけでなく，ハーケンのシナジェティクス，マトゥラーナとヴァレラのオートポイエーシスの議論にも関連する。また，ルーマンの社会システム論もオートポイエーシスに関連した重要理論である。Ⅱ-1等も参照。

▷5　吉田民人，1990，『情報と自己組織性の理論』東京大学出版会。自己組織性概念の区分とプリゴジン理論に対する立場については同書第11章を参照。

▷6　アントノフスキー，A.，山崎喜比古・吉井清子監訳，2001，『健康の謎を解く』有信堂。プリゴジン理論に対する立場については同書第7章を参照。

# Ⅶ 社会システムへの応用①

 総論

ICT（Information & Communication Technology：情報コミュニケーション技術）は，今日，社会のさまざまな場面に応用されている。

それは社会や生活を豊かにし，便利に合理的にすることを目的とするものだが，同時に問題を引き起こすリスクもある。

Ⅶ章では，経済，教育，福祉など社会のさまざまなサブシステムのインフラストラクチャとして応用されている情報システムを概観しつつ，その功罪と今後の展開をさぐる。

コンピュータ技術は，第2次世界大戦中，暗号解読や作戦遂行に必要な計算を高速におこなう必要から，飛躍的に進歩したといわれている。[1]

コンピュータを相互に接続して大きな効果を上げるネットワーク技術もまた，第2次世界大戦後の冷戦構造を背景にして，現代へとつながる展開を遂げた。今日の生活の基盤ともいえるインターネットの前身は，1969年，アメリカ国防総省の先端研究プロジェクト局（Advanced Research Project Agency：ARPA）によって開発されたARPAネットワークである。

したがって，ICTの基本的目的は，オペレーション（業務）の合理化・効率化と低コスト化であり，社会システムへの応用でも，この面がまず注目されたのは必然ともいえる。

アメリカの社会学者であるダニエル・ベルは，1973年に『脱工業化社会の到来』を出版し，テクノクラート的思考――「対象に対する論理的・実際的・問題解決的・手段的・規則的そして専門的なアプローチを強調し，計算，正確さと測定，システムの概念を信頼する[2]」世界観が社会のなかで優位なものとなるだろうと予測している。ただしその一方で，ベルは，「しかし，結局において，テクノクラート的思考は，どうしても政治の前に屈服する[3]」とも指摘する。なぜなら，「われわれが理解する意味における政治は，常に合理的なものに優先し，しばしば，合理的なものの反対物である[4]」からである。その結果，「あとに残るのは，社会的効用を客観的にはかるものとしての合理性ではなく，人間と人間との間の取引[5]」としての「政治」であると，ベルは主張するのである。

「政治」とは，すなわち「社会的意思決定」であり，「合意形成」である。ベルは，人びとの求める「政治」の様式が，過去における「中央集権的官僚制」から「参加型民主主義」へと変化しつつある，と述べる。ただし，「参加型民主主義」は万能ではなく，さまざまな問題を内在させている。それでも，「こ

---

[1] Moye, William T. (January 1996), ENIAC: The Army-Sponsored Revolution, United States Army Research Laboratory, retrieved 2012-11-26

[2] ベル，D.，内田忠夫ほか訳，1975，『脱工業社会の到来――社会予測の一つの試み』（上・下）ダイヤモンド社。

[3] ベル，D.，内田忠夫ほか訳，1975，『脱工業社会の到来――社会予測の一つの試み』（上・下）ダイヤモンド社，p.459。

[4] ベル，D.，内田忠夫ほか訳，1975，『脱工業社会の到来――社会予測の一つの試み』（上・下）ダイヤモンド社，p.481。

[5] ベル，D.，内田忠夫ほか訳，1975，『脱工業社会の到来――社会予測の一つの試み』（上・下）ダイヤモンド社，p.482。

[6] ベル，D.，内田忠夫ほか訳，1975，『脱工業社会の到来――社会予測の一つの試み』（上・下）ダイヤモンド社，p.482。

こに出発点があり，われわれはすべての政治哲学の根本である問題に立ち返ることになる。すなわち，われわれが送りたいと思うよい生活とはいったい何なのか。将来の政治……とは，……共同生活の関心事であり，とくに，恵まれない集団をその中に包括することであろう」とベルは論じている。ベルがこの本を書いてからすでに40年以上が過ぎ，技術も驚異的な進歩を遂げているが，問題の本質は現在もここにある。

その後，ICT の社会システムへの埋め込みに関する議論は，インターネットの社会的普及レベルに応じて，いくつかの局面を経てきた。ここでは，それらを大きく4つに分けて考えることとする。

▷7　ベル，D., 内田忠夫ほか訳, 1975, 『脱工業社会の到来──社会予測の一つの試み』（上・下）ダイヤモンド社, p.484。

### 1　第1局面：初期理想主義と公共圏

先にも述べたように，インターネットは，1969年，アメリカの軍用技術（ARPANET）として開発された。ARPANET 自体の利用は一部に限定されたものであったが，ここから発展した自律分散型ネットワーク技術については，さまざまな社会的応用が試みられた。例えば，実践的には，サンフランシスコで学生たちの手によっておこなわれたコミュニティ・メモリ（1972～1974年）など，地域共同体の再生をめざすさまざまな試みがおこなわれた。

1979年に生まれた USENET や，1985年に西海岸を中心として多くの人びとを集めた WELL などは，原理的には世界のどこからでも誰でも参加できるリアルタイムの双方向コミュニケーション空間を開いた。

日本でも，80年代半ばから，学術ネットである JUNET，大分県の地域ネット COARA，NIFTY などの商用パソコン通信，個人が開設する草の根 BBS など，多様なコミュニケーション空間が数多く誕生した。

こうした動きの背景には，当時の西海岸文化，リップナックとスタンプスによるネットワーキング運動，イリイチのコンヴィヴィアリティ論，ハーバーマスの公共圏論などがあり，インターネット空間を新たな公共圏として期待する議論と実践が盛んにおこなわれた。

▷8　リップナック, J., スタンプス, J., 正村公宏監訳, 1984, 『ネットワーキング──ヨコ型情報社会への潮流』プレジデント社。

### 2　第2局面：NII/GII と情報格差，サイバーリスク，監視社会論

1993年に誕生したクリントン-ゴア政権は，NII（National Information Infrastructure）/GII（Global Information Infrastructure）政策を前面に打ち出し，それまで利用が限定されていたインターネットを一般に開放した。インターネットは開かれた社会的インフラとなった。世界の多くの国々がこれにならった。また，1993年には誰でも簡単に操作できる WWW ブラウザの Mosaic が一般に提供され，インターネットは爆発的な普及段階に入った。インターネットは，まさに，世界規模の公共空間となったのである。

インターネットの公共性が増すにつれて，その社会的リスク（反公共性）に

▷9　イリイチ, I., 渡辺京二ほか訳, 1989, 『コンヴィヴィアリティのための道具』日本エディタースクール出版部。

▷10　ハーバーマス, J., 細谷貞雄訳, 1994, 『公共性の構造転換』未来社。

ついても大きく取り上げられるようになった。

その第1は，「情報格差」の問題である。社会の情報化の進展は，パソコンやインターネットを利用して富（経済資本・文化資本・社会資本）を増やしていく情報強者と，それができずにいっそう貧しくなっていく情報弱者のあいだの格差を拡大するという議論は，初期からあった。1999年にアメリカ商務省が出した「Falling Through the Net: Defining the Digital Divide」という報告書によって「デジタル・デバイド」という言葉が流行語のようになった。デジタル・デバイドは，社会的排除と社会的包摂の問題でもある。

第2は，サイバーリスク（有害情報，コンピュータ犯罪，サイバーテロリズムなど）の問題である。すなわち，インターネットはオープンであることをその特徴とするが，それは，わずかな悪意によってもシステム全体に大きな被害が及ぶ脆弱性をも意味している。例えば，2000年に起きたLove Bugウィルス事件は，フィリピンの貧しい専門学校生が軽はずみに創り出したプログラムが，世界中の情報システムに甚大な影響を引き起こしたのだった。

第3は，サイバーリスク問題と補完的な関係にあるともいえる監視社会問題である。社会の情報化が監視社会（超管理社会）を招くとする危惧は，オーウェルが1949年に著した『一九八四年』の頃からあり，フーコーの「パノプティコン」を参照した議論が盛んにおこなわれてきた。例えば，1993年にインターネットを揺るがしたクリッパーチップ問題はこの線上にある議論だった。

一方，この時期，インターネットのメリットも再認識された。1995年，日本は阪神・淡路大震災に見舞われた。あらゆる通信手段が断絶する中，インターネットの有用性が広く認識された。2001年の9.11テロの際にも，インターネットを介した現場からの情報発信と情報蓄積の有効性が注目された。メディア論やジャーナリズム論は新たな局面への対応を迫られたのである。

### ③ 第3局面：ウェブ2.0と大衆へのプロモーション

2000年代に入る頃から，インターネット上に新たなコミュニケーション・サービスが次々と登場してきた。膨大な数のスレッドの集合体としての匿名掲示板，ブログ，SNS（ソーシャル・ネットワーキング・サービス），動画投稿サイト，Wikipediaなどである。これらは単に新しいと言うだけでなく，格段に使いやすく，それ以前とは比較にならないほど幅広い年齢層の大量の利用者を集めている。インターネットはまさに大衆のコミュニケーション空間となった。

その結果，一方では，これらのコミュニケーション空間が「集合知」や「世論」あるいは「論壇」を形成するという議論があり，他方では，私的な落書きめいた言説が非理性的な集合現象（集団浅慮）を引き起こしているとか，集団の分離をもたらしているとする批判も強くなっている。

だが，百家争鳴的な議論をよそに，現実は急激に進展している。

日常生活への浸透という意味で，1990年代末から急速に世界に広がったAmazon.comは，ロングテールの発想により，従来とは大きく異なるマーケティング戦略がネット上で可能であることを示した。

　アメリカでは，大統領選挙をはじめとする政治活動にインターネットは不可欠のメディアとなり，政治家も，マスメディアも，一般市民も，新しいコミュニケーション・ツールを政治的議論の場として大いに活用している。2008年の大統領選挙では，無名の新人であったバラク・オバマが，「ネット・ルーツ」と呼ばれる，ネットを活用した選挙活動により，歴史的な勝利をおさめた。大統領の座についたオバマは，ホワイトハウスのサイトから国民と双方向的なコミュニケーションを続けるとともに，オープン・データなどの新たな試みにも積極的である。また，中国や韓国でも，インターネットを介して，若年層を含む幅広い層の政治的運動が目立つようになっている。

## ❹ 第4局面：ソーシャルメディアとモバイルの時代

　2010年代になると，FacebookやTwitterなどソーシャルメディアと呼ばれるサービスが全盛となった。また，スマートフォンやタブレット端末などのモバイルメディアが急速に普及し，PCよりも，モバイル・メディアを介したICT利用が盛んになりつつある。この傾向は，若年層や，ネット利用における後発国で特に顕著である。

　2010年末から2011年にかけて世界を驚かせた「アラブの春」でも，ソーシャルメディアとモバイルメディアの利用が大きく取り上げられた。

　2011年3月11日に起きた東日本大震災でも，情報探索，安否確認や被災者支援のためのソーシャルメディア利用が注目された。

　ソーシャルメディア利用の拡大は，そこでやりとりされる膨大な量のメッセージ（ビッグデータ）が，政治や経済，産業，防災，医療などさまざまな領域で利用可能であるとの認識をもたらした。ビッグデータは，オンラインショッピングや電子マネー，福祉・医療システムなど，デジタル化されたさまざまな社会システムから収集可能になる。ビッグデータ分析は，ますますICTを活用した社会システムを高度化すると期待される。

　しかし同時にこのようなデータ収集が，プライバシーの侵害にあたるような事態を引き起こさないか，個人を見えざる手によってコントロールするような社会をもたらさないか，疑問の声も上がっている。

　このような情報統制社会は「管理社会」と呼ばれ，フーコーの「生権力」概念によって議論されることも多い。

　今後，そうした状況も含めて，「ICTと公共性」に関する議論が，さらに広く深くおこなわれることがわれわれの社会の緊急課題である。　　　（遠藤　薫）

# Ⅶ 社会システムへの応用①

## 2 行政情報

### 1 行政情報化に向けた取り組み

電子政府・電子自治体の構想は，今や世界各国で活発な動きがみられる。日本でも e-Japan 戦略の中で重要な役割を果たしてきたし，それを引き継いだかたちの IT 新改革戦略においても電子政府・電子自治体の構想は重要な課題として位置づけられた。

ちなみに，政府「IT 新改革戦略評価専門調査会」（2006～2009年）のもとに設置された電子政府評価委員会では，電子行政の評価をおこなうに当たり，以下の３つの視点から電子行政の推進における課題を抽出し，その解決の方向性について検討したのだった。[1]

その３つの視点とは，まず第１に「利用者視点に立った見える化と成果主義」が挙げられている。現行の行政手続や行政業務を前提として評価するのではなく，最終利用者である国民と企業の側から電子政府の取り組みを俯瞰的に評価し，評価（Check）が新たな方策・施策（Action）に確実に反映されるためのしくみを整備し，PDCA（Plan-Do-Check-Action）サイクルを恒常的に機能させることが必要である。

第２の視点として，「フロントオフィス改革とバックオフィス改革の連動強化」が挙げられている。報告書によれば，フロントオフィスにおけるオンライン申請・届出等手続の利便性向上策と，バックオフィスにおける業務・システム最適化計画との連動が担保され，電子政府の全体最適が実質的に推進されているかどうかを厳正に評価することが必要である。

そして第３の視点として，「共通基盤の整備・普及，府省内・府省間連携，国・地方連携，官民連携による全体最適の実現」が挙げられている。報告書によれば，施策ごと，事務事業ごとに異なる担当部局がそれぞれ整合性のない取り組みをおこなった場合，本来なら共通に整備すべき基盤への重複投資を招き，国民・利用者の負担を増大し，真の効果をあげることはできない。このような事態を回避するためには，情報システムのデータ標準化・コード体系の標準化や，共通基盤の整備・普及等が円滑かつ効果的に推進されているかどうかを評価することが必要である。

すなわち，利用者の満足度を最重視した評価指標を策定し，その指標を最大化するように組織の最適化計画を立案すべきであり，そのためにも情報基盤形

▶ 1　電子政府評価委員会，2007，『電子政府評価委員会平成18年度報告書』政府内閣官房 IT 新改革戦略評価専門調査会，pp.4-5参照。

成とデータ標準化が重要になるというわけである。

また，世界各国の取り組み状況や電子政府評価委員会の検討を踏まえて，政府は，2007年10月，次世代電子行政サービス基盤検討プロジェクトチームを組織し，次世代行政サービスの主要目標を，①利用者視点のサービス，②行政事務の最適化，③民間企業活動の活性化，④国民と行政の信頼強化の4点にまとめている。

そして，2013年5月24日，番号制度（マイナンバー制度）に関する法律の成立によって，これまでの検討を踏まえながら，電子政府・電子自治体の動きが大きく前進しようとしている。

## 2 番号制度

番号制度は，高齢化，経済構造などの大きな変化の中で，社会保障と税を一体的にとらえ，より正確な所得，医療福祉費用負担などの情報にもとづいて，国民が社会保障給付を適切に受けられるための必要な基盤として導入が検討されてきた。この番号制度の導入により，複数の機関に存在する個人の情報が同一人物の情報であるということの確認をおこなうための基盤が構築され，この基盤によって行政サービスの透明性，効率性，質を高めるとともに，国民の利便，とくに年金をはじめとする各種社会保障サービスの向上や所得課税のさらなる適正化を実現しようとするものである。番号制度は，当面は税制と社会保障制度，そして災害対策に関する手続きに限定して，効率的で質の高い行政サービスを実現する基盤として構想されたものといえよう。

## 3 行政情報化のこれから

番号の利用範囲は社会保障，税，災害対策に限定されているが，地方公共団体の行政効率向上サービスの質の改善を考えると，今後は，個人情報保護に十分に配慮した上で，適用範囲拡大について検討を進めなければならない。どのような場面でいかなるメリットがあるのか，具体的に検討していくことが必要である。個人にとっても，地方公共団体にとっても，民間企業にとっても，メリットを感じられる活用の仕方をもっと幅広く考えていくべきであろう。

番号制度導入によって，国・地方の枠を超え，段階的に適用範囲を拡大し，行政手続きのみならず，就職，結婚，引越し，誕生，死亡などの重要なライフイベントに関係する官民連携によるワンストップサービス手続化，「お知らせ型」手続きを進めることも可能である。その際，これまでの「申請主義」を脱却し，利用者の視点で簡素で便利な官民連携サービスを提供しなければならない。そのためには地方公共団体にも複数機関の情報連携を前提とした業務改革が求められる。まず地方公共団体に求められているのは，業務の標準化や業務プロセスの効率化・透明性の拡大を実現していくことである。　　（須藤　修）

▷2　次世代電子行政サービス基盤等検討プロジェクトチーム，2008，『次世代電子行政サービス（eワンストップサービス）の実現に向けたグランドデザイン』政府内閣官房IT室。

▷3　例えば結婚や出産，就職や退職，年金受給など，さまざまなライフイベントで現行ではどういう手続きが必要か整理し，それらのライフイベントの手続きが番号制度の導入によってどのように改革されるのか，具体的な利用場面を想定して検討を開始すべきである。例えば，高齢化が進む中で，ますます医療と介護の連携が求められるが，個人番号を活用すれば，地方公共団体の事務負担は相当軽減できるものと考えられる。

▷4　Sudoh, O. and Kinoshita, Y., 2010, "Transformative and Innovative e-Government for the Next Generation: Linkages of Back Offices for One-stop Portal," Marijn Janssen, Winfried Lamersdorf, Jan Pries-Heje and Michael Rosemann, eds., *E-Government, E-Services and Global Processes*, Springer-Verlag.

## VII 社会システムへの応用①

# 地域コミュニティ

### 1 地域コミュニティの課題

コミュニティという言葉は多様に用いられる。定義や理論の変遷については G. デランティが詳しい。地域コミュニティについては，2004年に「地域づくり支援アドバイザー会議」が課題を提起している。帰属意識の薄れによる参画意識の醸成困難とリーダー育成についての方法論の欠如，地域づくりが別個に進められ，複数の主体の連携が不足していること。そして情報の未整理，交換のしくみが不全であるとの指摘がある。

地域コミュニティの課題については，ハイブリッド・コミュニティという概念を用いた議論もある。従来，個人は，国，地域，家族にくるまれ，重層的なコミュニティの一員として存在した。しかし，交通手段の発展，それ以上に情報技術の発展により，個人が地域という領域的概念を破って存在せざるをえない状況になったことへの指摘である。

### 2 情報技術による解決への志向

こうした状況の下，地域コミュニティの課題解決に向けた，情報技術を用いた多様な取り組みがおこなわれている。1996年に神奈川県藤沢市では藤沢市市民電子会議室が実験プロジェクトとして開設された。藤沢市市民電子会議室は市行政がテーマ設定をおこなう市役所エリアと，市民が会議室設定をおこなう市民エリアに分かれていた。参加した市民は，それぞれに関心のある会議室に分かれ，意見交換をおこなう。運営委員のコーディネートにより行政への提案もおこなわれた。

この取り組みは，情報技術を用いたデモクラシーを実現する試みとして高く評価され，同様の電子会議室を取り入れる行政が相次いだ。しかし，十分なリソースを投入しなければ維持できないしくみであり，その後，次々と撤退し，現在は藤沢市以外にはほとんど残っていない。

岡山県岡山市では2001年11月に電子町内会を開始した。既存の町内会を基礎としたシステムであり，岡山市ではもともと町内会が十分に機能していたことが前提となっている。しくみとしては，各電子町内会が外部向けと内部向けのウェブページをもった上で，電子掲示板やイベントカレンダーが整備されている。2014年現在でも岡山市電子町内会は活用されているが，他の自治体に広

▷1 デランティ. G., 山之内靖・伊藤茂訳, 2006, 『コミュニティ——グローバル化と社会理論の変容』 NTT出版.

▷2 地域づくり支援アドバイザー会議, 2004, 「地域を活性化し, 地域づくりを推進するために——人づくりを中心として」(http://www.mext.go.jp/b_menu/houdou/16/08/04081301.htm)

▷3 遊橋裕泰・河井孝仁, 2007, 『ハイブリッド・コミュニティ——情報と社会と関係をケータイする時代に』日本経済評論社.

▷4 金子郁容・藤沢市民電子会議室運営委員会, 2004, 『eデモクラシーへの挑戦——藤沢市市民電子会議室の歩み』岩波書店.

がっている状況ではない。

2004年以降，地域SNSと呼ばれるソーシャルメディアが積極的に導入された。熊本県八代市は2004年「ごろっとやっちろ」をはじめた。2004年当時，日本におけるSNSとして大きなシェアのあったmixiと同様な構造をもっていた。日記などを記す参加者の個人ページ，参加者が一定のグループになって意見交換する「コミュニティ」という二分構造である。ごろっとやっちろでは多様なグループが生まれ，積極的な意見交換がおこなわれるコミュニティもあった。これに注目した総務省は2005年12月に新潟県長岡市と東京都千代田区で地域SNSの実証実験を開始した。これを契機に，多くの自治体が地域SNSを導入した。しかし，地域SNSが成果を挙げたとする自治体は少数にとどまり，現在は兵庫県域をエリアに2006年10月から運営されている「ひょこむ」など一部が残っているに止まる。

▷5　庄司昌彦・三浦伸也・須子善彦・和崎宏，2007，『地域SNS最前線——Web2.0時代のまちおこし実践ガイド』アスキー。

これらは行政主導が目立つ取り組みであるが，民間企業が運営しているものに地域ブログポータルサイトがある。静岡県浜松市の「はまぞう」，沖縄県の「てぃーだ」をはじめ，多くの地域での取り組みがある。はまぞうは2005年に運営開始している。これらは一定の地域に関心をもつ人びとや組織，企業がそれぞれに同じシステムでブログを書く。それらの個別ブログを多様なかたちで紹介するトップページがある。この二層構造であり，運営企業が積極的な個人ブロガーとも連携して，参加者間の交流を図るしくみもある。

静岡県島田市の「eコミュニティしまだ」も地域ブログポータルを主としているが，利用者が用いるブログシステムを統一せず，さまざまなブログからRSSにより記事内容を収集し，トップページで紹介している。2004年の開設当初は（独）防災科学技術研究所の主導であったが，その後，特定非営利活動法人に運営が移管された。eコミュニティしまだは2014年現在ブログに止まらず，島田市に関わるFacebookやTwitterなども収集し，紹介している。あわせて，特定非営利活動法人が多彩なイベントなどを実施し，参加者の連携を図っている。

## 3　今後への提起

地域コミュニティの課題解決に向け，情報技術を応用した試みは数多い。しかし，持続的な成功を果たしたものは少ない。一方で領域的な地域とは直接につながらないFacebookやTwitterなどのSNSは隆盛を見せている。

あらためてハイブリッド・コミュニティの議論を基礎とすれば，人はすでに領域としての地域にくるまれてはいない。むしろ，情報技術を手にした人びとは領域を横断し，同時に複数の領域に所属している。そのことを前提とすれば，個人発の多様な情報を，それぞれの地域の視点からさまざまに編集して組みあわせるキュレーションの発想が，地域コミュニティの課題への対応として意義をもつ可能性が十分にあると考えられる。

（河井孝仁）

# Ⅶ 社会システムへの応用①

## 4 医療・福祉

### 1 医療は，福祉は，良いものか？

そもそも，「医療・福祉」というものは，"良いもの" だろうか。

大半の人は，「原則としては良いものだ」と答えるに違いない。医療は疾病や障害に苦しむ人たちを助ける偉大なものだし，福祉とはお年寄り，障害者といった，困っている人たちを支える高尚な制度だ。学校でだって，「困っている人を助けましょう」と言われ，福祉施設でのボランティアなんてものも，課外活動等で1つ2つ，してきたりしたものだろう。

ところが，良いもののはずの「医療」や「福祉」が，否定される場合もありえる。しかもそれは，「素朴によいものとされている福祉的配慮が，とりわけ全生活に及ぶ場合，抑圧的な作用を及ぼしうる」▼1 ように，人を「管理」し「抑圧」するものとして，受益者であるはずの高齢者・障害者の人たち自身から，拒否されているのである。

もちろんだからといって，現行の医療・福祉サービスがすべて悪であるとか，まったく不要だと言っているわけではない。重要なのは，それが自明視されることで抑圧され従属される当事者がありえるという視角を，絶対に忘れてはいけないという点だ。社会的マイノリティが対象となる医療・福祉領域では，近年，そのものへの根源的な問いが生まれつつあるのである▼2。

私たちは，あるサービスやテクノロジーを論じようとした場合，その有用性や有効性にばかり気を払いがちだ。しかし，有用な装置や技術が間違いなく有効に機能しているからこそ，利用者を困難にするということがありえる。社会情報学が，もしも情報技術の社会的な適用や，その意味を誠実に論じる学問であるのなら，有用性や有効性だけではなく，それが利用者にとってどのような社会的意味をもっているのかを，精確に議論しなければならない。

### 2 医療・福祉分野での ICT 活用の光と影

実際のところ福祉領域での情報技術も，外見的な有用性とは裏腹にその実態が問われるものが多くある。例えば看護・介護領域では，ベッドサイドにITを活用してセンサーを設置する「離床センサー」が流行し，認知症患者の夜間徘徊など，問題行動を"見守る"ものとされている。IT化した高性能商品がブームになっているが，センサーが設置されたからといって問題行動がおさま

▼1 安積純子ほか，1990，『生の技法――家と施設を出て暮らす障害者の社会学』藤原書店，p.113。その傾向は「なんと驚くべきことに，車椅子を使っちゃいけないんだってそれまで言われていた。少しでも歩ける子は歩き，歩けない子は松葉杖を使い……車椅子には乗らない方がいいなんて言う人，今でも多いでしょう，特にPT（理学療法士）やOT（作業療法士）や医者に。」(pp.29-30) に明確に現れている。

▼2 ここでフーコーの言葉を借りれば，医療や福祉は，高齢者や障害者を，そのままに留まらせ拘束するような「テクノロジー」なのである（柴田邦臣，2011,「装置としての〈Google〉・〈保健〉・〈福祉〉――〈規準〉で適正化する私たちと社会のために」『現代思想』39(1)：pp.152-170)。

るわけではない。安易な"見守り"は"抑制"と同義だとの批判もある。

　それが言い過ぎだという人も,「社会保障・税番号制度（マイナンバー）」が,あれほど問題視されていた「国民総背番号制」と比べ,社会保障制度の拡充という名の下にあっさり導入された事実を顧みると,看過できない論点であることがわかるだろう。マイナンバーのシステムも,医療や福祉の情報をビッグデータとして管理するような情報技術の進化の賜物なのである。

　一方,テクノロジーによって「当事者のあり方が変わる」という事例もあり得る。例えばデジタル放送が普及して以降,空いている帯域を活用した「字幕放送」が容易になった。字幕（Closed Caption）というと聴覚障害者向けの情報保障という理解が一般的だったが,映像が早すぎるお年寄り,教育番組をみる子どもたち,言葉の聞き取りに不自由な人たち——英語の場合は私たちも——が情報を得る手段として,予想外に多様に活用されていることがわかってきた。また,自閉症スペクトラムの子どもたちが,タブレットを用いることでコミュニケーションを取り戻す,心強い例も散見されている。

### ③ 医療・福祉の社会情報学：「アーキテクティズム」と「リテラシズム」

　これらの医療・福祉領域におけるテクノロジーのありようの違いは,私たちに,社会情報学における情報技術・メディアの位置づけを,根本から反問させる。その立場は,明確に2つに分裂しうるだろう。

　1つは,「アーキテクティズム」ないしは「デザイニズム」とでも呼ぶべき立場だ。利用者が便利で安全なように,テクノロジーを設計し用意することで,問題の解決を図るという方法は,それはそれで筋は通っている。しかし医療・福祉の領域から見れば,そのような「良心的なアーキテクチャやデザイン」そのものが,利用者を疎外するということさえありえる。一方で字幕やタブレットの例が示していたのは,当初の設計やデザインを超えて,ユーザー自身がそのメディアの可能性を理解し,予想外の利用を産み出している例である。このような,利用者によるメディアやテクノロジーの組み替え,活用といったリテラシーを重視する立場を,「リテラシズム」ないしは「ユーザリズム」と呼ぶことができるかもしれない。

　すべての議論がきれいに二分できるわけではなく,序列・程度の差であることは認めても,社会情報学での視角がどちらの「地平」に立脚しているのかについては,厳然と省みられるべきだろう。何より医療・福祉の領域においては,利用者の問題を,設計やデザインの問題のみで語ることが,患者・当事者の自己決定や生活を制約することがありえる。医療・福祉における情報技術の設計・デザインとリテラシーとの葛藤は,社会情報学に,メディア,テクノロジーと社会,そして私たちとの関係を鋭く問い続けるものだといえよう。

(柴田邦臣)

▷3　身体拘束ゼロ作戦推進会議編,2001,『身体拘束ゼロへの手引き』厚生労働省。

▷4　柴田邦臣,2014,「生かさない〈生-政治〉の誕生——ビッグデータと『生存資源』の分配問題」『現代思想』42(9):pp. 164-189。

▷5　柴田邦臣・井上茂樹・吉田仁美,2015,『字幕・新時代の到来』青弓社。

▷6　これに関しては,Voice4u (http://voice4uaac.com/ja/)のような,AAC (Augmentative & Alternative Communication)用のアプリが注目されている。

# VII 社会システムへの応用①

## 5 都市・交通

▷1 **VICS**
Vehicle Information and Communication System（道路交通情報通信システム）の略。

▷2 **ITS**
Intelligent Transport Systems（高度道路交通システム）の略。

▷3 交通工学研究会編, 1997,『ITS インテリジェント交通システム』丸善。

▷4 **GPS**
Global Positioning System（全地球測位網）の略。複数の衛星から送信された電波をもとに,地球上の位置を測定するシステム。

▷5 「測量」編集委員会 GPS 小委員会編, 2002,「GPS が交通調査を変える——プローブカーによるパラダイムシフト」『測量』52(3): pp.13-20。

### 1 交通情報の利用と予測

　自動車に乗り込んでカーナビに目的地を入力すると,交通情報が自動的に取得され,画面には混雑を回避するための経路が表示される。これには VICS と呼ばれる技術が使われている。VICS は警察や国土交通省,自治体,道路管理会社等から提供された渋滞情報や道路規制情報を集積し,ビーコンや FM 多重放送により,カーナビ等の車載機器に送信するものであり,情報技術によって交通の輸送効率や安全性・快適性の向上をめざす ITS の中核の 1 つである。ITS にはほかにも安全運転支援システムや公共車両優先システム,駐車場案内システム等が含まれる。

　カーナビを利用した走行経路の選択はきわめて単純なケースであるが,カーナビの有無すなわち情報利用の有無により人びとの経路選択行動が変化し,それが積み重なることによって,交通という 1 つの大域的な社会現象が変化することを端的に示している。

　VICS に代表されるように,観測された情報をもとに現在発生中の渋滞の把握や短期的な交通状況の予測をおこなうことが可能となっている。GPS の発展と普及を背景にして,近年では渋滞情報のようなマクロな交通情報だけでなく,プローブデータと呼ばれる,個々の自動車をセンサーと見立てたミクロな交通情報の取得と利用もおこなわれている。ただし長期的な予測には観測データだけでは不十分であり,交通シミュレーションが併用されることが多い。

　交通シミュレーションの有効性を示すためには,まずそのシミュレーションが現実の交通現象を再現できなければならない。現実社会で得られる交通情報は交通シミュレーションの信頼性を向上させるものであり,一方で適切な交通シミュレーションは現実社会で得られない情報を補完し,未来を予測する役割を担う。このように,より良い交通システムを実現するためには交通情報と交通シミュレーションはどちらも欠くことができない（図Ⅶ-5-1）。

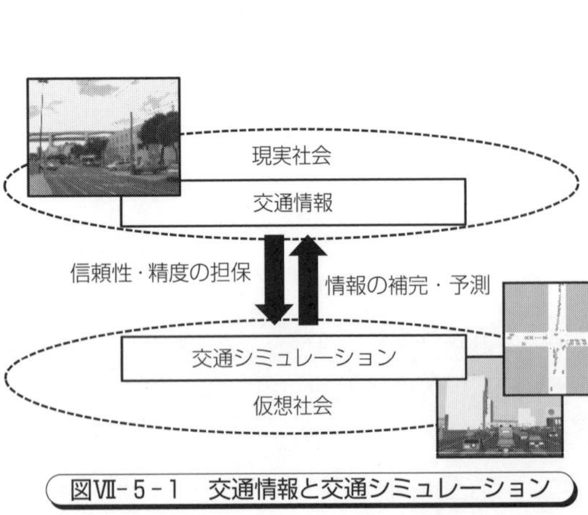

図Ⅶ-5-1　交通情報と交通シミュレーション

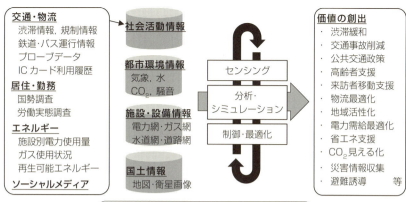

図Ⅶ-5-2　スマートコミュニティの概念

## 2 スマートコミュニティ・スマートシティを支える情報

　上に述べた交通システムを包含する、これからの社会システムのあり方は近年「スマートコミュニティ」あるいは「スマートシティ」という名で呼ばれる。どちらも同じような意味で用いられることが多いが、多義的であり、世界的に合意された定義はない。新エネルギー・産業技術総合開発機構（NEDO）によれば、スマートコミュニティは「進化する情報通信技術を活用しながら、再生可能エネルギーの導入を促進しつつ、交通システムや家庭、オフィスビル、工場、ひいては社会全体のスマート化を目指した、住民参加型の新たなコミュニティ」と定義される。一般には低環境負荷と経済的成長の維持を両立した持続可能な社会の構築およびエネルギーの安定供給・環境適合・効率的流通を目的とした取り組みであり、なかでも電力・水・ガス・交通・物流の各システムをネットワークとしてとらえながら効率化することが主要な課題となっている。

　スマートコミュニティの概念を図Ⅶ-5-2に示す。都市の中には多数の事物や事象が存在し、ヒト・モノ・コトが時間経過とともに移動しているため、まずは都市の時空間情報を把握しなければならない。そこで静的な国土情報、施設・設備情報から動的な都市環境情報、社会活動情報までを統合化して都市の時空間モデルを構築し、社会の望ましさを表す指標をセンシングしながらシミュレーション等を用いて分析・最適化することにより、行政・企業・住民にとって多くの付加価値を創出することが期待される。

　都市の時空間モデルには膨大な情報が含まれる。とくに社会活動情報および都市環境情報は時々刻々と蓄積される大量のデータから構成されるため、ビッグデータ処理が必須となる。個人情報の取り扱いや地域の特性を考慮することの困難さ等の課題はあるが、スマートコミュニティを実現するための手掛かりはこの膨大な情報の利活用にあるといえる。

（藤井秀樹）

▷6　交通工学研究会編，2012，『交通シミュレーション活用のススメ』丸善。

▷7　新エネルギー・産業技術総合開発機構編，2014，『NEDO再生可能エネルギー技術白書――再生可能エネルギー普及拡大にむけて克服すべき課題と処方箋［第2版］』森北出版。

▷8　英語のsmartには「賢い」「高性能の」という意味がある。

## VII 社会システムへの応用①

# 教育

## 1 情報社会と教育

　内閣府の高度情報通信ネットワーク社会推進戦略本部の描くわが国の未来像において，教育の情報化もその重要課題の1つとしている。高度情報通信技術に依存する現代社会で求められる人材は，従来の知識尊重から，知の探求と生産，そして世界へ発信をする課題探求能力をもつことが必要とし，それに向けたさまざまな教育政策が立てられている。一方，インターネットの拡大と超高速化によって，学校という従来の枠組みの外で高度な情報技術を用いたさまざまな教育の試みが始まっている。教育の情報化の動きと情報通信技術の発展がもたらす新しい教育の姿を整理してみる。

## 2 学校の情報化

　社会の情報化に対応するわが国の教育施策の対象は，内容面（情報教育等），施設・設備面，運営面（校務等）の3つの領域である。

　情報教育としては，初等中等教育で育成すべき「情報活用能力」を情報活用の実践力，情報の科学的な理解，情報社会に参画する態度の3つに整理し，高校には教科「情報」を新設した。さらに，これらを効果的に実施するために，電子黒板の配備とインターネット接続（普通教室の校内LAN），子ども一人一人へのコンピュータ（タブレット端末ふくむ）とデジタル教科書の整備を推進している。その普及はいまだ途上にあり（教育用コンピュータ1台当たり児童生徒6.5人），指導する教職員への支援も課題である。校務にかかわる情報を電子化し，その共有による教職員間での共通理解と協働の充実を目的とし，さらにその実施によって校務の効率向上はもちろん児童生徒へ接する時間が増加するなど効果が期待できる。

## 3 高等教育の情報化

　大学審議会は1998年公表の答申で「外国では情報通信ネットワーク上でのみ授業が展開される，いわゆる『バーチャル・ユニバーシティ』といった新しい形態も現れはじめており，わが国においても今後その制度的な面も含めた検討が必要となる」と指摘した。それまでは，マルチメディアによる「遠隔授業」で取得できる単位は上限30単位であったものが，翌99年には，上限が60単位ま

▷1 「21世紀の大学像と今後の改革方策について——競争的環境の中で個性が輝く大学」（平成10年10月26日大学審議会）。

▷2 初等教育は小学校，中等教育は中学校と高等学校を指す。

▷3 「情報化の進展に対応した教育環境の実現に向けて」（情報化の進展に対応した初等中等教育における情報教育の推進などに関する調査研究協力者会議，1998年8月答申）。

▷4 「平成25年度学校における教育の情報化の実態等に関する調査結果」（文部科学省）。

▷5 中央省庁等改革の一環として中央教育審議会に統合され，大学分科会として，わが国の大学設置基準，大学を取り巻く状況と課題等について審議している。

で引き上げられた。このため，他キャンパスや駅前等に開設したサテライト・キャンパスとの「テレビ会議」による双方向での映像音声情報を用いた集合学習を条件として単位認定が容易にできるようになった。その後，2000年公表の答申において「遠隔授業」をインターネットを活用した授業（e-learning など）まで拡張することが提言された。これにより，従来の時間的・空間的制約から解き放たれ，学生がオンデマンドで講義内容を受講できることになった。また，印刷教材と面接授業（スクリーング）による通信制の大学について124単位すべてをウェブ上で提供できるようになった。その結果，社会人が高等教育を受ける機会が広がった。

米国では，2001年4月にマサチューセッツ工科大学が授業資料をウェブ上で無料公開を開始し，2003年には公開コース数が500を超えた。これは，オープンコースウェアと呼ばれ，当時，18歳人口減少期に入り，大学の定員未達の危機感のあったわが国の大学関係者にとっては脅威として一時，受け取られた。

## ④ e-learning の広がり

家庭と個人への高速ネットワークの普及により，オープン・コンテンツ，オープン・エデュケイションという動きが盛んになり，ウェブ上に講義映像と教材をアップすることで，より低いコストで教育を実現することが可能になっている。組織的な活動としては，米国で2012年から MOOC（大規模公開オンライン講座）が始まり，大学が講義ビデオを公開するだけでなく，受講生に課題や試験をウェブ上で課し，修了証を発行するコースもある。わが国では，JMOOC（Japan Massive Open Online Courses, 2013年発足）が2014年から講座の配信を始めている。また，大学生らが講師を務め無料で大学受験用の講座を配信する活動などもあり，学習機会の多様化・拡充が進んでいる。

既存の大学でも授業の講義部分を映像化し，学生が自宅で事前に視聴し，教室ではアクティブ・ラーニングや課題作業などをおこなう「反転授業（flip teaching）」の試みで，ウェブによる映像提供を用いて学習効果を高める試みも始まり，初等中等学校での実践も始まっている。

## ⑤ 課題

以上のように，情報通信技術は教育にさまざまな可能性をもたらす手段であるが課題も残されている。情報化，特にネット接続環境と保有する端末の性能と利用者の情報活用能力の違いなど情報格差によって生じる教育機会の格差，配信される教育内容の質の保証，持続性，利用者のネット依存や健康面への影響など社会として取り組むべき重要な課題も多い。

（三尾忠男）

▷6　1980年代はデジタル電話回線網（ISDN 等）と専用端末による2地点間の接続が主。1990年代以降はインターネット利用。

▷7　「グローバル化時代に求められる高等教育の在り方について」（平成12年11月11日大学審議会）。

▷8　早稲田大学人間科学部 e スクール（2003年開講），サイバー大学（2007年開講）などがある。

▷9　金成隆一，2013，『ルポ MOOC 革命──無料オンライン授業の衝撃』岩波書店。

▷10　一人1台の情報端末や電子黒板，無線 LAN 等が整備された環境の下で子どもたちが主体的に学習する実証研究の報告書「学びのイノベーション事業実証研究報告書」（文部科学省，平成26年4月11日）。

## Ⅶ 社会システムへの応用①

# 災害

## 1 災害と社会情報学

　災害とは，自然の作用もしくは人為的作用によって，多くの人の生命，健康，財産，社会，生活環境などが危害，損害をこうむることである。地震，豪雨，暴風，豪雪，火山噴火，土石流などの自然現象（Hazard）はあくまで災害（Disaster）を引き起こす原因に過ぎない。災害とは原因ではなく，影響を受ける人びととの多さ，被害の度合いなどによって規定される。人間，社会がかかわる危害，損害が発生した場合にはじめて災害と呼ぶ。一般的には，自然災害と大規模事故（原子力事故，航空機事故など）がその主たる対象であるが，公害，経済的危機，感染症，テロリズム，戦争などを広く災害ととらえる場合もある。

　日本においては，災害への社会情報学的な問題関心は「関東大震災の朝鮮人流言」に端緒がある。流言を原因として（官製の意図的なデマという説もある），朝鮮半島，中国出身の在日外国人への虐殺行為がおこなわれた。災害時には情報が途絶し，誤った情報などを原因として社会的混乱が発生する。ここに，まず社会科学的関心が注がれることになった。災害の社会科学的研究は，国際的にはシカゴ学派の集合行動論的研究に端緒がある。だが日本においては寺田寅彦など自然科学的立場による民衆啓発のための考察，清水幾太郎など社会心理学的立場からの流言についての考察など，関東大震災が契機である。ここに災害前に人びとに何を伝えるべきか，人びとは何をコミュニケートするかという災害時の社会情報学的研究の萌芽を見ることができる。

　災害の社会情報学的研究が本格的に始まったのは1976年の石橋克彦による東海地震説以降である。地震予知情報をいかに人に伝えるかについて，東京大学地震研究所の要請もあり，東京大学新聞研究所などを中心に研究がはじまった。このため日本において社会科学的な災害研究はマス・コミュニケーション論，社会情報学の観点からのアプローチが多いという特徴を生むことになった。

　なお，災害についての社会情報学分野の研究としては，(1)災害報道，(2)災害時のコミュニケーション，(3)災害情報と通信・情報システム，(4)防災教育・啓発，(5)それらの結果としての災害時の「社会心理」やそれらの蓄積としての「災害文化」まで多岐にわたる。また防災・減災のために資するという点で目標は一緒だが，①システム開発や改善策を直接的に追求するか，②現状の課題を分析し，問題点を指摘することを主目的とするかという2つの方向性の研究がある。

## 2 危機管理と情報

　災害時,災害に関する情報はさまざまなところから発出される。それが人びとの安全を守る,すなわち危機管理に活かされなくてはならないという至上命題がある。このため3つのことを留意しておく必要がある。

　第1には情報発信,情報システムの精度,しくみを考えるときに,技術的,科学的正確性だけではなく,人びとの理解や人びとの行動への影響を強く考えなければならないということである。災害時には予警報や災害の状況を伝えるさまざまな情報が国土交通省や気象庁から出され,避難勧告・避難指示など避難に関する情報が自治体から出される。これらの情報は災害関係者が意味を理解し,避難行動もしくは安全確保行動,組織の防災対応に結びつけられて初めて意味をもつ。現在,予測・観測技術,通信技術の進歩によって多くの詳細な情報が出されるようになったが,人びとの避難行動や安全確保行動,組織の防災対応に結びついていないという点で,まだ多くの課題が残されている。

　第2に情報が災害被害を減じるのに役に立つ場合と,役に立たない場合があることである。情報化が進んだからといって,あらゆる災害で情報が役に立つわけではない。大災害時には停電し機器が使えない,情報収集できない,情報が入り乱れ混乱する。大規模な被害が発生するような地震では,必ず停電するし,長期間情報を得ることができず,防災機関も情報収集が難しい。土砂災害ではそもそも災害の可能性を覚知してから被災がおこるまでのリードタイムが短いことから情報を伝達するのが困難である。災害と情報を考える上では,「情報」が伝わらない場合も考えておくことがきわめて重要である。

　事実,阪神・淡路大震災においては,防災機関も被災し,被害情報を入手できず自衛隊の派遣が遅れるなど政府の対応も遅れた。東日本大震災においては,モニタリングポストの停電,情報の混乱,オフサイトセンターの機能不全などにともなって,東京電力福島第一原子力発電所の所内の状況,避難対応に関する情報および放射性物質の拡散情報が適切に伝達されなかった。

　第3に,場面に応じて考えることである。災害は地震,津波,気象災害,土砂災害,原子力災害,放射線災害などさまざまであり,それぞれ特徴が異なる。「災害前」「災害発生直後」「災害発生後」で,どのような情報を出せばよいか,有効か異なる。災害の種別,ステージで情報の発出の仕方,特性,心理は異なるということを踏まえて分析する必要がある。

　そもそも情報のとおりに,人びとや組織が動いてくれるのならば苦労しない。情報収集が可能で事態を把握できるのならば「危機」ではない。むしろ危機時には情報が手に入らない,コミュニケーションが取れないことを前提に考える必要がある。これらの点で災害に関して社会情報学が果たす役割は大きいのである。

〈関谷直也〉

# Ⅶ　社会システムへの応用①

# オンライン・ショッピング

## 1　ネットとショッピング

　1993年にアメリカ大統領の座についたクリントン大統領とゴア副大統領は，彼らの選挙公約であったNII（全米情報インフラストラクチャ）およびGII（グローバル情報インフラストラクチャ）の実現に向けて動き出した。端的には，それまで認められなかったインターネットのビジネス利用を解禁したのである。

　ネットを介した商取引は，Electronic Commerce（電子商取引）と呼ばれ，とくにウェブサイトを通じて商品の購入をおこなうものを，オンライン・ショッピング，ネット・ショッピングなどと呼ぶ。

## 2　日本におけるネットを介した消費の展開

　かつて，アメリカなどと比べて，日本は人口密度が高く，近隣で買い物ができるため，通信販売があまり浸透しない状況が続いていた。そのため，当初オンライン・ショッピングには否定的な意見が多かった。

　しかし，インターネットの普及とともに，状況は大きく変わってきた。

　図Ⅶ-8-1に示したのは，総務省の「家計実態調査」のデータを時系列に表示したものだが，日本でもネットを介したショッピングは着実に伸びている。

## 3　Amazon.com とロングテール戦略

　インターネット上の商取引のメリットを生かして早い時期に成功した代表例の1つが，Amazon.com である。

　1994年7月にジェフ・ベゾスが開業したオンライン書店 Cadabra.com は，1995年7月16日に Amazon.com と改名してサービスを開始した。

　そもそもオンライン・ショッピングの特徴は，場所や時間を選ばず，商品の販売が可能であることである。したがって，店舗や在庫への資本投資が最小限ですむ。このメリットを最大限に生かすのが，ロングテール戦略である。従来型の店舗販売では，店舗面積や在庫を最適化するために，販売量の多い少数の品目を集中的に販売する戦略がとられてきた。これにたいして，個々の販売量は少ない多数の品目を販売することで機会損失をなくそうとするのがロングテール戦略である。店舗をもたないオンライン・ショップでは，このような戦略が容易に実現できる。

▷1　早い時期の例では，インターネットを通じてピザを注文すると，最寄りの店からピザが宅配されるピザハットのシステムが有名である。オンライン・ショッピング・サイトの多くは，商品の紹介ページの集積として構成されているが，オンラインゲームのように，消費者のアバターが仮想ショッピングモールで買い物するような形態のものもある。

▷2　2002年1月の1世帯当たり1ヶ月間のインターネットを利用した支出総額は，ネットを利用していない世帯も含めた場合869円，ネットを利用して注文している世帯のみでは，1万4778円であったが，2014年1月には，それぞれ，6581円，2万6296円に増加している。またインターネットを通じて注文している世帯の割合も，6.0%から25.0%に伸びている。

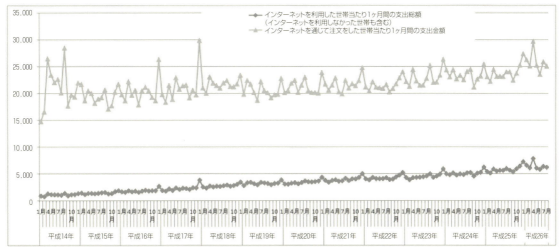

図Ⅶ-8-1　ネットを利用した支出の伸び

出所：家計消費状況調査（http://www.stat.go.jp/data/）

　Amazon.com はこの戦略を採用し，「欲しい本が書店に置いてない」「取り寄せに時間がかかる」などの読者の不満を解消することに成功した。また，翌日配送システムや，送料をほとんど無料とする戦略も，オンライン・ショッピングにもかかわらず，むしろ店舗販売より早く安く商品を手に入れられるサービスを可能とした。Amazon.com はさらに，読者が購入した本の書評を書き込めたり，点数を付けて読者によるランキングをしたり，また検索した商品の履歴から，ユーザーが関心をもつと推測される商品を推薦するシステムなどを装備している。

　このようなサービスは，現在では，Amazon.com だけでなく，ほとんどすべてのオンライン・ショッピング企業が採用している。また，Amazon.com も，書籍販売だけでなく，食品，服飾，家電などほぼあらゆる商品を販売する企業へと展開している。

### 4　今後の展開

　オンライン・ショッピングは日々進化している。

　オンライン・ショッピングのもう1つの特徴は，商品広告が直ちに購買行動と結びつく点である。そこで，いかに消費者を商品サイトに誘導するかが重要な戦略となる。上記推薦システムをさらに強化するのが，SNS の個人データをビッグデータとしてプロモーションに利用するシステムである。Google や Facebook がこの領域に積極的に取り組んでいる。また「おサイフケータイ」のシステムもその強力なツールとなるだろう。ただし，このような個人データ利用は，メリットもあるが，プライバシー保護の観点から重大な問題も含んでいる。今後，重要な社会的論点となるだろう。

（遠藤　薫）

# Ⅶ 社会システムへの応用①

## 9 電子マネー

### 1 情報メディアとしての貨幣

　貨幣は売り手と買い手の自由な意思決定をうながし，市場における取引を活性化させることになる。その貨幣の機能にはまず，交換手段である貨幣が，売買を媒介し多くの経済主体のあいだを流通することから，「交換・流通手段」がある。このことは交換手段（中継ぎ役）であれば素材（メディア）は何でもよいということでもある。さらに，交換される商品の単位当たりの「価格」を均一的に表現する「価値尺度」となり，貨幣が「購買手段」ともなる。また，予期せぬ経済現象や事故災害への備えのための「蓄積手段」ともなりうる。加えて，契約の決済に使われる「信用貨幣」として「支払い手段」の機能を拡大する。これらの機能を有する貨幣の今日あり得る形態を整理すれば，図Ⅶ-9-1のようになる。

　現金および実物資産以外はほとんどの通貨が電子情報化されて取引あるいは決済がおこなわれている。したがって，広義には「電子マネー」は電子情報化された金銭的価値の総称として，預金・証券などの金融資産に加え，狭義の「電子マネー」とともに「仮想通貨」や「暗号通貨」などもふくまれる。

### 2 「電子マネー商業圏」の拡大

　狭義の「電子マネー」は，電子情報化された金銭的価値を，サーバやICカードに記録し，読み取り機を通して利用・決済記録を確認するものである。また，ポイントカード・サービスは還元ポイントにより顧客の忠誠心を獲得

▷1　すなわち，物々交換においては「欲望の二重の一致」という売り手と買い手の双方の欲望と所有物を一致させる必要があるが，貨幣を介することによってそれを回避することができ，市場が活性化する。

▷2　西部忠，2014，『貨幣という謎──金と日銀券とビットコイン』NHK出版新書。

▷3　代表的なものには，非接触型ICカード「FeLi

| 通貨の形態 | 金融資産 | 預金 | 紙幣型の現金（補助貨幣：「硬貨」） | →プリペイド型（企業発行のポイント，切手，商品券など）電子マネー |
|---|---|---|---|---|
| | | | 決済性預金（当座・普通） | ←クレジットカード／デビットカード／携帯電話（ポストペイ型電子マネー） |
| | | | 定期性預金（定期） | ▨：狭義の「電子マネー」 |
| | | 証券（国債・外債など） | | |
| | | その他金融資産（先物などの金融派生商品） | | |
| | 実物資産（金属：金貨・銀貨など） | | | |
| | 非金融・電子情報 | | | 仮想通貨，暗号通貨（bitcoinなど） |

図Ⅶ-9-1　通貨の形態と「電子マネー」

出所：吉本佳生・西田宗千佳，2014，『暗号が通貨になる「ビットコイン」のからくり──良貨になりうる3つの理由』講談社ブルーバックスを参考に加筆修正して作成。

するビジネス戦略であるが，多くの事業者を提携者として囲い込むことで商業圏を拡大してきている。なお，ポイントを電子マネーに交換するサービスもあり，ポイントは実質的な通貨となっている。さらに，これら顧客の電子マネー利用にともなう購買記録データはモバイル端末をセンサーとする「クラウド・コンピューティング」を介し蓄積され，「ビッグデータ」として消費者の消費行動を探る有効な手段としてICT業界やユーザー企業から注目されている。

## 3 「仮想通貨」の出現：ビットコインの衝撃

「仮想通貨」はオンラインゲームやネット・コミュニティの参加者間で取引されるポイントとして限定的商業圏を形成してきたが，同様の機能は地域限定の「地域通貨」の展開においても適応分野が拡張されてきている。しかし，これらの通貨の有効性は，交換手段である貨幣を他者が欲しがっているものとして自分も欲しがるという「模倣」よりも関心と関与を深めた連帯に依るものであり，その利用範囲は限定的である。

一方，ビットコインは，暗号技術と「ブロックチェーン」という手法により「匿名性」や「偽造不可能性」を確保した電子通貨として注目される「暗号通貨」である。ビットコインは「マイニング」という方法で誰でも発行でき，インターネット上に広がる個人のパソコンをつないで構成される「P2P」による分散的ネットワークで，取引手数料が少額で済むという特徴がある。ただし，ビットコインの「マイニング」はプログラムによって発行量が逓減するように制御され，発行限度額も設定されている。このことが，実物貨幣である「金」のように安定した価値をもつと考えられ，投機対象として価格が上昇する問題を孕んでいる。

## 4 情報社会の「コミュニケーション・メディア」としての電子マネー

ジンメルは『貨幣の哲学』において，「貨幣は，人間と人間との関係の，彼らの相互依存の，一方の欲望の満足をつねに相互に他方に依存させる相対性の，表現と手段となる」と，他者との関係性の中に媒体としての貨幣を見出す。同様の視点は，パーソンズやルーマンの「コミュニケーション・メディア」にもあり，「貨幣という媒体を使用することによって，社会のある一つの単位は，他の諸単位の行為に影響を与えるようなコミットメントをなして」おり，「諸々の選択作用をある一定の長さの連鎖を介して間主観的に伝達する可能性を保証すること」にその機能を見出すことができる。このような観点から，電子マネーは，電脳空間を拡大する情報社会において，電子情報（数字：価値／価格）を電子媒体（インターネットやICチップ）に乗せ，人びとの欲望を相対化しながら，高速処理の渦の中に連活から断絶に至るまでの関係性の循環ダイナミズムをもたらしている。

（河又貴洋）

Ca」を用いた楽天Edy（楽天，2001年利用開始），Suica（JR東日本，2004年利用開始），PASMO（PASMO協議会，2007年利用開始），nanaco（セブン＆アイ・ホールディングス，2007年利用開始），WAON（イオン，2007年利用開始）がある（公益財団法人金融情報システムセンター編，2012，『金融情報システム白書（平成25年版）』財経詳報社を参照）。

▷4 ビットコインについては，西部忠，2014，『貨幣という謎——金と日銀券とビットコイン』NHK出版新書；吉本佳生・西田宗千佳，2014，『暗号が通貨になる「ビットコイン」のからくり——良貨になりうる3つの理由』講談社ブルーバックスの他に，野口悠紀雄，2014，『仮想通貨革命——ビットコインは始まりにすぎない』ダイヤモンド社およびカストロノヴァ，E., 伊能早苗・山本章子訳，2014，『「仮想通貨」の衝撃』角川EPUB選書を参照。

▷5 ジンメル，G., 居安正訳，1999，『貨幣の哲学［新訳版］』白水社，第2章「貨幣の実体価値」p.142。

▷6 パーソンズ，T., 丸山哲央編訳，1991，『文化システム論』ミネルヴァ書房，p.38。

▷7 ルーマン，N., 大庭健・正村俊之訳，1990，『信頼——社会的な複雑性の縮減メカニズム』勁草書房，p.88。

# VIII 社会システムへの応用②

## 1 総論

　VII-1で述べたように，ICT（Information & Communication Technology：情報コミュニケーション技術）は，オペレーション（業務）の合理化・効率化と低コスト化を基本目的として国家投資がなされ，社会システムへの応用でも，この面がまず注目された。

　しかしながら，ICTの開発に関わった人びとは，同時に個人間の「コミュニケーション」にも強い関心を抱いていた。

　ARPAネットワーク開発の推進者であったJ. C. R. リックライダーは，人間とコンピュータの関係に強い関心をもっており，1960年に「人間とコンピュータの共生（Man-Computer Symbiosis）」という論文を書いた。この中で彼は，将来のコンピュータは，それ以前のもののように，定型的な処理を高速に実行するだけではなく，人間の創造的な思考を協調的に支援するようなシステムとなるべきであると説いて，対話型処理の重要性を強く提言した。

　また，1968年にはR. テイラーとともに「コミュニケーション装置としてのコンピュータ」を著した。その一節で，彼は次のように述べている。「通信（communication）技術者たちは，コミュニケーション（通信）とは，ある地点からある地点まで，情報をコードや信号として伝達することだと考えている。しかし，「コミュニケーション」は情報の送受信ではない。2つのテープレコーダーを同時にプレイし，互いに相手の音声を記録したなら，それらはコミュニケーションしたことになるだろうか？　ならない。……われわれがいま突入しようとしているテクノロジーの時代には，われわれは，まさに生きている豊かな情報と相互作用をおこなう。書物や図書館を利用するときのように受動的なスタイルだけでなく，現在進行中のプロセス（ネットワークを通じて交わされるコミュニケーション）の積極的な参加者となり，相互作用を通じて，そのプロセスに貢献するのである。それは，単に，ネットワークに接続することで，ネットワークから情報を得る，ということではない」[1]。そして，このような意味での「オンラインコミュニティ」を実現することが，彼のARPAネットワークに託した夢だったのである。

　リックライダーの構想したオンラインコミュニティによりはっきりした形を与えたのは，電子メールプログラムだった。インターネットのアプリケーションの中で最初に開発され，現在ももっともよく使われるのは，電子メールである[2]。

▷1　Licklider, J. C. R. and Taylor, R. W., 1968, "The Computer as a Communication Device" (http://memex.org/licklider.pdf).

▷2　Purcell, K. and Rainie, L., 2014, "Email and the Internet Are the Dominant Technological Tools in American Workplace," Pew Research Center.

1972年3月に開発された電子メールプログラムは，その後，返信，転送，記録，メーリング・リストなどの機能が追加されることによって，その利用は驚異的な勢いで拡大していった。人びとは，業務のためだけでなく，電子メールを私信のための媒体として利用し，距離を隔てた友人たちとゴシップを交換して楽しんだという。電子メールに付加された機能であるメーリング・リストは，登録されたメンバー間の多対多のグループ・コミュニケーションを実現するもので，初期のオンラインコミュニティの基盤となった。最初期のメーリング・リストの中には，SF愛好家たちのSFlovers，ワイン愛好家たちのWine-testets，ネットワークに幾らかでも関連すれば何でもありのHuman-netsなどがあった。リックライダーが指摘したように，人びとは物理的な隔たりを越え，興味や関心を同じくする人びとを求めたのである。とくに，必ずしも一般的でない対象に興味をもつ人びとは，ネットワークによって拡大された空間の中ではじめて同好の人びとと出会える楽しさを知ってしまった。ここに，その後，コンピュータ・ネットワークが，サブカルチャーの温床としても発展していく萌芽があった。

## 1 サブカルチャーのプラットフォーム

初期のオンラインコミュニティは，やがて，電子会議室，電子掲示板などを経て，2010年代以降，TwitterやFacebookなどのソーシャルメディアへと発展していく。

その過程で，1990年代半ばから広く一般に普及したパーソナル・コンピュータとWWWの影響は大きかった。WWWは，誰でも直感的に操作可能なユーザー・インターフェイスの提供により，VII章で見た社会システムへの応用を大きく促進した。同時に，テキスト，静止画，動画，音声など異なる記号系をデジタル信号系によって統合的に操作することのできる特性は，文化やエンターテインメントのシステムをICT化する大きな契機となった。

一方，1960年代以降，戦後ベビーブーム世代が若者たちのサブカルチャーの主要な担い手となった。彼らは，彼らの愛好する音楽，SF映画，コミック，アニメ，ゲームなどを単に鑑賞するだけではなかった。それらを再解釈したり，自作したり，同好の仲間たちと情報交換したり，同人誌（ファンジン）をつくったりすることにむしろ大きな楽しみを見いだしたのだった。

このような彼らの文化的活動は，それ自体，必ずしも新規なものではなかったかもしれない。太古の昔から，人間たちはこのようにして「文化」と戯れてきたというべきだろう。ただし，こうした「戯れ」の多くは，個人的あるいは限られた集団内の密やかな楽しみにとどまり，傑出した技量によって生み出された一握りの作品のみが「文化」として広く認められたのだった。前者はしばしば「サブカルチャー（副次文化）」と呼ばれ，後者の「メインカルチャー（主

流文化)」に比べて価値のないものと見なされた。

しかし，20世紀末の潮流は「文化」の社会的位置づけを大きく変えた。

インングルハートが，意識調査を元に論じたように，経済の全般的成長にともない，基本的な生活財に対する欲求がある程度安定した結果，レジャー・余暇生活という文化的な財に，需要はシフトしていった。とくに，戦後ベビーブーム世代が消費の核をなすようになって以来，この傾向が顕著になった。それは，経済的にある水準を獲得した国に共通の現象でもあった。

こうして，市場は若者層をターゲットとし，若者文化あるいはサブカルチャーがビジネスの注目を集めることとなる。すなわち，かつては周縁的なものとしか見なされなかったサブカルチャーが，ポピュラリティ（人気）という観点からもビジネス（産業）という観点からも，中心へと移行していったのである。

しかも，こうしたサブカルチャーは，ICT利用と深く結びついている。インターネットを介してさまざまなオンライン・グループを形成してきた若者層と，サブカルチャー市場を拡大させてきた層とが大きく重なり合うからである。

それだけではない。商品としてのサブカルチャー，すなわち，音楽，ゲーム，コミック，アニメなどは，容易に電子化になじみ，ネットワークで配信することも可能である。つまり，技術的にも電子商取引に適合的なのである。

2000年代に入ると，iTunes，Amazonなどが，それ以前のオンライン・ビジネスとは一線を画す，新たなビジネス＝エンターテインメントの空間を創出した。こうして，「仕事」としてのビジネス（産業）が「遊び」としてのサブカルチャーと結合するという，見方によっては「奇妙な」事態が出来したのである。

## ❷ サイバー文化システムの特性と社会システムとの関係

ここまで見てきたことからもわかるように，サイバー文化システムは物理的空間とは独立な「仮想空間」を仮構する。そこでは，メンバーたち（端末）がP2P（peer to peer：ピア・トゥ・ピア）で，すなわち各々が各々とつながることによって全体としての社会空間が構成され，その「つながり」は「関心の共有」を基盤としていて，リアルな個人属性によって必ずしも制約されることのない劇場性（演技性）を生ずる（図Ⅷ-1-1，図Ⅷ-1-2）。

さらにこれらの特徴は，これらシステムが，社会資本を紡ぎ出すコミュニティ性，経済資本を紡ぎ出す経済性，想像力を育てる遊戯性，新しい価値を生み出す創造性を人びとが享受し，共有することのインフラとなり得ることを示している。

それはまさに，効率的な生産やマネジメントだけでなく，より豊かな社会的価値創造を求める時代の要請への答えでもある。

▶3 イングルハート, R., 村山皓・富沢克・武重雅文訳, 1993, 『カルチャーシフトと政治変動』東洋経済新報社.

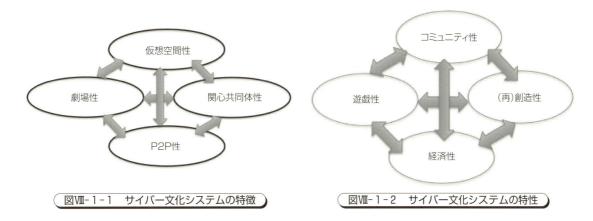

図Ⅷ-1-1　サイバー文化システムの特徴　　　　図Ⅷ-1-2　サイバー文化システムの特性

　Ⅷ章で紹介する，「オンライン・ゲーム」「デジタル音楽／映像」「デジタル・ミュージアム」「観光システム」「ピア・トゥ・ピア（P2P）プロダクション・システム」などは，いずれもこうしたサイバー文化システムの特性を遺憾なく発揮し，また，そのインフラともなっている。

　また，Ⅶ章で見たような，よりハードなシステムにおいても，こうしたサイバー文化システム的特性が取り込まれていることにも注目したい。

　それは，1990年代以降，企業のマネジメントや公共システムのガバナンスについて，「ガバメント」（統治主体）の検討から「ガバナンス」（統治のあり方）それ自体の再検討への転換，いいかえれば，以前のような中央集権的な階層構造から，ネットワーク構造へ転換する時代的要請が大きくなってきたこととも符合する潮流である。

　とはいえ，現実の動向をみても，またガバナンス論の理論からも，中央集権的ガバナンスとネットワーク型ガバナンスとは，二者択一的な関係ではなく，個人やより下位の組織の自律性を最大限生かしつつ，いかに全体を統治するか（「補完性の原理」）が問われているといえよう。その上で，社会を新たな価値にむけて拓いていくサポートとして，ICT をさらに創造的に活用していくことが望まれている。

　ただし，このようなシステムが潜在的な問題を抱えていることにも留意しなくてはならない。すなわち，著作権の問題である。サイバー文化システムの大きな魅力は，誰もがコンテンツを広い範囲に発信することができるところにある。自分の創造したコンテンツはもちろん，他者の創造したものでも，容易にコピーし，編集したり，リミックスしたり，再送信することが可能である。そもそもこの可能性がサイバー文化システムを魅力的にし，活性化する源泉なのである。しかし，そのような文化実践は，しばしば近代以来の著作権制度に抵触する。この矛盾を，今後どのように解決していくかも，大きな課題である。

（遠藤　薫）

# Ⅷ 社会システムへの応用②

  観光

## 1 現代社会において重要な観光

　現代社会は，社会における人，モノ，資本，情報，知がたえず移動するモバイルな社会である。世界中では，多くのビジネスマンたちが空を飛びまわって仕事をしており，多くの移民たちが生まれた国をあとにする。留学生たちはさまざまな国で勉強し，日本のサッカー選手や野球選手などのスポーツ選手も，アメリカ，イタリア，ドイツなどの国へと移動してプレイしている。

　こうした「モビリティ（移動）」は，現在，観光や旅を抜きに考えることができない。国土交通省が編集する『平成25年版・観光白書』によると，世界各国が受け入れた外国人旅行者の総数は，2010年（平成22）の9億5000万人から，2012年（平成24）には10億3500万人と増加しており，初めて10億人を突破した。日本人の海外旅行者数に限ってみても，2008年1599万人，2009年1545万人，2010年1664万人，2011年1699万人，2012年1849万人と毎年1500万人以上の日本人が海外に渡航している。米国同時多発テロ事件，バリ島爆発事件，イラク攻撃，SARSの集団発生，東日本大震災など，さまざまな出来事に影響され旅行者数が減少する場合もあるが，それでもなお世界各地で数億人の人びとが外国へ旅行していることには変わりない。

▷1　これについて，ミミ・シェラーとジョン・アーリは「ツーリズム・モビリティ」という概念を提示している。Sheller, M. and Urry, J., 2004, *Tourism mobilities: Places to play, places in play*, Routledge を参照。

▷2　国土交通省観光庁, 2013,『平成25年版・観光白書』。

## 2 観光を誘発する情報メディア

　こうした観光は，現在，情報メディアと深く関わるようになっている。プロジェクション・マッピングを例にあげて考えてみよう。これは，ビル，駅，学校をはじめとする建物，クルマなどをスクリーンに見立て，ときに音楽やサウンドを効果的に挿入しながらビデオプロジェクターで映像を投影するという，ヴァーチャルな映像手法の1つである。

　2012年（平成24）9月22日・23日に東京駅舎でおこなわれた「TOKYO STATION VISION」は，とくに有名なプロジェクション・マッピングだ。これは，東京駅丸の内駅舎保存・復原工事の完成を記念するイベントとして実施されたものであるが，このプロジェクション・マッピングの様子を一目見ようと，わずか2日間で予想をはるかに上回る人びとが集まった。この例からは，観光がヴァーチャルな情報メディアによって誘発され実現されていることが見てとれるだろう。

また観光では，拡張現実的な情報メディア技術が用いられることもある。拡張現実とは「Augmented Reality」の訳語であり，その頭文字をとって「AR」とも略されるものだが，人が知覚する現実環境をコンピュータにより拡張する技術を指す。これを用いて観光を誘発させようとする取り組みが進められているのだ。他にMR（Mixed Reality）という情報技術も，頻繁に取り入れられるようになっている。これは，現実世界と仮想世界を融合させる映像情報技術だ。例えば，タブレット端末を使い，いにしえに存在していた古都の仮想映像を目の前にある現実空間に重ねるように映し出したりするものである。近年，観光ではAR，MRというバーチャルな情報技術を通して，リアルな旅行体験を創出するように至っている。

▷3　例えば観光客がスマートフォンを通して見た風景上に，店舗情報やメニューなどを映しだし，観光案内をおこなうようになったりしている。

## ③ 観光的な特徴を帯びる情報メディア

　観光と情報メディアの関係は，観光が一方的に情報メディアに誘発されるということにとどまらない。ヴァーチャルな情報メディアのあり方もまた，観光的な特徴を帯びたものとなっている。これについて，初音ミクのコンサートを考えてみよう。初音ミクは，コンピュータによって合成された音声によってさまざまな曲を歌う，美少女アニメキャラクターのボーカロイド・アイドルである。彼女はどこにも実在しておらず，コンサートにおいては美少女アニメの動画が投影され，その動画が歌っているかのように合成された音声が流されるに過ぎない。にもかかわらず，初音ミクのコンサートにおいては，非常に多くの彼女のファンたちが，歌っているかのように造られたアニメの動画に向かって熱い声援を送る。初音ミクのファンたちは，楽曲やアニメキャラクターを楽しむと同時に，皆で声援を送ることによって形成される「ノリの共有」を実感しようとしている。コンサート会場をめざして集まる，リアルな〈身体的な移動〉＝観光を通して，「ノリの共有」という「社会的コミュニケーション形式」を獲得する。そのことが，初音ミクというボーカロイド・アイドルのコンサートには不可欠な要素となっているのだ。

▷4　情報メディアによるバーチャルな意味空間が，リアルな空間と結びつき，絡まり合うようになることを，鈴木謙介は「多孔化」と表現する。これについては，鈴木謙介, 2013,『ウェブ社会のゆくえ──〈多孔化〉した現実のなかで』NHK出版を参照のこと。

## ④ 融解する2つの想像力

　このように考えてくれば，ヴァーチャルな情報メディアによって喚起される人びとの欲望，願望，快楽を意味する「情報メディア的想像力」と，リアルな身体的な移動を通じた遊び（すなわち観光）によって喚起される人びとの欲望，願望，快楽を意味する「観光的想像力」，この2つの想像力は，現代においてメビウスの輪のように重なり合い，人びとのもとへと送り届けられるようになっていると言えるだろう。観光は情報メディアによって誘発され，情報メディアのあり方も観光的な特徴を帯びる。2つの想像力が今や，その区分を消失し，融解しつつあるのだ。

（遠藤英樹）

▷5　以上の議論については，次の文献も参照。大橋健一・橋本和也・遠藤英樹・神田孝治編著, 2014,『観光学ガイドブック──新しい知的領野への旅立ち』ナカニシヤ出版；遠藤英樹・寺岡伸悟・堀野正人編著, 2014,『観光メディア論』ナカニシヤ出版。

## VIII 社会システムへの応用②

# 3 デジタル・ミュージアム

## 1 ミュージアムとモノの関係

　ミュージアムの歴史は，王や貴族が世界中の珍しいモノを収集し，整理保管したことに始まる。その後，モノは，分類・整理，展示され，調査研究の対象となり，教育普及の教材として活用されるようになってきた。[1]

　ミュージアムの発祥を紐解くと，「モノ」に端を発していることがわかる。そのため，ミュージアムは，モノを，諸活動や理念の根幹に置いてきたと言えよう。ところが，モノには，さまざまな限界がある。劣化，破損といった物理的限界，モノが示す情報の質と量の限界等である。

　このような背景のなか，現在，モノがもつ限界に挑む試みが，ミュージアムでおこなわれている。ここでは，その挑戦を4つに整理し，紹介する。

## 2 デジタルを活用したミュージアムの試み

### ○デジタル複製・復元：次の世代に伝える力

　モノは，時間とともに，劣化したり，災害や事故により破損する可能性がある。そこで，モノを確実に後世に伝えていくため，デジタル化する試みが各地で進められている。東京国立博物館（東京都）では，大日本印刷株式会社と共同で，同館庭園にある茶室「応挙館」の障壁画41面を特殊な印刷技法で忠実に再現した。今までは，作品保護のため，障壁画の一部を展示室で公開するにとどまっていたが，複製品を展示することで，当時の雰囲気を，より現実感をもって，来館者に伝えることができる。また，色が劣化したモノをデジタル上で復元する試みもおこなわれている。例えば，徳川美術館（愛知県）では，「源氏物語絵巻」を，X線撮影や顔料の科学的分析にもとづき，色鮮やかにデジタル復元している。このように，ミュージアムは，デジタルの力を使うことで，時を超え，伝える力をもつのである。

### ○情報提供の手法：つながることで新しい価値を創出

　モノは，他のモノと対比させたり，組み合わせたり，種々の文脈のなかに置いたりすることで，より大きな価値をもつことがある。文化庁と総務省は，2008年（平成20）に，国指定文化財のほか，全国のミュージアムの文化財情報をインターネット上で検索できるポータルサイト「文化遺産オンライン」を公開した。デジタルアーカイブはもちろんのこと，検索にも力を入れており，時

▷1　ミュージアムの歴史については，ブノワ，L.，水嶋英治訳，2002，『博物館学への招待』白水社を参照。

▷2　文化庁「文化遺産オンライン」(http://bunka.nii.ac.jp/)

代，分野，文化財体系，地図情報と組み合わせ，さまざまな切り口から文化遺産を横断的に検索できるようになっている。さらに，「連想検索エンジン」を搭載し，利用者が検索・閲覧した文化遺産を入口にして，関連する文化遺産を自動的に抽出し，提示する。これにより，利用者はモノの新しい位置づけや関連性を発見することができるのである。このように，モノはアーカイブされるだけでなく，各ミュージアムに点在するモノ同士，情報同士をつなげ，新しい価値・意味をもつようになるのである。

○多様な展示解説ツール：種々のコンテクストが情報を補完

モノは，ある時代や文化的背景にもとづき，意味づけされ，解説文がつき，展示されている。しかし，着眼点が変わればモノの解説内容は変わることだろう。名古屋市科学館（愛知県）では名古屋大学等と共同で，プラネタリウムと展示をつなぐガイドシステムを開発した。月ごとにテーマが変わるプラネタリウムの解説と展示物のつながりを，映像で学芸員が解説をおこなうモバイルガイドシステムである。これにより，展示パネルで解説している知識とは異なる魅力をプラネタリウム見学者に提示することができる。そのほかにも，いくつかのミュージアムでは，来館者の目的，興味，知識，年齢等に応じてモノの見せ方，解説の仕方を変えるモバイルガイドシステムの開発をおこなっている。例えば，エージェント機能を搭載して利用者の展示鑑賞の履歴からオススメの展示を紹介したり，年齢に応じた解説を提供する等，よりパーソナルな情報提供が試みられている。

○臨場感を与える展示手法：体験が生み出す新しい出会い

モノを伝えるために，現在，試みられている技術に，ヴァーチャル・リアリティがある。これは，コンピュータグラフィックスや音響などによって仮想世界を作り出す技術のことだが，この技術を導入しているミュージアムは少なくない。例えば，鉄道博物館（埼玉県）では，特別企画展のなかで，「電車の思い出のぞき窓」という展示をおこなった。これは，タブレット端末を蒸気機関車等の展示物にかざすと，車両が活躍していた頃の姿が画面に映し出されるというものである。これにより，来館者は，展示物と当時の時代をリンクした体験をすることができる。また，2013年に開館したOrbi（神奈川県）では，巨大スクリーンやカメラ認識センサー等を用いて大自然を体感することができる。来館者は，スクリーンに投影された動物とコミュニケーションをしたり，深海を遊泳する等のヴァーチャル体験をおこなうことができる。近年，ミュージアムでは「体験・参加」が注目されている。ヴァーチャル・リアリティはミュージアムに新しい体験を与え，新しい世界との交わりを来館者に与えるのである。

（安田孝美・岩崎公弥子）

▷3 このような試みはさまざまな分野で実施されている。「サイエンスミュージアムネット（S-net）」（http://science-net.kahaku.go.jp）では，全国の科学系博物館の資料を横断検索することができる。

▷4 Orbiには，学芸員等の専門職員はいない。しかし，ミュージアム（知を伝える）とエンタテイメント（体験・参加）の要素を合わせもつ新しいタイプの施設である。

▷5 ほかにもヴァーチャル・リアリティの取り組みには，江戸城や奈良の昔の町並みを詳細にコンピュータグラフィックスで再現したものや恐竜等絶滅した動物を化石標本から精密に再現する試みがある。東京国立博物館「ミュージアムシアター」（http://www.toppan-vr.jp/mt/）

# VIII 社会システムへの応用②

## 4 ピア・プロダクション

### 1 協働する仲間たち

情報メディアの世界では日々新しい用語が生まれているが，それらのなかには既存の，あるいは同時期に使われるようになったほかの言葉との違いがさほど明確でないものも多い。「ピア・プロダクション」もその1つだろう。ピア（peer）とは上下関係のない対等な仲間のことであり，そうしたメンバーが不特定多数集まって協働的に何かを創造するのがピア・プロダクションの基本的な意味だが，同じような用語には「マス・コラボレーション」があるし，また「伽藍とバザール」と言った場合のバザール方式や「クラウド・ソーシング」なども文脈次第で似たような状況を指す場合がある。要するに，情報ネットワークを介してつながった「みんな」で協力して，例えばLinuxを改良したり，Wikipediaの記事を充実させたり，地域が抱えている問題を解決したりしましょう，というわけだ。作り出される製品に焦点を当てるならピア・プロダクション，協力体制そのものに関心を払うのならマス・コラボレーション，といった使い分けも可能かもしれないが，各語の細かなニュアンスに拘泥するのはあまり生産的でないように思われる。それよりも重要なのは，さまざまな呼び名が生み出されるほどにある種の実践が人びとの関心を集めているという事実の方だ。これらの語が広く知られるようになった背景には，ブロードバンド通信網の普及によって人びとの協働がますます容易かつ多彩になり，またその成果が目に見えるかたちで増えてきたという事実がある。

### 2 ピア・プロダクションの性格

一般に，企業などでは社員や下請け会社が上意下達式の指令にしたがった労働をおこなう。だがピア・プロダクションを推進するのは対等な立場の仲間であり，そこに明確な命令系統は存在しない。もちろんピア・プロダクションにおいても全体的な目標は設定されるだろうし（例えば「オンライン辞書をさらに充実したものにしよう」など），また効率的な協働のために舵取りをおこなう少数のコーディネーターが存在する場合もある。だがそうした全体目標やコーディネーターからの要請にたいし，具体的に誰がどのような貢献をおこなうのかはあやふやであることが多い。したがってその遂行プロセスはつねに予想外の展開に晒されることになる。それはプロジェクトの計画的な進捗を期待する立場

▷1 双方をほぼ同じ意味で使っている文献の例として，タプスコット, D., ウィリアムズ, A. D., 井口耕二訳, 2007, 『ウィキノミクス──マスコラボレーションによる開発・生産の世紀へ』日経BP社。

▷2 レイモンド, E. S., 山形浩生訳, 1999, 『伽藍とバザール──オープンソース・ソフトLinuxマニフェスト』光芒社。

▷3 ハウ, J., 中島由華訳, 2009, 『クラウドソーシング──みんなのパワーが世界を動かす』早川書房。

▷4 何千人ものピアが参加する大規模なものから，数人〜数十人程度の小規模なものまで，さまざまな実践がおこなわれるようになっている。

からは欠点ととらえられるかもしれないが、他方で当初の見込みを大幅に超える魅力的な「何か」が立ち上がってくる契機ともなるだろう。そうした予想不可能性こそがピア・プロダクションの重要な特質であるといえる。

ところで、ピア・プロダクションの実施にあたって人びとの積極的な協力を得るには相応の誘因（インセンティブ）が必要だ、という認識はいまだ根強い。何らかの報酬を用意するにせよ、活動自体の楽しさを強調するにせよ、これまでは参加者をいかにその気にさせるかが重視されてきた。しかし昨今では、人びとが半ば無意識的にピア・プロダクションに参加しその全体目標に貢献するような例も増えている。例えばGoogleは人びとがウェブサイトに張るリンクの数で各サイトの重要性を判定しているが、リンクを張る当人らはGoogleの検索エンジンに協力している自覚をほとんどもたないだろう。また東浩紀は不特定多数の何気ない呟きや振る舞いを「一般意志2.0」として集約し政治に応用する可能性を論じているが、そうした実践も見方によっては広義の、半自動的に達成されるピア・プロダクションの一形態と言えるかもしれない。

▶5　東浩紀, 2011,『一般意志2.0——ルソー, フロイト, グーグル』講談社。

## ③ N次創作

前述の通り情報メディアの発達は不特定多数による協働を盛んにしたが、その一方で、共通の到達目標をもたないまま個々人が好き勝手に参画するような創造のスタイルを出現させてもいる。濱野智史が「N次創作」と呼ぶ現象がそれだ。既存の著作物を原作者とは別の人物が翻案することを「二次創作」と言うが、そのようにして作られた二次的著作物をさらに別の誰かが翻案し、それをまたさらに……と連鎖していくのが「N次創作」である。二次創作は日本のサブカルチャー（とりわけ同人文化）において以前から広くおこなわれてきたが、インターネットの普及と併走するかたちで三次、四次、あるいはそれ以上（N次）の創作の連鎖もしばしば発生するようになった。

▶6　濱野智史, 2008,『アーキテクチャの生態系——情報環境はいかに設計されてきたか』NTT出版。

N次創作も、人びとが命令系統なしで創作に参与するという点においてピア・プロダクションと似た側面をもっているが、しかし必ずしも当事者間での協力体制が築かれているわけではなく、どのような成果物が生み出されるかを予見するのはいっそう困難である。著作権法上、既存の作品を翻案して利用するためには原作者の許諾を得るのが基本だが、現状を見るかぎりこのルールがつねに遵守されているとは言い難い。そのため創作の連鎖のなかでは、先行する著作者の意に沿わない翻案も生じる場合がある。そうした実践が問題含みであるのは確かだが、しかし他方、原作者が思ってもみなかったような派生作品が段階的に生み出されることがあるのもまた事実だ。原作者の権利保護はもちろん重要だが、未知の可能性の芽を摘んでしまうのも決して望ましいことではない。双方のバランスをいかに取るかが肝要だろう。

（井手口彰典）

▶7　具体的な試みとして、日本ではクリエイティブ・コモンズによる同名のライセンスや、クリプトン・フューチャー・メディアによるピアプロ・キャラクター・ライセンスなどが知られている。

# Ⅷ 社会システムへの応用②

## 5 音楽／映像配信システム

### 1 パッケージから配信へ

19世紀から20世紀初頭にかけて大量複製技術（映画，レコード，写真など）が登場し，映画会社やレコード会社のような関連産業が急速に発展した。複製技術の時代は，音楽や映像が記録されたパッケージを生産・消費する時代でもあった。私たちが当たり前のものと考えている音楽や映像のパッケージ・メディアは，そうした時代の産物である。しかし近年，音楽や映像は，インターネットを介して物理的なかたちをともなわずに配信されることが少なくない。世界的にみてもパッケージ市場の規模は縮小傾向にあり，配信市場は拡大傾向にある。

### 2 産業的な変化の意味

パッケージから配信へという流れは，関連する産業全体に対して大きなインパクト与えた。音楽や映像は，一部のクリエイターが生み出しているわけではない。さまざまな関係する産業群が存在し，そこで働く人びとの協調的な営為によって，生産されている[1]。パッケージから配信へという流れは，そうした既存の産業群が再編される契機となった[2]。

ネット上に存在する無数のコンテンツを以前より安価にもしくは無料で楽しむことができるため，消費者は現状を好意的に受け取るかもしれない[3]。しかし音楽，映像に関わる旧来の産業にとって，この状況は必ずしも喜ばしくないようだ。とくに2000年代，旧来の産業は，厳重なプロテクションをかけてCDやDVDのコピーやリッピングを阻止しようとしたり，ファイル共有を取り締まったり，多額の予算を投じて啓蒙活動を繰り広げたり，著作権制度改定に向けたロビー活動をおこなったりしてきた。その結果か，日本では2009年に著作権法が改正され，著作権を侵害しているコンテンツをダウンロードすることが違法化され，2014年には刑事罰の対象となった。旧来の産業にとって，無断でネット上にアップロードされた無数のファイルは著作権侵害の象徴であり，文化や芸術が衰退する原因になるとされる[4]。

### 3 情報財としての映像，音楽と著作権制度，あらたな可能性

上述の産業が糾弾する著作権侵害行為は，ユーザーの倫理の欠如というより

▷1 詳しくはニーガス，K.，安田昌弘訳，2004，『ポピュラー音楽理論入門』水声社 や，Hesmondhalgh, D., 2002, *The Cultural Industries*, Sage などを参照のこと。

▷2 例えば音楽に関しては，大手レコード会社の地位が相対的に下落した。そして作品よりもライブにビジネスの軸足を移すという戦略から，興行会社と契約を結ぶ有名アーティストも出てきた。またこれまでパッケージの流通・販売に関わってきた流通会社や小売店の多くが苦境に立たされ，場合によっては廃業に追い込まれた。そのかわり，ICT企業やネット通販サイト，通信会社，ネットメディアなどが存在感を増してきた。こうした変化は現在進行形である。詳しく知りたい人は，全米レコード協会や日本レコード協会などの業界団体が公開しているデータや，『デジタルコンテンツ白書』『情報メディア白書』『情報通信白書』をはじめとする白書，関連ニュースサイトなどを複合的に検討するとよい。

▷3 無料で利用できるネットメディアの多くは，私たちをエンパワーするといった素朴なボランティア

は，音楽や映像のもつ普遍的な性格に由来するものである。音楽や映像，ゲーム，さらには画像や文章などは，情報財である。情報財とは，「容易に1つの媒体から別の媒体への記録または複製が可能」で，「複製を行うのに元の財の生産に投入されたほどの資源量は必要」とせず，「複製の価値は元の財と比較して差がない」。加えて，情報財は所有権の範囲が閉じていないため，売り手の想定を超えて流通する。これらは情報財の普遍的な特徴である。

簡単にいえば，情報財は複製が容易であり，また作者や利害関係者の思惑を離れ，社会にたいしてどこまでも開かれていく可能性をもっているのだ。それゆえ本や映像，音楽などは時空間を超えてどこまでも広がっていく。マッシュアップなどに象徴される多様な**二次創作**が可能になるのも，情報財としての性格ゆえである。

しかしこうした性格は，情報財の取引によって利潤を得ようとする主体にとって，大きな不確実性となる。所有権の範囲が閉じていないと，取引にならないからだ。そのため著作権制度は，情報財の所有権を擬似的に閉じることで，作者や利害関係者の権利を一定のかたちで保護し，ビジネスを存立させているのである。パッケージから配信へという流れは，著作権制度に抵触しないかぎりにおいては，単に流通や消費の形態の変化として理解できる。しかしそれはむしろ，情報財の本来の性格＝ビジネス上の不確実性を顕在化させるがゆえに，産業的にも大きなインパクトをもっているのだ。

## ④ これからの音楽・映像

上述の「所有権の範囲が閉じていない」という性格は，言葉を換えれば，それが「皆のもの」であるということを意味する。例えば公共財として理解されている水や空気，電力，交通インフラのようなものは，代表的な「皆のもの」である。音楽や映像においても，「古典」と考えられているような作品は，とくに公共財的な性格が強い。

まだ明確なビジネスモデルが確立しているわけではないものの，将来的には映像や音楽も，定額配信によって水のように分配される可能性を指摘する声もある。しかし膨大なコンテンツのカタログをもつ旧来の産業が，簡単に現在もっているものを手放すことは考えにくい。またアナログ・リヴァイバルのように，反動としての所有を求めるような消費者の動きもある。少なくとも，「所有から共有へ」といった単純な変化が起こるわけではないだろう。

音楽や映像の情報財としての性格は普遍的である。そして情報財としての性格は，時に著作権制度やビジネスと馴染まない。現在の産業は法制度の強化を訴えることが多いが，今後の音楽／映像ビジネスにおいては，情報財としての性格をより深慮することが求められるであろう。

（木本玲一）

精神によってではなく，確固たるビジネスとして運営されている。ほとんどの場合，ユーザーは基本的なサービスを無料で利用できる。そのかわり企業は，登録の段階で得たユーザーの個人情報を広告やマーケティングに利用する。

▷4　例えば日本国際映画著作権協会の啓蒙CM『映画泥棒』シリーズや，日本音楽事業者協会が2012年に公開した啓蒙ウェブマンガ『Music Moral Keepers』などは，そうしたロジックにもとづいている。

▷5　廣松毅・大平号声，1990，『情報経済のマクロ分析』東洋経済新報社，p.27。

▷6　遠藤薫，2009，『メタ複製技術時代の文化と政治――社会変動をどうとらえるか2』勁草書房，1章。

▷7　二次創作
二次創作とは，既存のコンテンツを組み合わせ，再編集することで新たな創作物を作り出す行為を意味する。

▷8　音楽に関しては，クセック, D., レオナルト, G., yomoyomo, 2005『デジタル音楽の行方――音楽産業の死と再生，音楽はネットを越える』翔泳社などを参照のこと。

▷9　2000年代以降，MP3などのデータを消費することに慣れている若者世代のあいだで，アナログ・レコードを好むような動きが報告されている。

# Ⅷ 社会システムへの応用②

 ゲーム

## 1 エンターテインメントとしての情報

　ビデオゲームは,「子どもの視覚的な動きに能動的な参加型の役割を組み合わせた,最初のメディア」と呼ばれている。最初の商業的なビデオゲーム「ポン」は1974年に登場し,1978年には大ヒットゲームの「スペース・インベーダー」が登場した。ゲームに慣れ親しんで育った「ゲーム世代」向けの教育について研究しているプレンスキーの『デジタルゲーム学習』によれば,ビデオゲームやビデオゲームとほぼ同時期に出現したテクノロジーによって,人間と情報との関わり方が大きく変わったとのことだ。「ゲーム世代」は,「セサミストリート」(1970年放送開始)で楽しさと結びついた学習を,「スターウォーズ」(1977年公開)で異世界の身近さを,「ウォークマン」(1979年発売)で好きな音楽への常時接続を,「MTV」(1981年放送開始)で高速映像の快楽を,IBM社のPC(1981年発売)で熟考型のゲームプレイを手に入れた。私たちは,めまぐるしいスピードで,マルチタスクで,分散的で,視覚的で,能動的で,常時接続で,楽しく,ファンタジーがあり,すぐに報酬を手にできるようなエンターテインメント性の高いゲーム的世界に慣れ親しんで暮らすようになったのである。その結果,私たちの情報にたいする姿勢は,受動的な受け手や単なる視聴者や観衆から,能動的で自発的な参加者やプレイヤーに変わった。

## 2 ソーシャルメディアとしてのオンラインゲーム

　1997年にプレイヤーがゲームの中で仲間を作り,力を合わせて敵を倒すネットワーク型ロールプレイングゲームの「ウルティマオンライン」が発売され,全世界で数千万人のユーザーを獲得した。2002年には操作を簡単にしてかわいいキャラクターを用いた韓国製の「ラグナロクオンライン」と日本製の「ファイナルファンタジーⅪ」が発売されて主婦や子どもの参加もうながした。これらのゲームは,ゲーム内恋愛やゲーム中毒が話題になるほどのプレイヤー同士の濃密な連帯感やゲームへの強固なコミットメントを産みだした。

　ゲームデザインの教科書である『ルールズ・オブ・プレイ』によれば,オンラインゲームによってゲームは,見知らぬ人びととの出会いや社交を促進し共感を育み社会的な絆を構築するというゲームの基本に戻ってきたとのことだ。ソーシャルな遊びとしてのゲームは,プレイヤー同士が意思疎通するために利

▶1 Greenfield, P. M., 1984, *Mind amd Media, The Effects of Television, Video Games and Computers*, Harvard University Press.

▶2 プレンスキー, M., 藤本徹訳, 2009, 『デジタルゲーム学習――シリアスゲーム導入・実践ガイド』東京電機大学出版局。

▶3 芦崎治, 2009, 『ネトゲ廃人』リーダーズノート。

▶4 サレン, K., ジマーマン, E., 山本貴光訳, 2013, 『ルールズ・オブ・プレイ――ゲームデザインの基礎』(下) ソフトバンククリエイティブ。

用する象徴システムであり，個々のプレイヤーはゲームのルールにしたがった役割演技によって成立する社交を楽しんでいる。この時オンラインゲームのプレイヤーが演じる役割は，経験と力の収集をめざす「達成型（Achievers）」，世界の秘密を発見したい「探索型（Explorers）」，直接の人付き合いを最優先にする「交際型（Socializers）」，他人を傷つけたり威圧することを喜ぶ反社会的な「殺人型（Killers）」の四類型に別れる。このようなソーシャルな遊びは，ゲーム自体が現実の暮らしと隔絶されている閉じたシステムであるということによる心地よさを保証されている。

一方で，雑誌『WIRED』の編集者が書いた『のめりこませる技術』では，現実の暮らしと地続きの側面が強いインターネットやソーシャルメディアのゲーム的性質と，それらによる現実との境界の曖昧化が指摘されている。『NHKスペシャル──世界ゲーム革命』で，ソーシャルメディアの普及にたいする感想を求められた「ウルティマオンライン」プロデューサーのリチャード・ギャリオットは，世界中の誰もがオンラインIDをもつようになったことで世界中の億という数の人たちが「単なるゲーマーではなくハードコアゲーマー」になり，ゲーム産業が人類全体規模に達したので，本当に感動していると答えている。

### 3　文化としてのゲーム

プレイヤーがゲームに注ぎ込む情熱やゲーム産業が蓄積してきたさまざまな手法をプレイヤーの生活や社会全体に役立てようという取り組みもおこなわれている。現実の公共空間や生活空間で遊ぶ「代替現実ゲーム」や，ゲームデザインの技術やメカニズムを現実の組織や集団の課題解決や顧客ロイヤリティの向上に利用する「ゲーミフィケーション」である。これらの第一人者にジェイン・マクゴニガルがいる。彼女は著書『幸せな未来は「ゲーム」が創る』で，プレイヤーがゲームに費やす能力と時間を現実空間でおこなうゲームを通して現実を良くすることに使えば，世界は一気に変わると断言する。彼女はその根拠を，ゲームのプレイヤーがゲームによって身につけた「群知能」（建設的な目標のために結束する能力や可能性を高める知能）や見知らぬ人との協働体験の歓びに求めている。背景には，1960年代の「新しいゲーム運動」からの強い影響がある。新しいゲーム運動は，「熱中して遊ぼう。公平に遊ぼう。誰も傷つかないようにして」をスローガンに，ゲームによる自由で平等な理想郷創造のためのしくみを提案し文化変容をうながした。

日本でもTwitterを利用した「節電ゲーム」が話題になった。ゲームによって私たちは，より良い社会を作るための新しい文化の創造に誰もが気軽に楽しみながら協力して取り組めるようになったのである。

（吉光正絵）

▷5　Bartle, Richard, 1995, "Hearts, Clubs, Diamonds, Spades : Players Who Suit MUDs."（http://mud.co.uk/richard/hcds.htm）

▷6　ローズ，F., 島内哲朗訳，2012, 『のめりこませる技術──誰が物語を操るのか』フィルムアート社。

▷7　NHK取材班，2011, 『NHKスペシャル──世界ゲーム革命』NHK出版。

▷8　マクゴニガル，J., 妹尾堅一郎監修，藤本徹・藤井清美訳，2011, 『幸せな未来は「ゲーム」が創る』早川書房。

▷9　井上明人，2012, 『ゲーミフィケーション──〈ゲーム〉がビジネスを変える』NHK出版。

# Ⅸ デジタル化される文化

##  総論

### 1 メディア文化の魔法

　最近は映画館に行く前に必ず「３Ｄで見る，どうする？」といった会話を息子とするようになった。私自身は３Ｄ映画を好んで見ることはないが，それでも息子に誘われて見に行く。そしてその３Ｄ映像を見るとどうしても立体的に「飛び出して」見える映像を手でつかみたくなる欲望が湧いてくる。最初に見たときは実際に手を伸ばしてしまったほどだ。頭では，そこに物体などないことは十分にわかっている。けれども，なぜか目の前の物体をつかみたいという欲望を抑えきれず手を伸ばしてしまったのである。テクノロジーによって自分に魔法がかけられたように思えてしまうときだ。

　歴史を振り返ってみれば，テレビがお茶の間に入ってきたとき，箱の中の映像は魔法のように思えたのではないだろうか。映画のスクリーンに映し出された映像を鑑賞したとき，そして自分の顔や身体を撮影した写真を目にしたときも，同じ感覚にとらわれたのではないだろうか。▷1

　映像，音声，テクストといった視聴覚にかかわる情報のデジタル化にとどまらず，物に触れる感覚すら再現可能となった現代のメディア技術によって支えられた文化環境は，私たちをどのような世界に連れていこうとしているのだろうか。あまりに急激で，多面的な変化が生まれている。変化の特徴を端的に示しているように思える事象から考えてみよう。

### 2 初音ミク現象

　読者の多くが「初音ミク」を知っているだろう。発売以来人気を保ち続けていること自体興味深いのだが，この現象こそがまさにデジタル文化の特徴をよく示している。そう指摘するのは遠藤薫である。▷2　よく知られるように，「初音ミク」は，ヤマハが開発した音声合成システム VOCALOID によって制作されたデスクトップミュージック用のボーカル音源であり，またそのキャラクターである。最初の製品は2007年８月にバーチャルアイドルというキャラクター付けされた「キャラクター・ボーカル・シリーズ」の第１弾として札幌のクリプトン・フューチャーズ・メディアから発売された。そしてニコニコ動画にアップされた作品を通し，瞬く間に１つのムーブメントが作られていった。爆発的な人気となった契機の１つに，発売会社のクリプトンが，非営利であれ

▷1　メディアという機械が切り拓く驚きに満ちた知覚空間を論じたものとして２冊紹介しておこう。中村秀之，2012，『瓦礫の天使たち──ベンヤミンから〈映画〉の見果てぬ夢』せりか書房；長谷正人，2000，『映画というテクノロジー経験』青弓社。

▷2　遠藤薫，2013，『廃墟で歌う天使』現代書館。

ば，VOCALOID というソフトを使ったユーザーによる歌声の利用だけでなく，キャラクターを用いた創作活動を自由に認めたことが挙げられる。そのために Wikipedia によれば，「初音ミク」を題材にした「10万件以上に上るとされる楽曲や，イラスト，CG によるプロモーションなどさまざまな作品が発表されている」という。重要なのは，一部の専門家ではなく，作曲，作詞，イラスト作成などさまざまな二次創作に一般の数多くの人たちが参加したということだ。共通のソフトを利用し，ネットワークでつながれたメディア環境なしには考えられない文化的行為といえよう。

## 3 ニコニコ動画

「初音ミク」のヒットは2006年の8月にサービス開始した「ニコニコ動画」というプラットフォームなしには考えられない。「ニコ動」の登録会員数は2903万人に上る（2012年8月時点）。この動画サイトの最大の特徴は，動画に「書き込み」（コメント）ができることだ。動画を視聴しながら自分の感想や意見を投稿し，その投稿が瞬時に画面に流れる。動画を見ること以上に，自分のコメントが他者に読まれ，他のユーザーのコメントを見る，そこに楽しみがある。それは，同じ動画をほぼ同じ時間に見るという「時間」の「共有」でもあり，動画の面白さやおかしさやつまらなさを感じたときの，喜びや落胆といった「感情」の「共有」でもある。

「ニコニコ動画」が若いユーザーを超えて幅広い年層の人たちにとってもメディアとしての存在感を示したのは「3.11東日本大震災」である。震災当日，NHK が午後7時から4時間にわたり報道番組を同時配信したからである（フジテレビも同様の対応をおこなった）。それを視聴したユーザーは約100万人を超えたという。NHK にとっても画期的な判断だった。このとき，テレビと「ニコ動」を同時に見るユーザーが多かったという。動画と一緒にコメントが流れることで，この映像を見ている他の人の気持ちを知ることができて，落ち着くことができたのだという。情報の伝達と共有だけでなく，気持ちや感情を「共感」することに役立っているということだ。

「ニコ動」の機能はもちろんそれだけではない。従来マスメディアの役割と考えられてきた環境監視の機能も担っている。「ニコニコ生放送」（2007年12月開始）における自主制作番組がそれだ。短く編集されたテレビ特有の会見映像ではなく，初めから終わりまで中継するその手法はこれまでにはないかたちでメディアによる権力や政府の監視機能を果たし始めている。

そうしたなか，本来果たすべきジャーナリズム機能をマスメディアが十分担ってきたのか，という根本的な問いかけが投げ掛けられるようにすらなっている。

▷3 もちろん，二次創作という文化実践はデジタル技術とともに成立したわけではなく，長い歴史をもった文化の実践の重要な1つであり続けてきたし，近年は「コミックマーケット」など同人誌による二次創作作品の制作・流通・販売が若者の強い支持を集めてきた。こうした同人誌の活性化もパソコンや印刷機器の低価格化など印刷をめぐる情報技術の変化が関連していることも看過できない。

▷4 2010年11月には「小沢一郎ネット会見──みなさんの質問にすべて答えます」という番組を流して注目され，存在感を示した。その後も，閣僚の会見や東京電力の会見も中継し，これまではマスコミが独占していた記者会見を開放した。

▷5 こうした新たな情報発信はもちろん「ニコ動」にかぎらない。数多くのパーソナルなニュースサイトや，IWJ そして OurPlanetTV に代表されるような独立系のジャーナリストやネットテレビもある。IWJ (Independent Web Journal) に関しては http://iwj.co.jp/ を参照されたい。OurPlanet TV に関しては http://www.ourplanet-tv.org/ を参照してほしい。

### 4　Facebook，Twitterによる情報発信

　もう1つの事例を紹介しよう。2013年7月におこなわれた参議院選挙である。この選挙からインターネットを使った選挙運動が解禁された。ネットが選挙に大きく影響するのではとの指摘もなされたが，実際にはネットの影響はきわめて限定的だった，というのが一般的な評価である。明らかにネットで躍進し当選したと考えられる候補者はいないと考えられるからである。しかし看過できない1つの事例があった。「緑の党　グリーンズジャパン」から全国比例区に立候補した候補者の活動である。本業はミュージシャン。ただテレビへの出演もほとんどなく，選挙の公示日までは無名ミュージシャンで，泡沫候補と言われていた。だが，落選したものの，彼は17万6970票を獲得，予想外の健闘に選挙後にマスコミが注目して取り上げた。

　この得票数の背景には，ネットの力によるものと即断してはならない。全国14都道府県の会場にスピーカーを持ち込み，「選挙フェス」と銘打った，個人演説会・兼・ライブステージの空間で，多くのラッパーやシンガーソングライター，バンド，DJが「応援」演奏をして，数百～数千という単位の聴衆を集めるといったユニークな活動があった。だが，それだけで，この得票数は望めない。ネットを活用しなければ獲得できない得票数であったことも確かだろう。候補者は「公示期間中に，Twitterのフォロワーを1万2000人から4倍の5万人に増加させ，期間中の増加数は1位，Twitter上の発言が拡散された頻度も1位」だったという。元々彼のファンだった人たちによる情報の拡散，そして「選挙フェス」に着目し，共感して，動画や写真をFacebookやTwitterで配信した一般の人の行動があった。くり返すが，メディアが直接選挙行動を変化させたわけではない。しかし，FacebookやTwitterといったメディアが作り出した日常世界の新たな環境が「政治的なるもの」の何かを，そしてそれに対する関わり方をゆっくりと少しずつ変えはじめている。

### 5　Googleの世界，Amazonの世界

　私たちは，たかだか十数年前の時点では考えられなかったような，さまざまなことがらが可能となった魔法の世界に生きているようだ。関心さえあれば誰もがソフトを活用して「電子の歌姫」の二次創作に参加できる。マスメディアに登場する専門家や記者にしか許されなかった情報発信は，普通の個人でも可能となり，制作した映像や自分の意見や感情を何千人あるいは何万人の人々に伝え，共有できるようになった。Amazonで本を買えば，「この本を買った人は，こんな本も買っています」とのデータが表示されるなど，「リコメンド」と言われる機能でさまざまなサービスが提供される世界に生きている。スマートフォンで音声入力すれば，一瞬のうちに検索システムが知りたい情報を提供

▶6　三宅洋平・岡本俊浩，2014，『「選挙フェス」17万人を動かした新しい選挙のかたち』星海社新書。

▶7　ソーシャルメディアが「政治的公共性」にどのようなかかわりを果たしていくのか，については以下の文献を参考にされたい。ドミニク，K., 林香里・林昌宏訳，2012，『インターネット・デモクラシー――拡大する公共空間と代議制のゆくえ』トランスビュー；Loader, B. D. and Mercea, D., 2012, *Social Media and Democracy: Innovations in Participatory Politics*, Routledge.

する，驚くばかりの便利な世界に生きている。しかも，Google の検索システムが提供する検索がどんなアルゴリズムで設計され実装されているか，多くのユーザーはそれをほとんど知らず，検索の表示順位がサイトの利用頻度の高低にもとづいていることは知ってはいても，普段はそれを意識せずに「ググる」，そんな生活を営んでいる。

そしてそうしたすべてのことがらを通じて世界の経済が動き，世界との関わり方が変容しているのだ。

## ⑥ 文化を考える

レイモンド・ウィリアムズは，偉大な作家や画家の作品のみを文化をみなす見地を退けて，一人一人の日常生活のなかで繰り広げられる営みこそが文化であると考えた。「生活の在り方（way of life）」こそが文化であると。絵を描いたり，美術館で絵画を鑑賞したり，読書したり，日記をつけたり，音楽を聴いたり，時にはギターを演奏したり，時にはバーに行って楽しんだり，流行のファッションを身につけたり，サッカーや野球を観戦したり，時には自らプレーしたり，あるいはヒット曲を自分の好みに編曲したり，これら一切の営みを文化とみなしたのである。その上で，音楽や映画やテレビ番組がどう生産されているか，その過程でどんな力が作用し，そこでいかなる葛藤や矛盾が生まれているか。1つ1つの作品にはどんな意味が構造化され，さらにそうした作品が人びとにどう意味づけられて受容されているか，そしてその受容を通じてどのような新たな文化が生み出されていくか。そうした問題を問うことの重要性を指摘したのである。つまり，私たちの日常生活に深く根付いた営み＝ハビトゥス，そしてそうした営みと資本や市場や制度との関わりを明らかにすることの重要性を指摘したのである。

この視点からの考察は，インターネットの登場によって新たに生まれたデジタル文化を考える際にも重要だろう。閉鎖性から開放性へ，〈公〉と〈私〉の境界の不透明化，専門性から非専門性へ，といったいくつかの特徴を備えた新たなメディア環境のなかで，文化を創造し，文化を享受する営みはどのように変容していくのだろうか。そしてその営みに，資本や市場は，いかにかかわっていくのだろうか。

本章では，あらゆる情報がデジタル化されるなかでの，文化を創造し，文化を享受する営みの変容を，ジャーナリズム活動，アーカイヴ化，グーグルの世界，電子書籍，博物館・美術館，そして遍在化するスクリーンを介した視聴覚経験など，という9つのテーマ群からアプローチする。デジタル情報環境が造形する魔法の世界が何をもたらしていくのか不透明なままであるからこそ，そこにクリティカルな思考を差し向ける方法を9つの論考から読みとってほしい。

（伊藤　守）

▷8　Google に関しては以下の文献からまずは学んでほしい。『現代思想──特集グーグルの思想』2011年1月号；オーレッタ，K.，土方奈美訳，2010，『グーグル秘録──完全なる破壊』文藝春秋。また長尾真・遠藤薫・吉見俊哉編，2010，『書物と映像の未来──グーグル化する世界の知の課題とは』岩波書店。

▷9　ウィリアムズ，R.，若松繁信・長谷川光昭訳，1968，『文化と社会──1780-1950』ミネルヴァ書房。

▷10　ブルデュー，P.，パスロン J. C.，宮島喬訳，1991，『再生産』藤原書店もぜひ参照してほしい。

## Ⅸ　デジタル化される文化

# オンライン・ジャーナリズム

　オンライン・ジャーナリズムは文字通り，ネット空間上で展開される報道およびその活動を指す。それは，単にこれまでのテレビニュースや新聞の舞台がネットに移ったというだけではない，「ジャーナリズム」という近代民主制を支えてきた営為総体の定義を変更する1つの革命ともいえる。

## 1　ニュース制作の過程の変化

　モバイル端末が普及し，行政から市民へ，政治家からフォロワーへ，あるいは特定の圧力団体，NGO，あるいはPR会社からターゲット層へと直接に向けられたメッセージや情報が大量かつグローバルに発信されている。こうした状況の下，新聞やテレビに設置されていた「編集局（newsroom）」と呼ばれる特権的な場の機能および重要性には，揺らぎが生じている。また，ジャーナリスト像やその仕事も変化し，「プロフェッショナリズム」への問いも投げかけられている。広い社会のアクターによって直接情報提供がなされる現在，プロのジャーナリストは，調査報道，ニュースの分析や論評といった高次の情報収集・分析作業に力を注ぐべきだと言う声も高まっている。しかし，オンライン上の情報提供では，収益構造も確定していないことから，多額の費用のかかる調査報道を遂行するには限界があると言われている。

　他方，記者たちの労働問題も深刻だ。オンライン・ジャーナリズムは収益を上げにくいため，多くの者が非正規雇用の地位に甘んじなくてはならず，待遇も悪い。また，デジタル化にともない，ジャーナリストたちは，文字情報，画像，動画など広範な取材活動を一人あるいは少人数でカバーすることを要求される傾向にあり，過重労働は，世界中で問題になっている。

## 2　ニュース・コンテンツの変化

　オンライン・ジャーナリズムの普及によって，何といってもニュースの速報性が高まった。現場からの第一報は，世界中に瞬時に一斉送信され，インパクトも大きい。他方で速報性が極限まで追求されると，情報の暫定性を前提にせざるをえず，正確性や真実性を譲歩せざるを得ない。「まず公開，つぎに選別」というネット空間の原則は，従来の「ニュースの価値付けと選別→公開」というジャーナリズムの原則とは異なった流れをつくっている。

　その一方で，オンラインのスペースは無限であるため，深くて豊かな調査や

▷1　編集局（newsroom）の代表的な研究としては，タックマン，G.，鶴木眞・櫻内篤子訳，1991，『ニュース社会学』三嶺書房；Gans, H., 1980, *Deciding What's News: a Study of CBS Evening News, NBC Nightly News, Newsweek and Time*, First Vintage Books.

▷2　シャーキー，C.，岩下慶一訳，2010，『みんな集まれ！——ネットワークが世界を動かす』筑摩書房．

分析を掲載できるし，リンクを付することによって，ニュースを手軽に文脈化できる。加えて，読み手と作り手との相互交流も可能となり，多様な視点を付記することもできる。記者自身も，取材に際してさまざまなデータベースにアクセスして，より深い記事を書くことが可能になった。

とは言え，無限に広がるネット空間では，刺激的な見出し，わかりやすい内容，手軽な要約が好まれる傾向もある。また，ネット空間では能動的なアクセスを要求されるために，自分に関連する情報，あるいは知りたい情報のみが消費されることで，特定の意見が強調・極化されたり，特定の思想傾向をもつ媒体の存在感が相対的に誇張されたりすることを懸念する声もある。

このほか，ネット空間の問題として，公的領域と私的領域の区別が曖昧になってきていることが挙げられる。この2つの領域は今や「誰もが見ることのできる領域からあまり人目に触れない領域までという，目盛りのついた段階方式へと変化」した。ネットの情報は，個人の閲覧数や検索数の集積によって，公共性があるかどうかが自動的に決まってしまうようになった。

### 3 ニュース収益構造，配信方法の変化

現在，オンライン・ジャーナリズムでもっとも問題にされるのは，持続可能なビジネス・モデルの開発である。インターネットは，米国西海岸のカウンター・カルチャーの流れを汲み，自律，言論の自由，無償，寛容などの価値を重んじる独特の文化がある。メディア産業も，進出当初は，こうした文化の流れの中で，情報をタダで提供してきた。しかし，ジャーナリズムの将来的な持続性を考えると，新たなビジネス・モデルを開発する必要性に迫られている。今のところ，多くの新聞社や放送局は，オンラインのコンテンツにペイ・ウォール（サイトの一部を有料化し，対価を支払わないとコンテンツを閲覧できないしくみ）を導入し課金しようとしているが，無料での情報共有が慣行となっているネット文化にそぐわず，普及が課題となっている。

また，メディア各社は，これまで，自社コンテンツ専用のコンジット（conduit，伝送経路）を所有し，広告による収益を上げてきた。しかし，こうしたコンジットとコンテンツの垂直統合も自明ではなくなった。今日注目を集めているのは，ソーシャル・ネットワーキング・サービス（SNS）を通した「口コミ」によるコンテンツの「バイラル型拡散」である。これは，これまでネットで主流だった検索エンジン利用による情報へのアクセスとも異なる，新しい伝播スタイルである。このような情報伝播様式は，主に広告などのマーケティングに影響を与えるとして注目を集めているが，投票行動にも影響を与える可能性が指摘されており，特定のメディア組織やジャーナリズムという枠を超えて，民主主義社会そのものへのインパクトが予想される。

（林　香里）

▷3　サンスティーン，C., 石川幸憲訳，2003,『インターネットは民主主義の敵か』毎日新聞社。

▷4　カルドン，D., 林昌宏・林香里訳，2012,『インターネット・デモクラシー──拡大する公共空間と代議制のゆくえ』トランスビュー，p.79以下参照。

**参考文献**

佐々木紀彦，2013,『5年後メディアは稼げるか』東洋経済新報社。
Pew Project for Excellence in Journalism, 2014, *State of the News Media 2014*, Pew Research Center Publications (http://www.journalism.org/packages/state-of-the-news-media-2014/) このレポートは毎年出されており，デジタル化を含めた米国ジャーナリズムの最新状況を知ることができる。

## Ⅸ　デジタル化される文化

# 記憶・記録・アーカイヴ

### 1　記憶と記録

　山本作兵衛という人がいた。ユネスコの「記憶遺産」に国内で初めて登録された炭鉱画の作者であると言えば聞いたことがある人もいるだろう。このところユネスコといえば，富士山，富岡製糸場と「世界遺産」流行りである。「記憶遺産」はそれに比べるとやや馴染みが薄い。「記憶遺産」は，元々はMemory of the World，直訳すれば「世界の記憶」ということになる。移動不可能な唯一無二の存在の保存を直接的目的とした「世界遺産＝World Heritage」に対し，「記憶遺産」は，文書，絵画，映像などの移動可能な記録物を対象としたプロジェクトであるという点に，その違いがある。

　そもそも「記録物」なのに，なぜ「世界の記憶」なのであろうか。それは，われわれ人間はこれまで，数多くの「記憶」を「記録」することによって伝承してきたからだ。「記憶」は，それ自体は個体の脳内現象であり，心理学的カテゴリーとして語りうるものではある。しかし人間の記憶についてはつねにその現象の集合性，社会性が問題になってきた。この媒介性こそが，実は「記録」を「記憶」として扱うことが決して自明ではないということを，われわれに突きつける。

　山本作兵衛作品の「記憶遺産」としての登録は，1つの象徴的な出来事であった。一部の人びとのみが知る産業的生活世界の情景を，墨や鮮やかな色彩に多くの言葉を重ねて描いた1000点を超える作品群。名もない一介の炭坑夫の脳裏に刻み込まれたイメージを社会的に共有するということの意味は，それまでの「記録には権力が刻み込まれる」という歴史資料の常識を覆したことにある。

　筆と絵具と紙しかもたなかった作兵衛の死から30年。時代はデジタルメディアに席巻された。多くの人びとが日常を「写メ」し，ウェブにアップする。そうした行為が当たり前となったことで，「記録」と「記憶」はむしろ煌めきを失ってしまったようにも見える。この変化を，われわれはどのようにとらえるべきか。

### 2　アーカイヴと公共性

　「記録」の集積体を，われわれはしばしばアーカイヴと呼ぶ。かつて公文書

▷1　山本作兵衛（1892-1984）は，福岡県筑豊地方出身の炭鉱労働者であり炭鉱記録画家。その作品は2011年日本で初めてのユネスコ記憶遺産の登録を受ける。山本作兵衛，1967，『画文集　炭鉱に生きる』講談社。

▷2　明治日本の産業革命遺産（2015年），潜伏キリシタン関連遺産（2018年）。

▷3　アルヴァックス，M.，小関藤一郎訳，1989，『集合的記憶』行路社。

館という公共施設とイコールで結ばれていたこの語の意味が今日のように拡張された背景には，言うまでもなくデジタル技術の普及がある。文書のみに可能だった保存性は，映像などマルチメディア資料に広がり，パーソナル・コンピュータのハードディスクフォルダにも躊躇なくこの名を充てるようになった。

こうして技術とともに進んだ「記録」からの権威性の剥奪は，「公共性の構造転換」（ハーバーマス）の行きついた結果ともいえよう。近代以前の示威的公共圏から市民的公共圏への転換を後押ししたのは言うまでもなくマスメディアであったが，その再帰的拡張指向のメカニズムは，その地位を伝達媒体からあらゆる世界のイメージを飲み込むクラウド・コンピューティングに反転させ，われわれを包囲するようになった。

今や，われわれの「記憶」は意識することなくライフログとしてデータベースに「記録」される。いや「記憶」を経由しない「記録」に包まれる時代になったと言ってもいいだろう。その結果われわれは，「Googleが何でも教えてくれる」という無防備な安心感と，どこから炎上の火種が飛んでくるかわからない底知れぬ不安に苛まれる。こうした事態は，ハーバーマスが想定した理性的な合意形成モデルの届かないところで起こっている。まさにメディアが生存条件を左右する「生政治（バイオポリティクス）」的状況である。

### ③ つなげる，つながるアーカイヴ

ウェブ空間に集積されるボーン・デジタルな情報群を，無条件にアーカイヴの名で呼んでいいかどうかにはまださまざまな論議がある。しかし単なるデータベースとアーカイヴの違いをその秩序性に求めることができるとするならば，間違いなくわれわれは世界のあらゆる情報を検索可能なサーバーの中に取り込もうとするGoogleの戦略の中にあると言えよう。権力は失われたのではない。Europeanaが体現してみせたように象徴からシステムに移行しただけだ。

したがって，われわれはまだ「権力への闘争」という近代のアジェンダの中に暮らしている。幸いなことにアーカイヴの語義の拡張は両義的であり，多様なアーカイヴを生活のあちこちに遍在させる方向にも動いている。そこでは「大きな国家的アーカイヴと小さな地域やプライベートなアーカイヴをつなげる回路をつくること」「市民がアーカイヴの構築や更新に参加すること」「アーカイヴ資料をさまざまなコミュニケーション実践に活用する方法を開発すること」が重要な課題になってくる。

放送アーカイヴの公開や活用の推進。災害や戦争アーカイヴ構築への市民参加。全国でおこなわれているさまざまな上映会やアーカイヴ活用ワークショップのノウハウの共有，連携を可能にする技術の開発など，注目すべきムーブメントは，すべてこうした時代の変化の中で起こっていることなのである。

（水島久光）

▷4　ハーバーマス，J.，細谷貞雄・山田正行訳，1994，『公共性の構造転換[第2版]』未來社。

▷5　水島久光，2012，「『記録』と『記憶』と『約束ごと』──デジタル映像アーカイヴをめぐる規範と権利」NPO知的資源イニシアティブ編『アーカイブのつくりかた──構築と活用入門』勉誠出版，pp.175-188。

▷6　齋藤純一，2000，『公共性』岩波書店。

▷7　デリダ，J.，福本修訳，2010，『アーカイヴの病──フロイトの印象』法政大学出版局。

▷8　原田健一・水島久光，2018，『手と足と眼と耳──地域と映像アーカイブをめぐる実践と研究』学文社。

## IX　デジタル化される文化

# 4　Googleの世界

### 1　Googleの概要と論点

　インターネットが日常的に使われている現代の社会で，Googleは不可欠というより，もはやあって当然の「機能」と考えられている。多くの通信機器やブラウザには，Googleの検索窓がはめ込まれ，英語の"google"はそのまま日本語の「ググる」と同じ意味の動詞として使われている。けれどもほんの少し前まで，私たちの社会にGoogleは存在しなかった。

　はじめに概要を確認しておこう。Googleは，1998年にスタンフォード大学の大学院生ラリー・ペイジとサーゲイ・ブリンによって設立された。企業の目的は「世界中の情報を整理し，世界中の人々がアクセスできて使えるようにすること」であり，ウェブや画像，地図などさまざまな種類の検索，自動翻訳，ブラウザ，メール，データの保存や共有，SNS，動画配信など複数のサービスを次々展開しながら，世界有数の多国籍企業に成長している。

　だがその収益は，これらの事業から得ているわけではない。Googleの売上のほとんどは，検索結果とともに表示される文字広告によるものだ。Google検索は，単にキーワードを拾うのではなく，対象となるコンテンツページが「どのくらいの人に参照されているか」を数値化し，結果を表示することを発想の起点にしている。検索の精度は，多くのデータをくり返し解析することで増していく。このしくみを逆に利用すれば，高い確率で検索者の関心と近い広告を結びつけることができる。言いかえれば，Googleの検索エンジンは，情報提供者と求める側をつなぐ役割を果たしているのだ。

　反面，問題点も指摘されている。サービスを実現するため，Googleのコンピュータは日々世界中のネットワークをパトロールし，膨大なデータを蓄積（アーカイヴ）している。個人の嗜好やプロフィールも，検索履歴として自動的に学習され，用いられている。ユーザーの利便性を高めることにもなるが，不本意な情報や悪意のある検索ワードが固有名と結びつけられるケースも生じうる。また情報を解析するプログラム（アルゴリズム）の全容は，詳しく公開されていない。これほど日常生活に浸透しているにもかかわらず，何を基準にしているのかは実際にはよくわからないのである。それでも私たちはGoogle検索で上位にあらわれたものを重要とみなし，ともすればヒットしないものを「存在しない」と認識してしまうことすらある。

▷1　Googleホームページ（https://www.google.co.jp/intl/ja/about/）

## ② Googleブックスの波紋

　Googleを考える上で，代表的な事例を取りあげてみよう。サービスの1つGoogleブックスは，あらゆる本を電子化し，インターネット上で公開するデジタルライブラリーである。本の内容が見られるだけでなく，キーワードによる全文検索もできる（ただし実際には後述のような理由で，範囲は限定されている）。本のデータは，Googleが自ら電子化している。元の資料を提供したのは，ハーバード，スタンフォード，ミシガンほか北米の主要大学，ニューヨーク公共図書館など，いずれも世界屈指の蔵書を誇る図書館で，高額の費用をかけずにそれらを電子化できるという理由から，Googleブックスに参加することになった。

　だがこのプロジェクトは，著者や出版社の了解なくおこなわれたため訴訟問題に発展，当初は米国内で，さらには世界中で大きな論争を巻き起した。まず問題になったのは著作権の侵害だが，これに関しては，対価の支払いや公開範囲の限定などの措置が，和解案として示された。ただし著作権の考え方は国や文化によって異なり，個人や私企業の財産より公共の利益を重んじる解釈もある。対価に関係なく公開を断る著作権者もあり，議論は続いている。

　次に，Googleのような私企業が「人類共通の財産」である書物を独占的に所有し，公開することにも異議が唱えられた。とりわけ強く反発したのはヨーロッパを中心とする国立図書館である。アメリカ式グローバリゼーションへの対抗もむろんだが，数百年にわたる書物の集積庫であったヨーロッパの図書館にとっては，Googleブックスの登場が自らの存在意義を揺るがす衝撃であったことも想像に難くない。また検索に関しては，必要なページだけをカードのように切りだすことが，「本」そのものの解体につながるのではないか，という見識も出された。本は作者や編集者の意図にもとづいて構成され，文脈をもつ一冊の「本」にまとめられる。しかしいったん切り離されると，他の本との関係性も含めた「本」の構造が失われてしまうという懸念である。

　一年にもおよぶこれらの議論は，Googleブックスへの軌道修正をうながすことになったが，一方では各国の図書館による独自のデジタルアーカイヴ化が進み，電子出版物を流通させるための法整備，製作や販売の方向性などが，具体的に検討されるようになった。この点においてGoogleブックスは，著作物に関する権利，公共財としての本の保存・公開，書物のデジタル化といった一連の問題を，まさにボーダレスに浮上させる契機を世界に与えたということができる。Googleが目的に掲げる「世界中の情報を整理し」の中の「整理」は，原文ではorganizeだが，「構造を与えて組織する」という意味がある。Googleの理想は，それによって世界中の情報が掌握され，組織化されていくことと，つねに裏表の関係なのである。

（柴野京子）

▷2　国内では慶應義塾図書館が唯一，Googleのライブラリープロジェクトに参加し，福澤諭吉著作ほか10万冊をデジタル化している。

▷3　日本では国立国会図書館が，1968年までに刊行された和書90万冊のデジタル化を完了した。著作権保護期間がすぎたものは，同館ホームページから閲覧できる（http://dl.ndl.go.jp）。また2010年春に「デジタル・ネットワーク社会における出版物の利活用の推進に関する懇談会」が総務省，文部科学省，経済産業省の合同で設置され，関連する課題が横断的に議論された。

# Ⅸ　デジタル化される文化

## 5　電子書籍

### 1　紙の本と，電子の本？

　タブレットや電子ブックリーダーでマンガや小説，ビジネス書を読む——電子書籍の一般的な認識とはおそらくそういうものだろう。すぐにダウンロードできる手軽さや便利さ，場所をとらない，検索しやすいなど電子書籍の利点は多い。一方で，紙の本がもつ手触りや所有感が大切だといった意見も根強くある。しかしこうした議論の応酬で，電子書籍をめぐるモヤモヤが晴れることはあまりない。なぜなら私たちは，そもそも「電子の本」と比較できるほど深く「紙の本」を考察してきたわけではないからだ。

　では，もう一度考えてみよう。本といえば「読む」ものと思いがちだが，よくみれば，先にあげた論点にはそれぞれ別の要素が備わっている。例えば手軽さや便利さは，本の入手方法，流通に関わることであり，場所や所有感は，入手後の保存や蓄積の話である。ほかにも，執筆，編集，印刷，製本という製作過程がある。このように，本と人，および社会の関係は，読むことだけでなく，書く，作る，流通する，蓄積するなどさまざまな局面から成立している。だから電子書籍も限られたイメージからではなく，複数の視点による「本の電子化」としてとらえる必要があるのだ。ここではヒントとなるトピックを，順番にみていこう。

### 2　本の電子化を考えるヒント

#### ○デジタル技術で本をつくる

　本をつくる視点からは，豊かなテーマを引き出すことができる。まず商業出版においては，1970年代頃から印刷工程にコンピュータが導入されている。80年代なかばにデスクトップパブリッシング（DTP）が登場すると，文字の入力・指定から全体のレイアウトまで，一連の編集作業が端末上でできるようになった。したがって「紙の本」も，その大半はデジタル技術で作られている。[1]元のデータを保管しておいて，必要部数だけを出力するオンデマンド出版や，Googleブックス[2]のように，紙の本をスキャンして作るデジタルアーカイヴもあり，紙と電子の境界は意外に近くて曖昧だ。

　デジタル技術は，誰もが書き手であると同時に，本の作り手になりうる可能性も開いた。個人で市販のDTPソフトを使いこなす人もいるし，ワープロや

▷1　印刷技術の電子化については，植村八潮，2012，「出版の電子化と電子出版」川井良介編『出版メディア入門［第2版］』日本評論社，pp.82-109がわかりやすくまとめている。

▷2　Ⅸ-4参照。

デジカメならばもっと手軽に利用できる。同人誌，ブログやケータイ小説，コピー機やスキャナで「電子的に」複製される本などは，いずれも広い意味の電子出版に含めることができる。簡単に作れるため著作権の問題も発生するが，テキストの拡大縮小，音声との変換技術など，本の提供・利用におけるバリアフリーへの寄与も見逃せない。

### ○デジタルの特色を活かした本

　デジタルとアナログの一番の違いは，要素同士があらかじめつながりをもっているか否かにある。個々の要素が独立しているデジタル構造では，組み合わせや切り離しが任意で可能になり，異なるタスクを動かすのも得意だ。この性質を利用すると，紙の本の代替物ではない，新しいアイデアで出版物を企画することができる。辞書や事典類は代表的なもので，1つの語をさまざまなパターンから抽出できたり，文字や図版だけでなく音や動画を加えた「マルチ」メディアであったりと，数多くの商品がすでに送り出されている。

### ○デバイスと流通デザイン

　iPadやKindleなどの端末機器（デバイス）は，コンテンツの流通デザインを抜きに考えることはできない。例えばAmazonが販売するKindleは，機械の性能よりも，世界最大のインターネット書店の端末であることに本来の価値がある。Amazonならどんな本でも手に入るだろうとの期待が，Kindleに反映しているのだ。日本では「紙の本」の7割が書店で流通している。専門書からマンガまで，幅広い出版物を扱う日本の書店は，とくに客を選ばない身近な場所であり，それゆえ知と言論を提供する公共性の高い装置として機能してきた。電子書籍の流通にまだ定まったものはないが，そのデザインはビジネスの成否だけではなく，社会における知へのアクセスとして考えることが重要である。

### ○書物の蓄積と新しい「読み」

　図書館には，本の電子化に関わるすべてのテーマが集約されている。研究機関など，希少な本を大量にもつ図書館では，蔵書をデジタル化して提供することがスタンダードになりつつある。雑誌論文や新聞記事などは，大手企業がデータベースとして商品化し，有料で提供するケースが多く，図書館は「電子書籍」の隠れた市場である。研究や学習用の図書が電子化すれば，検索結果だけを寄せ集めた安易な「読書」がはびこる危惧もあるが，デジタル環境の中での新たな読書も模索されている。電子書籍に書き込んだメモや傍線を履歴として残し，限定されたメンバーのあいだで閲覧を共有，議論するソーシャルリーディングは，その1つである。

　「本の電子化」には無数のアプローチが存在する。それを正しく考えることは，社会の中で「本」がいったい何であり，私たちがどう接してきたのかを問い直すことである。そこに，本の未来もある。

（柴野京子）

▷3　日本初の電子出版物は，1985年に三修社が発売したCD-ROM『最新科学技術用語事典』である。CD-ROMはインターネットが普及するまでの一般的な形式であったが，現在は新たな情報を加除できるオンライン型のデータベースに移行しつつある。

▷4　KindleはAmazonの電子書籍用に開発されたものだが，PDFなど別のコンテンツを移して読むこともできる。逆に，PCや他のタブレットにダウンロードした専用アプリでKindleのコンテンツを購入することも可能。

▷5　柴野京子，2012，『書物の環境論』弘文堂を参照。

## IX　デジタル化される文化

## デジタル化する博物館・美術館

### 1　ミュージアムがデジタル化する2つの水準

Ⅷ-3 に加えて，なぜ「デジタル化する博物館・美術館」が必要なのか。それは，ミュージアムのデジタル化は大きく2つの水準で理解する必要があるからだ。まず挙げられるのが，各館の所蔵品のデジタル化，さらにはそのインターネット上での公開へと続く，ミュージアムという「機能」のデジタル化の水準である。これらオンラインのミュージアムは，自身を構成する機能のなかでも，とくに「収集・保存」，「展示」の機能を拡張させてきた。

一方ここで扱うのは，ミュージアムという「経験」のデジタル化の水準である。1990年代以降に私たちが経験した，日常的に携帯するメディアの小型化と撮影機器化という流れは，ミュージアムの展示内容とは別の水準でその経験を規定してきた。この変容は，経験そのもののデジタル化とまでは言い切れないかもしれないが，情報技術のデジタル化にうながされるかたちで生じており，この変化をミュージアム経験のデジタル化として考えてみたい。

### 2　ミュージアムの日常空間化

では，具体的にミュージアム経験のデジタル化はどのように進行しているのだろうか。その一例として，ミュージアムで撮影する来館者の増加が挙げられる。ミュージアムの常設展は従来から撮影可能な場合が多かったが，2000年代に入り日本でも国際展が一般化した結果，現在ではミュージアムの展示室内で撮影に勤しむ来館者を見ても，さほど驚くことはなくなった。

ここで重要な点は，彼/彼女らは，多くの場合「カメラ」ではなく「スマートフォン」のような携帯型の情報通信端末で撮影しているという事実だ。そもそも携帯電話に撮影機能がつくまで，私たちは必ずしも日常的には撮影していなかった。「撮影機器≒カメラ」を持ち歩くのは，例えば家族旅行といった特別な理由からだったはずだ。ゆえに，従来展示室でカメラを手にしていたのは，授業で芸術作品をスライドで紹介する大学教員や，研究の資料として展示物の画像が必要となる学生等に限定されており，基本的に美術なり科学標本なりの画像は，特定の文脈に属する画像情報の一覧として保持されてきた。

ところが，現在のミュージアムにおける撮影は，上述のように特定の展示物に対する関心にもとづいたものではない。むしろ，スマートフォンやタブレッ

▷1　日本語では「museum」の訳語として「美術館・博物館」を使い分ける傾向があるが，ここではその総称として「ミュージアム」を採用する。

▷2　その極端な事例が，Googleが進める「Google Art Project」である。世界各国の美術館の協力を得て，数多くの芸術作品とその書誌情報がインターネット上で自由に閲覧できる（https://www.google.com/culturalinstitute/project/art-project）。

▷3　国際展では一部の作品を除いて撮影が許可されている。日本でも，横浜トリエンナーレに代表される都市型の国際展ではメイン会場としてミュージアムが利用されるため，多くの来館者が館内での撮影を経験する。

トPCといった情報通信端末を日々持ち歩くことで，私たちは何か目にとまればとりあえずシャッターを切るという所作を身体化しており，とりわけ視覚的に訴求力の高いモノが並ぶミュージアムでは，前日の誕生日パーティや夏休みの海外旅行と同様に思わず撮影してしまうのである。その意味では，ミュージアムで撮影する来館者の増加は，その経験の変容としてだけではなく，私たちの日常的なメディア実践のミュージアムへの浸食として理解できる。

### ③ 曖昧になるミュージアム経験の輪郭

このような「ミュージアムで撮影すること」の一般化は，ミュージアムというメディアに固有の「場」の有り様を揺さぶっている。つまり，ミュージアムとは，「来館者／ヒト」と「展示物／モノ」が同じ時空間を占め，鑑賞に没入する場だと考えられてきたにもかかわらず，来館者が日常的なメディア実践をもち込んだことで，場の秩序が弛緩してしまったと。

ところが一方で，来館者による撮影——とりわけ撮影のためのカメラではなく，撮影もできる情報通信端末による撮影——は，ミュージアム経験の事後的な編集を可能にした。というのも，スマートフォンに保存された展示物の画像は，インターネット上で共有され，その画像をめぐる来館者自身や友人とのコミュニケーションが，展示物の「タグ」として記録されていくからである。

このようなミュージアム経験の再編集は，2つの帰結を導きうる。1点目は，「知」そのものの再編集である。1990年代半ば以降，ミュージアムの書誌情報はオンラインでの共有が進んだが，依然としてそれらは専門知にもとづいて分類されており，必ずしもインターネットでの検索・共有には適していなかった。ところが，一般の来館者が展示物の画像を共有し，タグづけをおこなうことで，同じ展示物に対して私たちの日常的な語彙による意味づけが与えられ，専門知の上に新たな知のレイヤーが積層しつつある。

同時に，来館者が自身の訪問の記憶をインターネット上で編集するようになったことで，既存のミュージアム研究では自明とされてきた，場に従属するミュージアム経験という理解も相対化されうる。美術館を鑑賞の空間としてきた美術史や美術批評においても，またミュージアムを社会教育施設として理解してきた教育学にしても，来館者の経験はミュージアムという「場」に縛りつけられてきた。ところが，インターネット上に残された画像やその画像をめぐるコミュニケーションが可視化されることで，ミュージアム経験は，時空間の両面でミュージアムという物理的な場所から離れた後も変容を続けることが明らかになってきた。もちろん，デジタル化以前にも，来館後の家族との会話やお土産の絵葉書などを見返すことでその記憶は変わっていっただろう。けれども，私たちのミュージアム経験の変容，およびその変容が可視化される背景には，デジタル技術の社会的浸透が存在しているのである。

（光岡寿郎）

▷4　ミュージアムは，テレビ番組と同様に専門職が作りあげた展覧会が，不特定多数の観衆に提示される点でマスメディア的だとも言える。その詳細については，光岡寿郎，2010，「なぜミュージアムでメディア研究か？――ロジャー・シルバーストーンのミュージアム論とその射程」『マス・コミュニケーション研究』76：pp.119-137 が参考になる。

▷5　おそらく撮影者は，実際には「展示物」以上に「展示物と映る私」や「展示室」の画像を共有したいと考えている。この移行はミュージアム経験の「展示室からインターネットへ」という流れと同様に，その主題の「展示物から来館者へ」という移行としても理解できる。

▷6　英語では，一般に学術的，専門的な分類である「タクソノミー（taxonomy）」に対して，人びと自身による分類という意味で「フォークソノミー（folksonomy）」という用語が使われる。

## IX デジタル化される文化

 移動とスクリーン

▷1 加えて,「テレビは視覚メディア,ラジオは聴覚メディア」といったメディアと受容感覚の対応にも再検討の余地がある。この点で,マーシャル・マクルーハンの著作を,「メディアと感覚」という視点から再読することは有効だろう。

▷2 この現状をソフトウェアの優越性といった文脈で議論してきたのが,ソフトウェア・スタディーズ(Software Studies)の一連の業績である。邦訳文献としては,マノヴィッチ,L., 大山真司訳, 2014,「カルチュラル・ソフトウェアの発明──アラン・ケイのユニヴァーサル・メディア・マシン」伊藤守・毛利嘉孝編『アフター・テレビジョン・スタディーズ』せりか書房を参照されたい。

▷3 メディアの内容に傾斜したテレビ研究(Television Studies),映画研究(Film Studies)の限界は,1990年代には英語圏でも共有されている。その反省を踏まえ,両分野に定評のあるロンドン大学の各カレッジは,スクリーン・メディア(Screen Media)を共有の問題意識として,メディア研究,映画研究科の連携組織である「Screen

### 1 「テレビ」という不思議な言葉

オリンピックやワールドカップ(以下,W杯)の期間中,教室で朝礼前に「昨日テレビ見た?」と会話を始めた経験は誰にもあるだろう。一方で,2011年のアナログ放送の終了にともない,「昨日うちに新しいテレビが来たんだ」という友人からの報告を耳にしたこともあるのではないだろうか。ところが,よく考えるとこの2つの「テレビ」は,異なる対象を指していることに気づく。

というのも,前者が具体的なスポーツイベントを対象とした「テレビ番組」を指す一方で,後者は明らかにその番組を映す「テレビ受像機」を意味しているからだ。しかし,私たちは普段何の違和感もなく,この両者を同じ「テレビ」として了解している。なぜなら,デジタル放送以前には,テレビ番組をテレビ受像機以外を通して見る機会はほとんどなかったからである。

### 2 テレビからスクリーンへ

ところが私たちは現在,テレビ番組をふくむ映像を数多くの異なる「受像機≒モノ」を利用して視聴している。例えば,テレビ受像機,パソコンのモニター,タブレットPC,スマートフォンなどだ。では,通学の電車でスマートフォンを通してオリンピックを視聴する場合と,自宅の居間で受像機を通して同じ試合を観戦する場合,両者は同じ「テレビ視聴」と呼べるのだろうか。また,「スマートフォンの画面でテレビ番組を視聴する」状況は,テレビ研究とケータイ研究,どちらの範疇に属するのかという疑問が浮かぶ。

けれども,現代のメディア環境がもたらす上述の問いに,厳密な答えを出すことはさほど重要ではない。むしろ留意すべきなのは,ここにデジタル化以降の急速な情報技術の発展に追いつけない,硬直したメディア観が現れている点だ。私たちはテレビにかぎらず,メディアというモノと,それが伝える「情報≒コト」が一対一で対応することが自然だと感じてきたし,ゆえにメディア研究もまた,どこかでそのジャンルを自明視することで専門分化してきた。ところが,技術的にはすべての情報がデジタル化可能で,その数列がアルゴリズムに応じて音声としても映像としても取り出せる現在,もはやメディアの研究を,そのジャンルに依拠して継続することは難しい。

だとすれば,今までそれぞれ異なるメディアを通して取得してきた情報を,

ジャンルを問わず組み替えながら伝える技術的基盤に再度注目する必要があるのではないか。なかでもまず目を向けるべきは，文字，音声，映像といったあらゆる情報を画面に映し出す汎用的なモノ，つまり「スクリーン」だろう。

## 3 スクリーンが映し出す問題系

　スクリーンは狭義には映画が上映される幕のことだが，ここでは映像が映る電子的画面やその端末を広く意味すると考えて欲しい。とすると，私たちは日々数限りないスクリーンと接触していることがわかる。例えば，スマートフォンの目覚ましで起床し，電車内の電子化された広告を眺め，大学に着けばまさにスクリーン上のスライドから授業のノートを取る。そして，授業の合間にはパソコンに向かってレポートを作成し，友人との夕食の際には再びスマートフォンでレストランを検索し，そこではタブレット端末で注文をする。ようやく帰宅すれば，テレビで一日のニュースを確認するという具合に。

　ここからは，日常的な空間の隅々にまでスクリーンが遍在していると同時に，両者の関係性を静的にではなく動的に理解する必要性が浮かびあがってくる。スクリーンは，従来から映画研究やテレビ研究のなかで論じられてきたが，そこでは，スクリーンと私たちの関係性は，基本的には固定的（sedentary）なものとされてきた。つまり，それぞれテレビは居間で家族と，映画は映画館で多くの他の観衆と座って鑑賞すると想定されてきたのである。ところが，現在私たちは，街のいたる場所に設置されたスクリーンを横切り，一方で彼／彼女らはどこに向かう際にも小型のスクリーンを携帯している。その意味では，スクリーンは刻々と移ろう時間や場所と，そこを通過する人びととの関係性を規定する物理的な環境となった。

　このようなスクリーンと観衆との関係性の変化は，マーシャル・マクルーハンやジョシュア・メイロウィッツらの議論の過剰な一般化でもある。テレビやインターネットが，「いつか」「どこかで」起きている出来事を家庭で寛ぐ観衆へと間接的に届けるというメディア観からははっきりと逸脱している。むしろ，スクリーンは「いつでも」「どこでも」日々の経験を直接的に媒介するインターフェイスなのであり，この点でメディアについて考えることは，私たちの日々の「移動」について考えることと不可分になりつつある。2014年現在においても，すでにスマートウォッチというウェアラブルなスクリーン端末が市販され，その先にはスマートグラスの投入が想定されていることを考慮すれば，先行して進んだ都市の表面のスクリーン化に加えて，スクリーンを備えた私たち自身のモバイルメディア化が急速に進行していくことになるだろう。このようなスクリーンの遍在がもたらす近未来像を理解するためには，素朴な技術決定論とは異なる視点から，スクリーンと私たちのメディアを通した経験を分析する姿勢が求められている。

（光岡寿郎）

Studies Group」を2001年に立ち上げている（http://www.screenstudies.org.uk/index.htm）。

▷4　この過程で，既存のメディア研究における数多くの理論が再考を迫られることになるだろう。例えば，2014年のサッカーW杯に際し頻繁に見られた，通勤時に駅のプラットフォーム上で集団として電車を待ちながらも，一方でそれぞれ個別にスクリーン・メディアを通して日本代表の試合を観戦する観衆は，ダヤーンとカッツのメディア・イベント論では想定できなかったメディア受容のあり方のはずだ。ダヤーン，D., カッツ，E., 浅見克彦訳，1996,『メディア・イベント──歴史をつくるメディア・セレモニー』青弓社。

▷5　携帯型スクリーン・メディアの特徴は，自身が受像機であると同時に，通信端末でもあることなのだが，この点についてはスマートフォンにおける位置情報サービス（Location-based service）のアプリケーションが普及した北米で研究が進んでいる。代表的なものとして，de Souza e Silva, Adriana and Jordan Frith, 2012, *Mobile Interfaces in Public Spaces: Locational Privacy, Control, and Urban Sociability*, Routledge.

# IX デジタル化される文化

# ポスト記号消費社会

## 1 消費社会の到来と「記号」の消費

1970年代に入ると多くの先進国は，消費社会という言葉で特徴付けられるようになった。フランスの社会学者ジャン・ボードリヤールによれば，消費社会とは，冷蔵庫や洗濯機など生活必需品が一般家庭に浸透し，人びとが消費を楽しむようになった成熟社会である。こうした時代においては，モノの機能的な使用や所有のために人びとは商品を購入するのではない。◁1

ボードリヤールの消費社会論は，フランス記号学の影響を受けつつそれを発展させたものである。フェルディナン・ド・ソシュールの言語学の影響を色濃く受けたロラン・バルトは，文芸批評の領域に記号学を導入した。ここでいう「記号」とは「意味するもの」と「意味されるもの」の組み合わせである。◁2 この2つの組み合わせは必然的ではなく恣意的なものであって，「意味するもの」の差異が1つの記号の体系を作るというのだ。

ボードリヤールの消費社会論では，商品が記号と重ね合わされる。けれども，人びとが消費しているのは，もはやマルクス主義経済学における商品の使用価値に対応する「意味されるもの」ではない。交換とコミュニケーションが全面化した消費社会では，「意味されるもの」はつねに別の「意味するもの」に置き換えられる。そこでは，交換価値に対応する「意味するものの連鎖」のみが重要なのであって，記号の「意味するもの／意味されるもの」の区分はもはや無効なのだ。人びとは商品を単なる「意味するもの」の連鎖の記号として消費するようになっているとボードリヤールは考えたのである。

## 2 消費者からユーザーへ

ボードリヤールの消費社会論は，1970年代から1980年代の日本社会を説明する理論として広く受け入れられた。とくに1980年代後半のバブル景気を背景にした，広告やメディアのイメージ戦略の拡大は，「記号としての商品」という概念を現実の企業活動へ具現化したものとしてとらえられた。◁3 この消費社会の中心的な主体は言うまでもなく消費者である。けれども，1990年代前半のバブル景気の崩壊後長く続いた不況のために，「消費」という活動が社会の中で相対的に重要性を失っていく。消費社会を支えたテレビや雑誌などのマスメディアはインターネットのソーシャルメディアによって徐々に統合され，視覚イ

◁1 ファッションを例に取ってみよう。例えば寒さをしのぐという目的であれば，どんな服でも一定の機能をもっている。けれども，現在私たちは服のブランドやデザインが自分の趣味やアイデンティティと分かちがたく結びついていることを意識している。新しく服を選ぶのは，自分が人より早く情報を得たことを見せびらかすためかもしれない。ファッションに興味のない人も，むしろ積極的にオシャレをしないことによって「興味がない」というメッセージを発信している（この点で，ボードリヤールの消費社会論は，ヴェブレンの「顕示的消費」とは異なる）。今日の消費は，単なる経済活動ではなく記号の消費であり，言語的なコミュニケーション活動なのだ。ボードリヤール，J.，今村仁司・塚原史訳，1995，『消費社会の神話と構造』紀伊國屋書店。

◁2 ソシュールの言語学については丸山圭三郎，1981，『ソシュールの思想』岩波書店が絶好の手引きになる。また，ロラン・バルトは，言語学に起源をもつ記号学を文学だけではなく，広告やファッションの領域に拡張した。彼は文字言語と同様に視覚言語やさまざまな文化もまた記号の体系

メージに依拠していた広告メディア戦略は，より詳細な顧客管理，情報サービス，そしてマーケティングに取って代わられた。

　人びとは依然として商品を記号として消費し続けているが，新自由主義的なグローバリズムの過酷な競争の下で企業はこれまで資本主義経済の中に組み込まれてこなかった感情や情動といった新しい領域を商品の中に組み込み始める。マクドナルドの「スマイル0円」に代表されるコミュニケーションサービスのマニュアル化はその代表的な例だろう。人びとは記号やイメージだけではなく，対人コミュニケーションや感情のやりとりまでも消費の対象とし始めたのだ。「何を売るか／買うか」ではなく「どのように売るか／買うか」ということが重要視されるようになったのである。

　ここで主役になるのは，生産者に対応する受動的な消費者ではなく，自ら生産者としての要素を活動に内包した「ユーザー」という主体である。消費者からユーザーへという変化は，マスメディアを中心とした一方向の情報流通からソーシャルメディアなど双方向型の通信メディアへという変化に対応している。ユーザーは，消費者でありながら，積極的に企業に情報やデータを提供し，その企業の経済活動を根幹的に支えている。彼らは，消費者でありながら生産者であり，いわば無給の「労働者」なのだ。今日のクリエイティヴ産業はユーザーたちの無給の「労働」活動を再編成することで成長しているのである。

### ③ ポスト記号消費社会：創造社会と情動の生産

　この新しい社会を，近年の創造都市や創造経済の議論と重ね合わせて，創造社会と呼ぶことができるかもしれない。その中心的な商品は，単なる記号やイメージではなく経験やコミュニケーションなど身体と感情に関わる情動である。この情動は一方的に与えられるものではなく，人びとの積極的な参加によって生産されるものだ。

　けれども，創造社会の「社会」とはもはや伝統的に社会学が扱ってきた社会とは質的に変容してしまっている。かつて社会が担ってきた領域は，市場化できるところは資本主義経済の一部となり，市場化できない部分はNPOをはじめとする行政によって制度化された市民たちの活動によって補完される。それは，社会の中に存在する市民活動をさまざまなかたちで新しい資本主義の中に包摂する「社会」なのだ。

　しかし，このことは資本主義的権力が社会を完全に支配することを意味するのではない。むしろ，人びとが獲得した生産性は，しばしばオルタナティブなライフスタイルや政治を形成する上で積極的に活用されている。ポスト記号消費社会の登場はスペクタクル商品社会を支配してきたイデオロギーを批判的に乗り越える契機になる可能でもあるのだ。

（毛利嘉孝）

として理解しようとしたのだった。バルト, R., 渡辺淳・沢村昂一訳, 1971「記号学の原理」『零度のエクリチュール』みすず書房。

▷3　日本における記号の消費という観点から興味深いのは，1980年に西武セゾングループの中核会社，西友がプロデュースした「無印良品」というブランドである。食料品や衣料品に始まり家具や住宅にまで広がる商品ラインナップは，消費社会の重要な構成要素であるブランドの否定から始まったが，皮肉なことにブランドを否定するブランドとして高い人気を得ることになった。

▷4　この変化をドゥルーズにならって「管理社会（Society of Control）」として理解することができる。ドゥルーズ, G., 宮林寛訳, 2007,「追伸――管理社会について」『記号と事件――1972-1990年の対話』河出文庫。

▷5　かつてマクドナルドのメニューに小さく「スマイル0円」と書かれていた。現在ではなくなっているが，チェーン店系の飲食店の接客マニュアルの徹底を象徴的に示すスローガンとして話題になった。

▷6　毛利嘉孝, 2014,「批判的クリエイティヴ産業論へ」伊藤守・毛利嘉孝編『アフター・テレビジョン・スタディーズ』せりか書房。

## Ⅸ デジタル化される文化

# 9 情報資本主義

## 1 情報資本主義のメカニズム

　資本主義の長い歴史をごく簡単に振り返るとき，私たちはその支配的な生産形態が，まず近代化ないしは工業化の過程において農業から工業へと移行し，次にポスト近代化ないしは情報化の過程において，工業製品の生産に主軸をおく工業から，知識や情報，ソフトウェアやアルゴリズム，イメージやコンテンツ，情動やコミュニケーションといった非物質的な財の生産に主軸をおく形態へと移行した，と図式的に要約することができるだろう。

　こうした非物質的生産を支配的な生産形態とする資本主義を指し示す用語としては，情報資本主義のほかにも，ポスト産業資本主義（ポストフォーディズム）やデジタル資本主義，認知資本主義や生政治的経済といったものがあげられる。これらはみな資本主義と情報やテクノロジーとのあいだの不可分な関係について分析する上で有益な示唆をもたらす用語ではあるが，ここでは，20世紀末から21世紀にかけてドラスティックな変貌を遂げつつある，インターネットを基盤とした情報資本主義のメカニズムに焦点を合わせることにしよう。

## 2 ソーシャルメディアとフリー労働

　1990年代末に発生したITバブルやドットコム・バブルは2001年に崩壊した。それにともない，情報資本主義は〈ソーシャル・ウェブ〉や〈ウェブ2.0〉へとその戦略を転換させることになる。ドットコム・バブルを支えていたeコマース（電子商取引）の論理が，製品を購入するユーザーにかかわるものであったとすれば，新たに登場した〈ウェブ2.0〉の論理は，ユーザーじたいを製品にすることにかかわるものだ。より詳しくいうと，FacebookやTwitterといったSNS（ソーシャル・ネットワーキング・サービス）の運営するプラットフォームから，Googleの提供するアプリケーションに至るまで，それらのサービスが商業的に大きな成功を収めたのは，ひとえに，膨大な数のユーザーたちが織りなす社会的な諸関係やコミュニケーションを——広告収入や資本利得といったかたちで——貨幣化するのにそれらが長けていたからにほかならない。

　このように〈ウェブ2.0〉と総称される情報資本主義の経済モデルは，産業資本主義的な〈賃労働〉を周縁化しつつ，無数のユーザーたちの自発的な協働や〈フリー労働〉を貨幣化することをその価値生産の基盤としている。また，

▷1　これらのうち，フォーディズムを変容させたポスト産業資本主義と，人びとの〈生〉全体にかかわる生政治的生産については，アントニオ・ネグリとマイケル・ハートの〈帝国〉3部作（水嶋一憲ほか訳，2003，『〈帝国〉』以文社；幾島幸子訳，2005，『マルチチュード』（上・下）NHKブックス；水嶋一憲監訳，2012，『コモンウェルス』（上・下）NHKブックス）を，インターネットを中心とするデジタル資本主義については，Scholz, Trebor ed., 2013, *Digital Labor: The Internet as Playground and Factory*, Routledge を，集合的知性に立脚する認知資本主義については，Boutang, Yann M., 2011, *Cognitive Capitalism*, Polity Press や『現代思想——特集認知資本主義とは何か』2011年3月号を，それぞれ有益な基本文献として参照することができる。

ここでいう〈フリー〉には，それが基本的に「無報酬の」労働であるということと，それが規律を課したり，指令を下したりすることの難しい「自由な」労働であるということの，二重の意味が込められている。

こうしたフリー労働が生み出す価値の捕獲のメカニズムを明示するモデルとして，まず検索エンジンの Google を取り上げておこう。Google は，単に上からのデータ管理装置であるばかりか，下からの価値生産装置（ページランクという――ウェブ上の各ノードの価値ランクを決定するための――アルゴリズムを通じて作動するような）でもある。さらに，このような〈Google モデル〉を拡大・深化したものとして，Facebook に代表されるソーシャルメディアに着目することができる。〈Google モデル〉を引き継いだ〈Facebook モデル〉は，「コラボレイティブ・フィルタリング」や「ソーシャル・グラフ」といった新たな手法を駆使しながら，ユーザー間の情動にもとづくコミュニケーションや親密な社会的諸関係を剰余価値の諸形態へと変換しつつ，それらを制御し捕獲し，私有化するためのプラットフォームの構築を志向しているのである。このように，ソーシャルメディア時代の経済モデルは，ページランクによって測定されたリンクの価値にもとづく，Google 型の〈リンク経済（link economy）〉から，「いいね！」ボタンによって情動的につながった社会的諸関係にもとづく，Facebook 型の〈ライク経済（like economy）〉にシフトしつつあり，その傾向はさらに強まってゆくにちがいない。

## ③ コミュニケーション資本主義を超えて

これまで見てきたように，ソーシャルメディアの時代においては，コミュニケーションそのものが資本主義的生産にとっての支配的形態となっており，そうした編成のことを「コミュニケーション資本主義」と呼ぶことができる。産業資本主義が労働力の搾取にもとづいていたのと同じように，コミュニケーション資本主義はコミュニケーションという労働の搾取にもとづいているのだ。またそのさい，無数の人びとがコネクトしつつ織りなす，情報と情動のフローやコミュニケーションのループが，ソーシャルメディアのプラットフォームにおいて独占的に私有される（広告・マーケティング収入や金融レントの源泉として）と同時に，絶え間なく監視・制御されている（ビッグデータの採掘やメタデータの抽出を通じて）という点にも留意しなければならない。

ウェブ2.0以降の精妙なアルゴリズムによる制御や捕獲をすり抜けながら，情報資本主義の新形態としてのコミュニケーション資本主義を乗り越えることは可能だろうか。その可能性を追求する上で不可欠なのは，ソーシャルメディア時代の社会情報を民主的かつ非商業的な「共有の富（コモンウェルス）」として創出・配分・保存するようなプラットフォームとメディア環境の構築をめざす実験的な試みと闘いを，持続的に推進することであろう。　　　（水嶋一憲）

▷2　フリー労働とネットワーク文化の関連については，Terranova, Tiziana, 2004, *Network Culture: Politics for the Information Age*, Pluto Press を参照。

▷3　Gerlitz, Carolin and Helmond, Anne, 2013, "The Like Economy: Social Buttons and the Data-Intensive Web," *New Media & Society*, 15（8）: pp.1348-1365を参照。

▷4　コミュニケーション資本主義の概念とその詳細な分析については，政治学者のジョディ・ディーンによる以下の著作を参照。Dean, Jodi, 2009, *Democracy and other neoliberal fantasies*, Duke University Press; Dean, J., 2010, *Blog Theory*, Polity Press.

▷5　近年の劇的に変容したメディア環境を踏まえつつ，情報と情動の関係について斬新な視角からアプローチした書物として，伊藤守，2013，『情動の権力――メディアと共振する身体』せりか書房を参照。

▷6　そうした未来に開かれた構成的闘争の可能性を探る，1つの示唆に富む試みとして，Taylor, Astra, 2014, *The People's Platform; Taking Back Power and Culture in the Digital Age*, Metropolitan Books をあげておく。

# IX　デジタル化される文化

## 監視社会

### 1　データ監視の日常

　今日，監視は至るところに広がっている。犯罪が起きれば事件現場とその周辺をとらえた監視カメラの映像を手がかりに捜査がなされ，容疑者が検挙されることは珍しくない。だが，事件や事故の捜査のみに監視が活用されるわけではない。ネットで商品を購入したり予約することは，今では日常化している。それらネットでのやり取りにも，実は監視が関わっている。なぜならネット利用者の購買履歴データが記録され，それを用いて企業はマーケティング戦略を練っているからだ。映像として容疑者の姿をとらえることは，従来からの監視イメージ＝見張りに合致するが，個人データが電子的に記録・蓄積・分析されるとき，さほど「見張られ」ているとは感じられない。だが，現在の監視の特徴は膨大なデータを捕捉し，それを分析／運用する点にある。

### 2　監視「社会」の意味

　監視の進行にたいして，これまで管理社会批判という観点から疑問が投げかけられてきた。G. オーウェルの小説『一九八四年』では「ビッグブラザー」がすべてを支配する社会が描かれ，それは監視の恐ろしさの典型的なイメージとなった。だが，いま現在の監視はそれほど「暗黒」でもない。人びとはさほど恐がりもせず，むしろ安全や快適さを求めて監視を歓迎すらしている。この事実に目を向ければ，高度な監視を抑圧的な管理と安易に同一視するのは適切でない。

　ここであらためて，監視国家ではなく監視社会であることの意味について考えてみよう。それが「社会」であるからには，監視の担い手は国家権力や警察だけでなく，企業組織や地域共同体，さらに家族や友人といった社会集団でもあるはずだ。権力的な上下関係のもと「強い者」が「弱い者」を一方的に見張るだけでなく，より対等な関係にある者同士が互いを見張り合うことが，そこに含まれる。では，国家は監視と無関係なのだろうか。もちろん，そんなことはない。近年，軍事・警察力を独占する国家は安全確保を殊更に重視する「セキュリティ国家」としての様相を強めている。その結果，セキュリティを追い求める国家と監視に拘泥する社会の組み合わせが，今日の世界を特徴づけている。

▷1　パリサー，E., 井口耕二訳, 2012,『閉じこもるインターネット——グーグル・パーソナライズ・民主主義』早川書房。

▷2　バウマン，Z., ライアン，D., 伊藤茂訳, 2013,『私たちが，すすんで監視し，監視される，この世界について——リキッド・サーベイランスをめぐる7章』青土社。

▷3　オーウェル，G., 高橋和久訳, 2009,『一九八四年［新訳版］』ハヤカワepi文庫。

▷4　ライアン，D., 田島泰彦・清水知子訳, 2004,『9・11以後の監視』明石書店。

## 3 「アサンブラージュ」としての監視

　絶対的な国家権力が国民を抑圧するのではなく，各人の嗜好や欲望に応えるべく企業や組織が個人データを収集・分析・活用する現在の監視社会は「ビッグブラザー」のイメージとはほど遠い。だがそれは，今日の監視が支配や暴力と無縁であることを意味しない。むしろ，現在の監視は明確な中心をもつのではなく，多様な監視のネットワークを介して巧妙な力を発揮する。明確な中枢がないからこそ，それはあからさまな監視とは受けとめられにくい。だがネットワーク化されることで，従来不可能だった監視が実現している。K. ハガティーと R. エリクソンが提唱する「監視のアサンブラージュ（surveillant assemblage）」は，こうした現代的な監視の特徴をとらえる概念である。例えば「テロ容疑者」を捜査する場合，警察・公安が把握する過去の犯罪歴情報に加えて，金融機関が持つ個人資産に関する情報，航空会社が記録する海外渡航歴，信販会社のデータに残された商品購入記録などを用いて，特定の「容疑者」を割り出すことが「プロファイリング」として実施される。国家であれ企業であれ，何か 1 つの組織がすべての個人情報を把握することがなくても，各種データベースを相互に参照することで，特定個人に関する情報を限りなく完全に近いかたちで捕捉することができる。その意味で監視がアサンブラージュと化した今日の状況は，オーウェルが描いた以上に巧妙な監視と管理が徹底された世界だと言える。

## 4 ビッグデータ時代の監視

　個人自身（人物）ではなくさまざまな事象に関する情報（データ）に照準し，多様なネットワークのただ中において実践される監視。それこそが現在の監視社会の特徴である点を理解すると，新たなビジネスチャンスや有効な防災対策との関連で注目される「ビッグデータ」が，どれほど監視の要素を含むかが明らかになる。例えば，顔認証装置を備えたカメラとデジタルネットワークを駆使して，多くの利用者が行き交う駅構内や繁華街での人の動きを監視する大規模な「実験」が企てられる。その際プライバシーへの配慮として，収集・蓄積・分析されるデータを匿名化することがくり返し強調される。だが，それでプライバシーが保護されると期待するのは，およそ現実的でないだろう。なぜなら，たとえ 1 つのシステムで情報が匿名化されたとしても，そのほかのデータベースに蓄積された情報と重ね合わせることで，個人を特定することは理論的にも技術的にも可能だからだ。今後，デジタル化が社会の隅々にまでおよぶ時代に生きる私たちは，自らを取り巻く巧妙なデータ監視に対する感覚を研ぎ澄ませる必要がある。

（阿部　潔）

▶5　Haggerty, K. D. and Ericson, R. V., 2000 "The surveillanct assemblage," *British Journal of Sociology*, 51(4)：pp.605-622.

▶6　例えばアラブ諸国に頻繁に出かけ，外国口座から多額の振込が定期的になされ，特定の宗教や信条に関係した書籍の購入が為されたというように。なお，こうしたデータ監視にもとづくプロファイリングの手法は，容疑者の割り出しだけでなくマーケティングにおける「有望な消費者」の解析にも用いられる。

▶7　阿部潔，2014，『監視デフォルト社会——映画テクストで考える』青弓社。

# X 法・政策と情報

## 1 総論

### 1 情報法・政策は面白い？

法や政策というと、何となく堅苦しくて、面白みに欠けるように見える。しかし、これらが情報・メディア・コミュニケーション等と交わるところの「情報法」ないし「情報政策」と称される学問分野は、日本では1960年代以降の社会の「情報化」の進展とともに新たに発達してきたものであり、今日でもなお、成長期ならではの活気と苦悩にあふれている。

というのも、この分野では、技術革新やグローバル化に牽引される絶えざる社会変化にともない、複雑な利害の対立をふくむ新しい課題が、次々と生じているからである。例えば、インターネット上の名誉毀損・プライバシー侵害・わいせつ表現・著作権侵害等のコンテンツを規制しようとする場合に、その本来の性格として国境を越えて流通するネット上の情報を、伝統的には国境で枠づけられてきた法によって、いかにしてコントロールしていくことができるのか。また、そのルールは、誰がどのような根拠と基準をもって定めるべきなのか。これらの争点をめぐって、1990年代以降に日本をふくむ多くの国々で活発な議論が展開されてきたが、悩ましいことに、そこに唯一絶対の正解はない。

法・政策と情報が交錯する問題領域の豊かな広がりは、X章の各論となる8つの項目についての考察を通して存分に味わうことができる。それらの導入となるこの総論では、その広がりを実感できる一例として、ネット上の検索エンジン事業者の責任といわゆる「忘れられる権利（right to be forgotten）」に関する争点に触れておこう。それを瞥見するだけでも、法・政策と情報をめぐる多岐にわたる諸課題に対して、その背景となる社会変化・複雑に絡み合う諸利益の対立状況・諸外国の制度改革の動向等についても幅広く見渡しながら、解決のあり方を規範的かつプラクティカルに模索しようとする、情報法・政策研究の難しさと面白さの一端を垣間見ることができるだろう。

### 2 情報メディア環境の変化と違法な情報流通の責任

この数十年間に、私たちを取り巻く情報メディア環境は、劇的に変化した。スマートフォンやタブレット端末等を用いていつでもどこでもネット接続が容易となった近年では、自分の欲しい情報を得ようとするときに、新聞やテレビなどといった従来型のマスメディアを利用するだけでなく、ネット上で検索す

▷1 情報法のコンセプトについて、何よりもまず、浜田純一による1993年の『情報法』（有斐閣）をはじめとする一連の先駆的業績を参照。また、情報法分野の概説書として、例えば、宇賀克也・長谷部恭男編著、2012、『情報法』有斐閣、を参照。加えて、山口いつ子、2010、『情報法の構造——情報の自由・規制・保護』東京大学出版会も参照。

▷2 インターネットをめぐるさまざまな法的課題に関しては、例えば、高橋和之・松井茂記・鈴木秀美編著、2010、『インターネットと法［第4版］』有斐閣を参照。

ることも多い。例えばもし，検索エンジンで自分の氏名を検索した結果，自分に関する望ましくない情報が表示された場合には，検索エンジン事業者にそれを削除してもらうことはできるのだろうか。この回答を探るには，そもそも，ネットをふくむメディア上の違法な情報流通に対する法的責任は誰が負うのか，また，もし負うとすればどの程度の責任をいかなる基準で負うのか，を考えておく必要がある。

　まず，基本的な原則を説明すると，違法な情報は，その流通の手段や媒体にかかわらず，情報の送り手ないし発信者自身が責任を負う。ただ，情報の発信者ではないが，流通を媒介する intermediary と言われる中間媒介者——例えば，本や雑誌であれば書店やニューススタンド，ネット上の情報であればプロバイダーと呼ばれる接続事業者やウェブホスティングサービス提供者等——についても，一定の場合には，責任を問われることがある。その責任の有無や程度を判断する際のポイントとしては，とくに，違法な情報について，①知っていた，または知るべき理由があったか否か，また②コントロールすることが可能かどうか，等が議論になる。すなわち，例えば，名誉毀損にあたる情報について，被害者から通知を受けて具体的に知っていた上に，さらなる流通を止める何らかの措置をとることができたのに正当な理由もなく放置した，といった場合には，中間媒介者も責任を問われる可能性がある。

　ただ，一定の場面にかぎられるとはいえ，草創期のインターネット上では，匿名での多様な情報が繁茂する状況にあり，中間媒介者が他者の情報の責任を負うリスクのある不安定な地位に置かれたままでは，一方では違法・有害な情報からの被害者救済にはつながるものの，他方ではインターネットという新たなメディアの発達やネットビジネスの発展の妨げにもなりかねない。そこで，例えば，アメリカでは，1996年の通信品位法の下で，ネット上の名誉毀損等の事案について中間媒介者の責任をきわめて広範なかたちで免除している。これほど広範ではないが，日本でも，2001年のいわゆるプロバイダー責任制限法において，ネット上の情報流通による権利侵害に関する中間媒介者の免責範囲が定められている。

### ③ 検索エンジン事業者の削除義務と「忘れられる権利」

　こうした基本的な責任論を踏まえると，検索エンジン事業者であっても，検索結果として表示されるリンク先の情報が違法であれば，法による免責が与えられていないかぎりは，検索結果を削除しなければ他者の情報に対する責任を問われかねない。例えば，Google 社は，著作権侵害の可能性のある情報について，著作権者等からの削除要請の通知を受けて検索結果から削除するためのシステムを設けており，2015年2月2日時点で，その過去1ヶ月に3364万個以上の URL に関する削除要請を受けたとされている。

▷3　ただし，アメリカでは，名誉毀損等の事案での通信品位法による免責に比べて，著作権侵害の事案では，1998年デジタルミレニアム著作権法の下で，中間媒介者の免責範囲はかなり限定されている。この点につき，さしあたり，山口いつ子，2010，『情報法の構造——情報の自由・規制・保護』東京大学出版会：pp.157-158を参照。

▷4　特定電気通信役務提供者の損害賠償責任の制限及び発信者情報の開示に関する法律（平成13年11月30日法律第137号）を参照。

▷5　Google, 2015,「透明性レポート・コンテンツ削除リクエスト——著作権問題」（日本語版）（http://www.google.com/transparencyreport/removals/copyright/）。なお，本項の側注に掲げたインターネットのウェブページ上の情報は，2015年2月2日時点でアクセスしたものである。

それでは，リンク先の情報が合法的に公表されている場合にも，検索エンジン事業者に検索結果の削除を義務づけることはできるのか。これを肯定する判断を下して注目されたのが，2014年5月13日の欧州連合（EU）司法裁判所先決裁定である。[46]この判断は，現行のEU法であるいわゆる「1995年個人データ保護指令」の第12条の「削除権」と第14条の「異議申立権」の解釈として示されたものであるが，同指令を改正して新たなEUデータ保護規則案に盛り込むことが欧州委員会や欧州議会等で検討されてきた「忘れられる権利」の実質的内容を，いわば先取りしたものであり，EU内外で賛否両論を呼んだ。

この事件は次のようなものである。すなわち，リンク先の情報は，スペインの日刊新聞に掲載された1998年の不動産競売に関する記事であり，競売を広く告知するために当時のスペイン政府当局の命令にもとづいて掲載されたものである。この記事にふくまれる個人データの本人は，①同新聞社に対して，および，②Googleスペイン社とその親会社であるGoogle社に対して，削除を求める申立をスペインのデータ保護機関におこなったところ，同保護機関は，①の申立は退ける一方で，②の申立は支持する決定を下した。これを不服としたGoogle社らはスペインの国内裁判所に提訴し，その訴訟手続の中で，同国内裁判所からの求めに応じてEU司法裁判所が上記の指令の解釈を示したのである。

### ④ 国境を越える紛争解決のための法と技術

ところで，アメリカに所在地があるGoogle社に，なぜ，EU法が適用されるのだろうか。ちなみに，アメリカでは，先に触れたように通信品位法によって中間媒介者には広範な免責が与えられていることに加えて，合衆国憲法の下で言論・プレスの自由が手厚く保障されている。このため，違法な情報ならまだしも，合法的に公表された上にそのリンク先のウェブページではまだ公表され続けている情報にまでも，検索エンジン事業者に検索結果の削除を義務づけうるという意味での「忘れられる権利」を認めることには，強い批判がある。[47]では，EU司法裁判所は，Google社へのEU法の適用をどのように理由づけたのだろうか。

Google社は，検索エンジン上の広告スペースを販売するためにスペインに子会社を設立して同国住民に向けて活動をおこなっている（つまり，そこから利益を得ている）こと等から，EU指令にいう個人データ処理の「管理者」にあたる。そして，同指令にもとづいて，個人データがその処理目的との関係において「不適切であり，関連性がない，もしくはもはや関連性がなくなった，または過度である」場合には，そのデータの本人は，「管理者」に対して，削除を求める権利がある。とはいえ，こうした本人の権利も，検索エンジン事業者の経済的利益および一般公衆が情報にアクセスすることの利益とのあいだでの公

▶6 CJEU, Case C-131/12, Google Spain SL and Google Inc. v Agencia Española de Protección de Datos (AEPD) and Mario Costeja González, 13 May 2014 (http://curia.europa.eu/juris/liste.jsf?num=C-131/12). この先決裁定に関して，さしあたり，山口いつ子，2015，「EU法における『忘れられる権利』と検索エンジン事業者の個人データ削除義務——グーグル・スペイン社事件EU司法裁判所2014年5月13日先決裁定を手掛かりにして」堀部政男編著『情報通信法制の論点分析（別冊NBL）』商事法務：pp.181-196を参照。

▶7 なお，検索エンジンに関する日本での初期の裁判例として，例えば，アメリカのGoogle社を相手取ってプライバシー権侵害を主張して検索結果の削除を求めた仮処分命令申立事件において，平成26年10月9日に東京地裁が，検索結果の一部につき人格権侵害を認めて，検索サイトを管理する同社に削除義務が発生するのは当然であるとして，削除を命じた決定（判例集未登載）がある。その後の判例法理の展開として，なかでも，最高裁平成29年1月31日決定（民集71巻1号63頁）を参照。

正なバランスが図られなければならない。例えば，本人が公的生活において果たしている役割等を考慮して，一般公衆のアクセスに関する利益の方が優越する場合もある，と EU 司法裁判所は指摘している。

　もっとも，こうした判断基準はかなり抽象的である。もし検索結果の削除が義務づけられるとなれば，グローバルな規模でビジネスを展開する検索エンジン事業者には，膨大な数の削除要請が寄せられる上に，その国々ごとの基準にもとづいて削除の是非を判断することには困難も予想される。この点について，Google 社は，世界中からのあらゆる削除要請に対応するのではなく，あくまでも欧州のデータ保護法にもとづく削除要請のみに対応することとして，ウェブ上の申請フォームを用いて申請者に居住国を選択させた上で削除要請を受け付けて処理するシステムを立ち上げている。[8]

　ただ，削除するか否かの実体的判断については，ウェブ上での自動化されたプロセスによってではなく，人間によっておこなうと，同社は述べている。その具体的な判断基準の例として，①その個人は公的人物か，②リンク先は定評のあるニュースソースや政府のウェブサイトか，③リンク先の情報は，政治的言論か，ないしはその本人が自分で公表したものか，④そこでの情報はその本人の職業や刑事上の有罪判決に関するものか，等が挙げられている。これらにもとづき，Google 社は，2014年5月29日から2015年2月2日までに21万件の削除要請を受け付け，76万個以上の URL を評価して，そこでの処理が済んだ URL 全体のうちの40％となる約25万個を削除している。[9]

## 5　情報法・政策研究の未開拓の魅力

　この一例を見ることで浮かび上がってくるのは，近年の情報メディア環境の急激な変化の下で，情報流通に関する法的責任の根拠と基準，情報にかかわる自由や権利の内容とその限界，グローバル化した情報社会におけるルールやシステムのあり方，といった争点をめぐって，それぞれの国や地域において，よりよい解決策に向けた議論と試行錯誤がさまざまに重ねられてきた状況である。

　そうしたダイナミックな動きは，X章の各論の考察において，情報に関する憲法上の諸自由とその規制のあり方から，地域コミュニティやコンテンツビジネスをめぐる政策分析，さらにはセキュリティに関する理工学系の知見に至るまで，鮮やかに描き出されている。通底しているのは，チャレンジングな諸課題の解決に向けて，従来の学問分野の垣根を軽やかに飛び越えて，より包括的かつ学際的な視点をもって挑んでいく知的営為の多彩さと奥深さであり，そこにこそ，成長期にある情報法・政策研究の限りない魅力がある。

（山口いつ子）

▷8　Google's Letter on "Questionnaire addressed to Search Engines by the Article 29 Working Party regarding the implementation of the CJEU judgment on the "right to be forgotten"" (July 31, 2014) (https://docs.google.com/a/google.com/file/d/0B8syaai6SSfiT0EwRUFyOENqR3M/preview?pli=1).

▷9　Google, 2015,「透明性レポート・欧州のプライバシーに基づく検索結果の削除リクエスト」(日本語版) (http://www.google.com/transparencyreport/removals/europeprivacy/).

# X 法・政策と情報

## 2 表現の自由・メディア・アーキテクチャ

### 1 表現の自由

表現の自由とは，自らの思想等を外部に表明し他者に伝達する自由である。日本国憲法は21条1項で「集会，結社及び言論，出版その他一切の表現の自由は，これを保障する」と定め，あらゆる媒体にわたり表現の自由を保障するとともに，2項で「検閲は，これをしてはならない」と定め，戦前の言論統制の反省などを踏まえ，検閲を禁じている。

表現の自由は多くの立憲民主国家において憲法上保障された人権の中でもとくに重要視され，手厚く保障されるべきだと考えられてきた。表現の自由が手厚く保障されるべき理由としては，国民が表現活動を通じて民主政治の過程に参加するという「自己統治」，個人が表現活動を通じて自律的に自己の人格を発展させていくという「自己実現」，真理は市場での自由な競争を通じて発見されるものであり政府が思想を抑制してはならないという「思想の自由市場」などの根拠があげられてきたが，とくに強調されてきたのが「自己統治」の価値である。表現の自由といえども，絶対無制約の権利ではなく，公共の福祉による制約を受ける。いくら表現の自由が重要な権利といっても，例えば，他者のプライバシーとの関係で一定の制限を受けるべき場合があることは否定できないだろう。このように表現の自由も他の人権や公益との関係で利益衡量に服する場合があるが，表現の自由は民主政治の過程に不可欠なものであることなどから，経済的自由に比べ優越的地位を有するとされ，表現の自由をはじめとする精神的自由を規制する立法の合憲性は，経済的自由を規制する立法よりも厳格に審査されるべきであるとされてきた（いわゆる「二重の基準論」）。

### 2 メディア

従来，表現の自由の担い手として重要な役割を果たしてきたのが情報を伝達する媒体である各種のメディア，とりわけ，新聞，出版，放送などのマスメディアである。マスメディアは，大量の情報を収集・取材し，選別・編集した上で，不特定多数の受け手に情報を発信することにより20世紀の大衆社会において表現活動を支える枢要な役割を担ってきた。マスメディアの発達により，送り手と受け手の地位が分離し，一般の国民が受け手としての立場に固定化されるようになると，表現の自由が受け手の立場からとらえ直され，国民が思想

---

▷1 表現の自由に関する理論的問題を検討したものとして，駒村圭吾・鈴木秀美編著，2011，『表現の自由Ⅰ』尚学社，等を参照。

▷2 判例は，「検閲」を「行政権が主体となって，思想内容等の表現物を対象とし，その全部又は一部の発表の禁止を目的として，対象とされる一定の表現物につき網羅的一般的に，発表前にその内容を審査した上，不適当と認めるものの発表を禁止すること」と定義している（最大判昭和59年12月12日民集38巻12号1308頁）。一方，学説では，検閲概念を受け手の「知る権利」の観点からより実質的に構成すべきであるなどとして，判例の検閲概念に対する批判も強い。

▷3 表現の自由の価値について原理的に探求したものとして，奥平康弘，1988，『なぜ「表現の自由」か』東京大学出版会，1章。

▷4 表現の自由の規制立法の合憲性審査基準の概説として，芦部信喜（高橋和之補訂），2015，『憲法［第6版］』岩波書店，pp.193-198。

や情報を求め受け取る自由である「知る権利」も憲法21条の保障する表現の自由の中に含意されると解されるようになった。そして，マスメディアは，報道機関として，国民の「知る権利」に奉仕するという観点から，報道の自由が保障され，その前提となる取材の自由も十分尊重されるべきであると解されるようになった。一方，図書館や美術館などの文化施設も表現の自由を支える公共的なメディアとして少なからぬ役割を果たしてきた。メディアによる表現の自由を考える上で注目すべきなのがジャーナリストをはじめとする専門職の倫理である。専門職の倫理が健全に機能する場合には，自主規制などを通じて，国家による介入を招くことなく，表現の自由と他の人権や社会的利益との両立が実現されることが期待できる。反面で，現実には，国家の規制や圧力により，メディアの側のインフォーマルな反応を通じて自己検閲や萎縮効果の連鎖が生じ，表現の自由が脅かされる事態も少なからず生じてきた。

## 3　アーキテクチャ

今日では一般の個人がインターネットを通じて，マスメディアを介することなく，広く世界に向けて情報を発信し多種多様な情報を享受することが可能になっている。とはいえ，インターネット上でも個人は，誰の助けも借りずに独力で表現活動をおこなうことは困難である。インターネット上の個人の表現活動は，通信事業者，プロバイダー，SNS，検索エンジン等の各種の媒介者に支えられているが，これらの媒介者がさまざまな物理的・技術的手段を用いて表現活動や情報流通をコントロールすることも少なくない。わが国でも，例えば，携帯電話事業者による青少年向けの有害情報のフィルタリング，プロバイダによる児童ポルノのブロッキング，コンテンツ配信者による著作物の技術的保護などがおこなわれるようになっている。このような個人の行為の可能性を制約または構成する物理的・技術的構造は「アーキテクチャ」と呼ばれることもあるが，表現の自由に対しても新たな問題を突きつけるようになっている。アーキテクチャによる規制は，個人の自由を事前に不透明なかたちでしばしば広汎に制約する性質をもっていると指摘されている。とりわけ，国家がインターネット上の媒介者にアーキテクチャを用いて第三者の表現の自由を規制することを強いるとすれば，規制の態様によっては，表現の自由にたいして機能的に検閲ないし事前抑制に相当するような強度の制約を及ぼすおそれも否定できない。一方，アーキテクチャによる規制は，適切な設計と運用をおこなえば，表現の発信者に対する萎縮効果を軽減することなどにより，自由とコントロールの両立を図る効率的な規制手段となる可能性もある。こうした表現の自由を取り巻く文脈の変容を踏まえ，表現の自由の価値を問い直した上で，グローバルな規模で構築されつつある情報流通のアーキテクチャに注視しつつ，表現の自由と規制の関係の再検討を進めていくことが求められよう。

（成原　慧）

▷5　「知る権利」論の内容とその背景に関しては，奥平康弘，1979，『知る権利』岩波書店。

▷6　博多駅テレビフィルム提出命令事件最高裁決定（最大決昭和44年11月26日刑集23巻11号1490頁）等を参照。

▷7　ジャーナリストの職能と責任のあり方について批判的に検討したものとして，例えば，駒村圭吾，2001，『ジャーナリズムの法理』嵯峨野書院。

▷8　米国における萎縮効果論の形成と背景につき，毛利透，2008，『表現の自由』岩波書店，4–5章。

▷9　媒介者が果たす規制のゲートキーパーとしての役割につき，Zittrain, J., 成原慧・酒井麻千子・生貝直人・工藤郁子訳，2010，「オンライン上のゲートキーピングの歴史」『知的財産法政策学研究』28：pp.117-146；29：pp.117-142；30：pp.93-114。

▷10　アーキテクチャによる規制につき，レッシグ，L., 山形浩生訳，2007，『CODE――VERSION 2.0』翔泳社。

▷11　詳しくは，成原慧，2016，『表現の自由とアーキテクチャ』勁草書房を参照。

Ⅹ 法・政策と情報

# 通信・放送の融合・連携

## 1 通信と放送の定義

　電気通信（通信）とは，「有線，無線その他の電磁的方式により，符号，音響又は影像を送り，伝え，又は受けること」（電気通信事業法第2条第1号）をいい，放送とは，「公衆によって直接受信されることを目的とする電気通信の送信」（放送法第2条第1号）をいう。放送は，2010年（平成22）に（新）放送法として一元的に統合されるまでは主として3法に分かれて定義され，傍点部分が「（旧）放送法」（地上波，衛星を対象）では「無線通信」，「有線テレビジョン放送法」（CATVを対象）では「有線電気通信」，「電気通信役務利用放送法」（有線，衛星を対象）では「電気通信」と規定されていた。これらが2010年の法改正により，すべてを包含する「電気通信」の用語で統合されたものである。

## 2 通信・放送の融合・連携の経緯

　通信・放送の事業またはサービスの提供形態は，一事業者による通信・放送事業の兼業や同一設備による通信・放送サービスも現出していることから，これと符合するよう，制度的にも「通信」と「放送」を融合・連携させるべきと考えられることが多い。しかしながら，通信には「通信の秘密」の保護，放送には「表現の自由」の確保と，互いに日本国憲法の精神的自由権を起源とする維持すべき個別の法益・目的があることから，これらの規律レベルを折り合せ，平準化するには高いハードルがある。それ以前に，通信とは（放送と対照する際に），「受信者の要求に応じて情報がその都度送信されるもの」と，放送とは，「不特定多数の者に届けるために同時かつ一斉に送信するもの」と整理されるが，それぞれの具体的な適用がこれまで論点となってきた。これには，単純に前者の通信形態が「1対1」で，後者が「1対多」という現象面以上にさまざまな要素が絡み複雑である。以下，過去に生じた「通信」と「放送」の接近に際しなされた整理のうち90年代の例（以下①および②），2000年代の例（以下③および④）を概観する。

　①衛星放送等では専門番組を有料で放送し受信者を限定しているが，これは「放送」の定義に当てはまらないのではないかということが論点となった。しかしこれは，料金を支払えば，すなわち，受信者が任意に受信の意思表示をすれば，事業者側は原則的に拒否することができず契約が成立するという意味で，

▷1　郵政省，1997，「通信衛星を利用した通信・放送の中間領域的な新たなサービスに係る通信と放送の区分に関するガイドライン」。

▷2　「不特定多数」が相手となっておらず，むしろ「通信」に接近しているのではないかという指摘があった。

受信者の特定性はなく公衆概念に適合することから,「放送」とされた。

②また,「通信」衛星を用いて,不特定多数に対して同時に直接受信させることを目的とするサービス（予備校が予備校生に対して行う授業映像の配信等）が現れ,こちらは逆に「通信」としながら,「放送」に接近しているのではないかが論点となった。結局,特定または不特定の者いずれに受信させることを目的とするか,との送信者の意図が主観的のみならず客観的にも認められるかどうかは,送信者と受信者の間の「紐帯関係」の程度や受信者の「属性」の程度が強いか,また,「通信の事項」がこれらを前提としたものか,等が判断基準となると整理され,これにしたがい「通信」に該当するとされたものである。

③さらに,ブロードバンド（電気通信）を用いたIPマルチキャスト方式による映像配信サービスが現れ,「通信」または「放送」いずれに分類するかが論点となった。結局これは,送信者が不特定の受信者に向けて同時かつ一斉に送信し,「受信者の方は,……流れてくるのをストップされているところを解除する」、いわば蛇口を捻るようなもので,そこに「受信者の要求」はないことから,「放送」に該当すると整理され,冒頭に挙げた電気通信役務利用放送法の規律対象となった。

④また,インターネット上のウェブページ,電子掲示板等で他人の権利を侵害する情報の流通が問題化したことから,プロバイダ責任制限法が制定された。これらサービスは,「不特定の者によって受信されることを目的とする電気通信の送信」（同法第2条第1号）であり,このような形態で送信される電気通信を通信概念から切り出し,「特定電気通信」と定義したものである。すなわち,特定電気通信は,受信者の要求に応じてその特定された受信者に対して送信するものを規定しているが,送信の時点で受信者が特定されているか否か（「放送」にいう「不特定多数」か否か）ではなく,受信者が誰かということはあらかじめ特定されていないという意味で「不特定」と規定されたものであり,実際に定義において「放送」が除かれている（同条同号）。

以上概観しただけでも,「通信」と「放送」が接近した際にさまざまな観点・切り口から制度設計や整理がなされてきた経緯があることがわかる。社会のニーズに合わせた適時適切な制度作りや運用が求められることは言うまでもないが,これまでの制度や運用に係る一貫性が今後とも一定程度確保されなければ無用の混乱が生じ,社会的損失を蒙り得る点にも留意が必要である。

纏めると,現時点で「通信」と「放送」は制度として全面的に融合・連携してはいないものの,2010年（平成22）の法改正を受けて放送法体系が（新）放送法に統合されることにより,コンテンツレイヤーの制度が一元化され,その下層のビジネスレイヤーは電気通信事業法が,最下層のインフラレイヤーは有線（有線電気通信法）と無線（電波法）が支える,所謂レイヤー構造の法体系が確立することとなった。

（岡本剛和）

▷3　第176回国会衆議院総務委員会（2010年11月25日）における平岡総務副大臣（当時）答弁。

▷4　なお,このIPマルチキャスト（放送）と似て非なるものに,YouTube等の動画配信サービスがある。こちらは「受信者の要求」があり,受信者が送信者に直接アクセスしていく性質のものであることから「通信」に該当すると整理されるものである。

▷5　正式には「特定電気通信役務提供者の損害賠償責任の制限及び発信者情報の開示に関する法律」という。

## X 法・政策と情報

# 4 情報公開とプライバシー・個人情報保護

## 1 知る権利と情報公開制度

　情報公開制度とは，国や地方公共団体等の行政機関が保有する情報を，公正かつ民主的な行政運営や政府のアカウンタビリティ（説明責務）の確保という観点から，主権者たる国民に対して公開することを内容とする制度である。諸外国では，世界初の情報公開法と言われるスウェーデンの1766年「出版の自由に関する法律」を皮切りに，アメリカの1966年「情報自由法」，フランスの1978年「行政文書へのアクセスに関する法律」等，多くの国において情報公開法が制定されている。日本では，外務省秘密電文漏洩事件やロッキード事件等を契機として，情報公開制度の整備を求める世論が高まったことなどを背景に，1980年代から，地方公共団体の情報公開条例を中心に制度整備が進められてきた。国レベルでも，1999年に「行政機関の保有する情報の公開に関する法律」（以下，「情報公開法」という）が制定され，2001年から施行されている。

　情報公開法は，国民主権の理念にもとづき政府のアカウンタビリティを全うすることを目的とするとともに，法文上明記はされていないが，日本国憲法21条が保障する「知る権利」を具体化する法律としても位置付けられる。「知る権利」とは，従来は主に情報の送り手の側からとらえられてきた表現の自由を，情報の受け手の立場に着目してとらえ直した権利であり，国民に情報を伝達する役割を担う報道機関の報道・取材の自由の根拠となるとともに，国民が政府にたいし積極的に情報の開示を求める権利として理解されている。

　情報公開法は，行政機関が保有する「行政文書」，すなわち，「行政機関の職員が職務上作成し，又は取得した文書，図画及び電磁的記録」であって，「当該行政機関の職員が組織的に用いるものとして，当該行政機関が保有しているもの」を対象とし（2条1項，2項），何人にも開示請求権を付与している（3条）。開示請求がおこなわれた場合，行政機関は，私人の権利利益や公益の保護の見地から規定される一定の「不開示情報」，すなわち，個人に関する情報，法人等に関する情報，国の安全等に関する情報，公共の安全等に関する情報等に該当する場合を除き，原則として行政文書を開示する義務を負う（5条）。

　なお，情報公開制度を十分に機能させるため，公開の対象となる行政文書を適切に管理するための統一的なルールを定める「公文書等の管理に関する法律」が，2009年に制定されている。

▶1　当時毎日新聞記者であった西山太吉が，1971年に調印された沖縄返還協定をめぐる密約の存在を裏付ける外務省の極秘電文を，外務省事務官から入手したことが，国家公務員法111条の秘密漏示そそのかし罪にあたるとして有罪とされた事件。

▶2　博多駅テレビフィルム提出命令事件（最大決昭44年11月26日刑集23巻11号1490頁）において最高裁判所は，報道機関の報道は，「民主主義社会において，国民が国政に関与するにつき，重要な判断の資料を提供し，国民の『知る権利』に奉仕するもの」であり，したがって事実の報道の自由は表現の自由を定めた憲法21条の保障のもとにあり，「報道のための取材の自由も，憲法21条の精神に照らし，十分尊重に値する」と述べている。

## 2 プライバシーと個人情報保護制度

これにたいし，個人情報の有用性に配慮しつつ，プライバシーの権利を中心とした個人の権利利益を保護することを目的とした制度が，個人情報保護制度である。プライバシーの権利は日本国憲法に明文規定をもつものではないが，「宴のあと」事件判決[3]等により，日本国憲法13条の「幸福追求権」に基礎を置く人格権の１つとして保障されるものと解されている。

プライバシーの権利は，その提唱当時，私生活への干渉を排除する「一人にしておいてもらう権利（right to be let alone）[4]」として理解されていた。しかし，1960年代に，コンピュータ技術の進展にともない大量の個人情報が電子的に処理されるようになったことを受け，プライバシー権を「自己に関する情報をコントロールする権利」として把握する見解が見られるようになる。こうした考え方の影響を受け，欧米諸国では1970年代から個人情報保護制度の整備が進められ，1980年には，各国が配慮すべき個人情報保護のための国際的な指針として，いわゆる「OECD ８原則」[5]が公表された。日本では，1987年に，公的部門について「行政機関の保有する電子計算機処理に係る個人情報の保護に関する法律」が制定されたが，2003年の改正により「行政機関の保有する個人情報の保護に関する法律」が制定されるとともに，民間部門をも規律する「個人情報の保護に関する法律」（以下，「個人情報保護法」という）が新たに成立した。

個人情報保護法は，公的部門および民間部門双方を規制する基本原則を定めるとともに，「個人情報」，すなわち，「生存する個人に関する情報であって，当該情報に含まれる氏名，生年月日その他の記述等により特定の個人を識別することができるもの」（２条）について，個人情報取扱事業者が守るべき義務として，利用目的の特定（15条），利用目的による制限（16条），適正な取得（17条），データの正確性・最新性の確保（19条），安全管理措置（20条），従業者および委託先の監督（21-22条），第三者提供の原則禁止（23条），本人からの開示・訂正・利用停止等の求めへの対応（25-27条）等を定めている。

近時，情報技術の進展等にともなう社会の変化を受け，国際的に，個人情報保護制度の見直しを進める動きが活発化している。例えばEUでは，1995年の「EU個人データ保護指令」を見直し，プロファイリングや消去権等に関する新たな規定をふくみ，加盟国に直接適用される，いわゆる「一般データ保護規則」[6]が2016年４月に制定され，2018年５月から適用が開始される予定である。日本でも2015年９月に，人種・信条・病歴等の「要配慮個人情報」の取得や，「匿名加工情報」の作成・提供等に関する規定をふくむ改正個人情報保護法が成立し，2017年５月30日に全面施行予定である。IoT，ビッグデータ，AIなど技術の革新が続くなかで，いかにして個人情報の保護と情報の有用性との調和を図っていくのか，今後の制度運用および展開が注目される。 （松前恵環）

▷3 東京地判昭30年９月28日下民集15巻９号2317頁。東京地方裁判所は，プライバシーの侵害にたいし法的な救済が与えられるための要件として，「公開された内容が（イ）私生活上の事実又は私生活上の事実らしく受けとめられるおそれのある事柄であり，（ロ）一般人の感受性を基準にして当該私人の立場に立った場合公開を欲しないであろうと認められること，（ハ）一般の人々に未だ知られていない事柄であること」を示した。

▷4 Warren, S. D. and Brandeis, L. D., *The Right to Privacy*, 4 HARV. L. REV. 193, 205 (1890).

▷5 OECD が公表した「プライバシー保護と個人データの国際流通についてのガイドラインに関する理事会勧告」において提示された原則であり，①責任，②目的明確化，③利用制限，④収集制限，⑤データ内容，⑥安全保護，⑦公開，⑧個人参加の各原則をふくむ。日本をはじめ，各国の個人情報保護制度の基本原則となっている。

▷6 Regulation (EU) 2016/679 of the European Parliament and of the Council of 27 April 2016 on the Protection of Natural Persons with regard to the Processing of Personal Data and on the Free Movement of Such Data, and Repealing Directive 95/46/EC (General Data Protection Regulation), 2016 O.J. (L 119).

X 法・政策と情報

## 5 政府規制・自主規制・共同規制

### 1 情報社会のルール

　法・政策と情報に関わる根源的な論点の1つとして，「情報社会のルールは誰が作るのか」という問題がある。われわれは，「法律」は議会が制定し，裁判所が解釈し，行政が執行するものだと理解している。しかし（情報）社会には，法律のほかにも市場やアーキテクチャ，社会規範といったルールが存在し，われわれの行動を規律している。法律は，こうした多様なルールの一部であると同時に，民主的な手続で設定された政策目的にしたがってほかのルールを操作し，われわれの行動を直接・間接的に統御しようとする機能を有する。

　ネットワーク技術で世界的に接続された情報社会は，国家の制定する法律が，われわれの行動を直接に「政府規制」する能力を明らかに減退させつつある。①情報技術の進化速度は，国家が社会全体の状況を正しく理解し適切なルールを設定することを困難とし，②それにともない変化し続けるわれわれの価値観は，例えば「プライバシー」や「有害情報」といった言葉を条文や判例によって適切に定義することすら困難とし，③情報社会のもつ本質的なグローバル性と，私人の管理するアーキテクチャの拡大は，地理的な区分を基準とする伝統的な国家の統治能力自体を減退させる。さらに④「国家は表現を規制するべきではない」という典型的な憲法の要請は，情報により形成される情報社会への国家的介入それ自体を，明らかに規範的に抑制させる力学を有する。

　だから，情報社会は，産業界や職業団体，あるいは市民社会による，自律的な「自主規制」によって統治されるべきなのだろうか。事実インターネット上の基本的なルールは，ドメイン名や技術的基準をはじめ，多くを企業や市民の自主的なルール形成に依っている。しかし，その限界もまた明らかである。私人によって（多くは集合的に）作られたルールは適切な内容を有する保証はなく，そもそも広く共有された自主的ルールが適宜に形成される可能性はきわめて低い。もし内容的に適切かつ共有されたルールが作られたとしても，それにもとづいて，われわれは，自らを，必要な程度に罰することができるのだろうか。

▶1 生貝直人，2011，『情報社会と共同規制』勁草書房，第1章を参照。

### 2 共同規制とは何か

　「共同規制（co-regulation）」とは，このような「政府規制」と「自主規制」という両極端のルールがもつ利点と欠点を認識した上で，その双方の利点を組

み合わせた中間領域としての公私共同型統治手法を確立し，政策的・学術的な洗練を期そうとするプロジェクトである。共同規制は，政府による直接的な規制が適切でなく（あるいは可能でもなく），一方で完全な私人の自律のみにも委ね難い環境政策，あるいは労働政策などの領域でも活用が論じられてきたが，上述したような政府・自主規制の問題点が顕在化しやすい情報社会の政策問題について，広くその政策的実践と学術的研究が蓄積されつつある。情報社会への共同規制手法の適用を先駆的に重視してきたイギリスの情報通信庁（Ofcom）は，共同規制を「自主規制と政府規制の両方により構成されるスキームであり，公的機関と産業界が，特定の問題に対する解決策を共同で管理している。責任分担の方法は多様だが，典型的には政府や規制機関は求められた目的を達成するために必要な補強力を保持している」と定義した上で，著作権やプライバシー，青少年保護等の多くの情報法・政策領域への適用を論じている。

共同規制という用語自体は，公私共同型の規制政策を表現する多様な用語の1つであり，米国では連邦政府の規制権限自体を狭くとらえてきた制度的環境などの背景から，実質的な国家介入が相当程度強固な規制枠組みにおいても，あくまで自主規制という語を用いる場合が多い。共同規制とは，事実記述的（descriptive）な概念であると同時に，規範的（normative）な概念である。情報社会の制度的前提の上で不可避的に生成されてきた多種多様な公私混合的ルールの枠組みを，共同規制という共通の観点から記述し，それを民主的正統性や透明性，実効性，競争性，公法的制約の適用といった規範的な観点から，あるべき情報社会の共同規制へと批判的な検討をおこなっていく必要がある。

### 3 個人情報・プライバシー保護への応用

現在，共同規制の適用が国際的に活発に論じられているのが，情報社会におけるプライバシー・個人情報保護の領域である。わが国の個人情報保護法は，その制定当初の内容自体は広範な政府規制を基調とするEUデータ保護指令に強い影響を受けつつも，近年のライフログやビッグデータ技術への対応については，米国型の自主規制を範とした枠組みを形成してきた経緯がある。そして現在，EUの規制枠組との適合性確保，そして米国に拠点をもつ世界的なICT企業への対応をめざした，個人情報保護法の大幅改正に向けた作業が進められている。その中では，民間の自主的ルール形成に政府が公式に関与し補強するという，EU・米国で徐々に構築されつつある共同規制手法を大幅に導入することが検討されている。わが国において，消費者保護とイノベーションの両立，そして国際的整合性をも具備した共同規制が実現されるか否かの試金石として，公私の動向を注視する必要がある。

(生貝直人)

▷2 共同規制という表現を直截に用いてはいないが，公的関与の強い自主規制という政策手段に関する広範な検討として，原田大樹，2007，『自主規制の公法学的研究』有斐閣を参照。

▷3 イギリスの枠組みをはじめとした，諸外国における共同規制の実践と学術的研究の進展については，生貝直人，2011，『情報社会と共同規制』勁草書房のほか，Marsden, C., 2011, *Internet and Co-regulation*, Oxford University Press や，Brown, I., and Marsden, C., 2013, *Regulating Code*, MIT Press 等を参照。

▷4 「パーソナルデータの利活用に関する制度改正大綱」（平成26年6月24日高度情報通信ネットワーク社会推進戦略本部）。

# X 法・政策と情報

## 地域情報化政策とコミュニティ

### 1 地域情報化とは

「地域情報化」と一言にいっても，明確なイメージが湧いてこない。その理由としては，①地域の何を，②誰が情報化するのかということが明らかではないということに1つの原因があると考えられる。丸田一は，従来この言葉は，「自治体内部の情報化」と，「自治体が行う情報化」がメインであり，「自治体以外の主体が行う情報化」がふくまれてこなかった点を指摘している。そのため，地方自治体によって進められる自治体内部の情報化を「行政情報化」，自治体や自治体以外の主体がおこなう地域の情報化を「地域情報化」と分類している。以下では，これまでの地域情報化政策の流れを概観した上で（「行政情報化」），近年における地域情報化政策と地域コミュニティとの関係（「地域情報化」）に言及する。

### 2 地域情報化政策の経緯

地域情報化政策の起源を探ると，郵政省と通産省により戦略的政策として打ち出された1983年まで遡ることができる。その後，現在までの約30年間にわたり地域情報化政策はおこなわれてきた。小林宏一は，特徴ごとに地域情報化政策を3期に分類して整理をおこなっている（表X-6-1）。

この小林の分類は2000年時点におけるものであり，2000年代の取り組みとしては，一連のe-Japan政策における情報通信基盤の整備と，u-Japan政策以降のICTの利活用の段階に分類をおこなうことができる。

情報通信基盤の整備としては，2001年のe-Japan戦略と，2003年e-Japan戦略Ⅱを通して世界最先端に達したものの，それらの利活用に関しては必ずしも効果的な活用がおこなわれていないということが指摘されている。『平成23年度版情報通信白書』の中においても，基盤整備においては世界最先端であるものの，利活用に関しては大きく出遅れているという調査結果が示されている。このような指摘がなされてきたこともあり，ICTの利活用に重点が置かれるようになったのは，e-Japanの後を受けるかたちで発表されたu-Japan政策においてからである。この中においては，3つの基本軸の1つとして，「課題解決」が掲げられ，「情報化の取り組みの遅れた分野を後押しするための取り組み」から，「ICTを活用して社会課題を解決する段階」へと移行したという認

▶1 丸田一，2006，「いま・なぜ・地域情報化なのか」丸田一・国領二郎・公文俊平編『地域情報化——認識と設計』NTT出版。「自治体以外の主体が行う情報化」に注目が集まるようになった背景としては，2000年代以降の情報通信技術の普及によって，住民等の主体が進める情報化が地域課題の解決に有効に働くようになってきている点を挙げている。

▶2 これまでの地域情報化政策の問題点の1つとして「地域情報化構想力の欠如」を挙げている。中央の省庁主導で進められた地域情報化政策において，地方自治体では，自らの情報化計画を立てられず中央のシンクタンクに応募プランの策定を依頼していた実態等を指摘している。小林宏一，2000，「地域情報化政策の展開と問題点」『東京大学社会情報研究所紀要』59：pp.1-18。

▶3 総務省，2011，「平成23年度版情報通信白書」(http://www.soumu.go.jp/johotsusintokei/whitepaper/ja/h23/html/nc211200.html)

表Ⅹ-6-1 地域情報化政策の3期

| | 期間 | 特徴 |
|---|---|---|
| 第1期 | 1983～1990年 | 〈テレトピア構想〉，〈ニューメディア構想〉導入以降，一連の地域情報化政策の模索期ないし導入期 |
| 第2期 | 1990年～ | 『地方公共団体における行政の情報化に関する指針』を契機とする，地域情報化政策立案の活性化 |
| 第3期 | 1990年代後半以降 | 社会状況・行政環境の変化，情報通信技術のイノベーションを背景とした，新しい発想による地域情報化政策の試行 |

出所：小林宏一，2000，「地域情報化政策の展開と問題点」『東京大学社会情報研究所紀要』59：pp.1-18。

識が示されている。また，この時期から，地方自治体のみならず，住民が先導して地域の課題となっているさまざまな分野でICTを利活用した地域の課題解決の先進事例が登場しているという指摘もある。

### 3 ICTの利活用と地域コミュニティ

地域コミュニティとの観点から地域情報化政策をとらえると，2000年代以降も数多くの政策がおこなわれてきている。ここでは，近年とくに注目を集めているソーシャルメディアを活用した事例として，地方自治情報センター（LASDEC）の主導によりおこなわれた「eコミュニティ形成支援事業」の取り組みを紹介する。この取り組みでは，SNSのサービス対象範囲が特定の市町村に限定された地域SNSの導入が，「地域社会への住民参画」や「地方行政への住民参画」といった目標のために全国21の地域においてなされた。しかし，これらの多くは必ずしも効果的な活用ができているとは言い切れず，電子会議室の取り組みの時と同様にすでに半数以上の自治体においては廃止や撤退の判断がなされているという状況が確認されている。このようなツールの利活用の停滞の原因としては，住民側の利用状況に原因を求める議論が多かった。一方で，筆者による調査では，大半の自治体においてはツールの運営に関与できていないという実態を明らかにした。

近年では，従来のような国や自治体主導ではなく，主にプログラマーや，地域の住民の主導するものとしてCode for Americaの取り組みに注目が集まっている。この取り組みは，日本にも導入され，オープンデータとも連動するかたちで，全国各地においてさまざまな試みが始まっており，各地域の特色を出した活動がおこなわれている。これらの団体はBrigadeと呼ばれ，鯖江市をはじめとして全国で21のBrigadeが活動をおこなっている（2015年2月時点）。

（中野邦彦）

▷4 総務省，「u-japan政策」（http://www.soumu.go.jp/menu_seisaku/ict/u-japan/index.html）

▷5 高田義久，2012，「地域情報化政策の変遷——2000年代におけるict利活用・人材育成への対象拡大」『慶應義塾大学メディア・コミュニケーション研究所紀要』62：pp.135-147。

▷6 中野邦彦，2014，「地域SNSへの地方自治体職員の関与実態に関する考察」『社会情報学』2(3)：pp1-14。

▷7 http://www.codeforamerica.org/

## X 法・政策と情報

# 音楽とコンテンツ産業

### 1 音楽産業の概観

　音楽や映像，出版などの産業は複製技術の発明以降に成立し，著作権法や各種の制度，ビジネスや表現の在り方などと関係し合いながら発展してきた。これまでは，媒体が固定的で限定的であることを前提に，複製とそれに係る権利をコントロールすることによって収益を上げることのできていたこれらの産業は，技術変化によってどのような変化に直面しているのだろうか。

　レコード産業では当初アナログ方式の録音技術と流通小売媒体が用いられていたが，1960年代末以降，電器メーカー系のレコード会社によってデジタル方式の録音技術が積極的に採用されるようになった。1980年代に光ディスクのコンパクト・ディスク（以下CD）が登場したことで，流通小売媒体もデジタル録音に対応したものとなる。1990年代末に音楽市場は最盛期を迎えるが，この時期は，音楽商品が多品種大量生産され，マスメディアやカラオケ，貸レコードなどと連動して大量消費されるという好循環が生み出されていた。

　ところが2000年代以降，レコードやCDなどのパッケージ・メディアの市場は，縮小の一途をたどり，現在では最盛期の半分以下の規模となっている。デジタル音楽配信やコンサートの市場規模が拡大しつつあるものの，パッケージ・メディアの減少分を補いきれず，市場全体としては縮小傾向にある。音楽市場の縮小は日本のみならず世界的な傾向である。

### 2 複製ビジネスと権利ビジネス

　音楽商品を作って売るというレコード・ビジネスには，大きく分けて2つの側面がある。1つは「複製ビジネス」の側面であり，媒体に記録・固定されたコンテンツを複製して，レコードやCDなどの商品として流通・販売することである。もう1つは「権利ビジネス」の側面であり，コンテンツに係る権利を利活用して収益を得ることである。以下では「原盤」という概念を確認した上で，これらのビジネスのしくみを見ていこう。

　原盤とは，レコードやCDなどの商品の元となる音源のことであり，レコーディングによって制作される。日本の著作権法では「レコードに固定されている音を最初に固定した者」が「レコード製作者」と呼ばれ，著作隣接権が認められる。レコード会社は，この原盤を複製してレコードやCDなどの商品を製

▷1　音声については蓄音機の発明によって録音が可能となり，円盤の発明によってレコードの量産が実現した。

▷2　東京を中心とした産業集積と地理的近接性，マスメディアとの相互依存関係などについては，増淵敏之，2010，『欲望の音楽――「趣味」の産業化プロセス』法政大学出版局に詳しい。

▷3　一般社団法人日本レコード協会，一般社団法人コンサートプロモーターズ協会の公表資料を参照。

▷4　媒体にたいしてその中身や内容に焦点を当てる場合，Content（コンテンツ）という表現を用いることがある。

▷5　著作権法第2条第6項。

▷6　レコード産業の主な機能はレコード会社に垂直統合していたが，1960年代以降テレビを中心とするマスメディアとの相互関係のなかで制作機能が外部化し，流通小売部門はプラットフォーム化した。この歴史的経緯については，生明俊雄，2004，『ポピュラー音楽は誰が作るのか――音楽産業の政治学』勁草書房に詳しい。

造し,流通・販売する事業を営んでいる。◁7

　音楽に関して狭義の著作権が認められるのは作詞家,作曲家であり,歌手やミュージシャンなどの実演家には著作隣接権が認められる。歌詞とメロディ(以下,詩曲)の著作権は,契約によって著作財産権が音楽出版社に渡ることが◁8多い。◁9詩曲の利用には,原則的に著作権者の許諾を得て,著作権使用料を支払う必要がある。例えば放送局やカラオケ事業者は多数の楽曲を利用しており,ユーザーとして著作権使用料を支払っている。そこで著作権者とユーザーとの仲介業務をおこなうのが,一般社団法人日本音楽著作権協会(JASRAC)に代◁10表される著作権管理事業者である。JASRACが徴収した音楽著作権使用料は,音楽出版社を通じて原著作者である作詞家,作曲家に分配される。

　日本の音楽ビジネスでは,著作権をメディア企業に譲渡したり複数社で共同所有することで,メディア露出の機会を獲得することがある。例えば新譜の発売時にテレビのタイアップを得た場合,詩曲の著作権が放送局系列の音楽出版社によって所有されることがある。この場合,放送局系列の音楽出版社は著作権者として著作権使用料を受け取る。原盤についても同様に権利ビジネスがおこなわれている。テレビやラジオで音楽が流れるということは,音楽CDなどの商業用レコードが利用されているということである。ユーザーとしての放送局は,業界団体を通じてその二次使用料を支払っている。◁11

## ③ 技術変化とコンテンツ産業の変容

　1990年代頃から一般世帯にパソコンとインターネットが普及し始めると,専門家のみならず一般消費者によるコンテンツの制作や改変,データの共有が容易になっていく。インターネット上の動画共有サイト等には,消費者が生成した無数のコンテンツがアップロードされるようになり,違法か合法かは別として,それらを共有することが消費者の新たな動向となりつつある。

　これまで物財として扱うことのできていたコンテンツが,デジタル化によって離散的に表されるデータになると,複製・編集等に係る費用や情報の劣化が著しく低減する。情報を媒体に固定させることや,媒体の希少性を前提として,ルールや制度を発展させてきた産業にとって,技術的な前提が大きく変化するなかで,いかに収益を確保するかがここ十数年来の課題となっている。◁12

　かつてラジオや貸レコードなどの登場によって苦境に立たされたレコード・ビジネスは,のちに補完的な関係性を見出し,著作権法改正や業界間の制度整備によって新たな秩序を形成してきた。だが,デジタル化とネットワーク化の◁13進展によって,この産業を成立させていた技術的前提が変わり,複製とそれに係る権利の所有について以前とは異なる状況が生じているとすると,従来のような秩序の再編が果たして可能だろうか。これは,コンテンツのみならずメディアや広告の産業にも通底する課題であるだろう。

(加藤綾子)

▷7　コンサートやイベントなどの興行はレコードとは別個の事業であるが,音楽商品の宣伝や販売促進にとって興行は欠かせないものであり,両者は相互に関係性を築いてきた。

▷8　音楽出版社(Music Publisher)の著作権ビジネスは楽譜の出版事業に遡る。

▷9　著作者人格権(①公表権,②氏名表示権,③同一性保持権)は他人に譲渡できないため,著作者に帰属する。

▷10　2000年の法改正によって,株式会社イーライセンスや株式会社ジャパン・ライツ・クリアランスなどが著作権管理事業に新規参入した。

▷11　レコード製作者と実演家には商業用レコードの二次使用料を受け取る権利があり,その権利は文化庁長官が指定した団体(レコード製作者については一般社団法人日本レコード協会,実演家については公益社団法人芸能実演家団体協議会)を通じて行使される。

▷12　新宅純二郎・柳川範之編,2008,『フリーコピーの経済学──デジタル化とコンテンツビジネスの未来』日本経済新聞社。

▷13　武石彰,2005,「音楽産業と技術革新──大規模技術システムとしての進化」『赤門マネジメント・レビュー』4(7):pp.324-329。

## Ⅹ 法・政策と情報

## 8 写真・映画と著作権

### 1 著作権法の基本的枠組み

著作権法は，文化的所産の公正な利用に留意しつつ，それらを創作した著作者などの保護を図り，文化の発展に寄与することを目的とする。著作権法は，知的創作活動の成果の保護を主要な目的とする知的財産法の1つに数えられるが，「文化の発展」を目的とする点や，何らの手続なく創作の瞬間から権利が発生する点において，同じ知的財産の保護でも「産業の発展」を目的とし，出願・登録や審査の手続を要する特許法や意匠法などと異なる性質を有する。

著作権法で保護される著作物には，小説，絵画，音楽などがあり，写真や映画もふくまれる。しかしすべての作品が著作物として保護されるわけではない。著作権法では著作物を「思想又は感情を創作的に表現したもの」と定義しており，数学の命題のような抽象的なアイデアや定型的な挨拶文のようなありふれた表現は著作物ではない。他方で具体的な表現であって創作性が認められれば，子どもの落書きでも保護される。

著作物を創作した著作者は，財産権である著作権と著作者人格権を有する。著作権は，権利の及ぶ著作物の利用それぞれについて定めた支分権の総称であり，例えば，複製権，上演権，上映権，放送などによる公衆送信権，翻訳・翻案権のような権利がある。著作者人格権は，著作物の公表，著作物への氏名表示，著作者の意に反した改変の禁止などに関わる権利である。

著作者以外の第三者が著作物を利用する場合は，原則として著作者の許諾が必要となる。著作者に無断で著作物を利用すると，著作権侵害または著作者人格権侵害として，その侵害行為の差止め（出版の差止めや上演の中止など）や損害賠償を請求され，さらには刑事罰を科されることがある。

### 2 写真・映画と著作権法

著作権法において，写真や映画はその特性から他の著作物とは異なる考慮がなされている。例えば写真は，撮影，すなわち創作の重要な瞬間を機械であるカメラが支配することから，人による創作という面が小さいととらえられることが多かった。このため著作権法では，写真の保護の程度を絵画など他の著作物に比べて低くする規定が長いあいだ設けられていた。現在でも，写真の創作性の判断では，構図，露出，シャッタースピードなど，撮影者の撮影時におけ

▷1 著作権法は著作者の権利以外に，実演家，レコード会社などが有する著作隣接権についても定めている。

▷2 著作権法1条

▷3 著作権法10条に著作物の例示がある。

▷4 著作権法2条1項1号

▷5 創作性は，通説では作者の個性のあらわれと説明されるが，近年では著作物の多様化により異なる解釈も生じている。

▷6 著作権という文言は，日常的には著作者の権利全体を表すものとして用いられるが，条文上は財産権のことを指す。ここでは基本的に後者の意味で用いる。

▷7 あらゆる著作物の利用が禁止されるわけではなく，例えば読書や音楽の聴取には著作者の権利は及ばない。

▷8 著作権法21-28条

▷9 著作権法18-20条

▷10 著作権は第三者への譲渡が可能なため，著作者が著作権を有していないこともある。なお，著作者人

る選択が細かく検討され，他の著作物とは異なる特徴を残している。◁12

　また映画は，単独または少数での創作を基本とする他の著作物とは異なり，監督，プロデューサー，カメラマン，俳優，脚本家，作曲家など，多くの者が製作に関与する。このため，すべての関係者を著作者とすると，映画作品の円滑な流通・利用を阻害する可能性が生じる。加えて映画の製作や興行には多額の投資が必要で，多くの場合映画製作者（映画製作会社など）が金銭的リスクを負担している。これらを考慮し，著作権法は映画の著作者および著作権者の判断について特別の規定を設けた。まず映画の著作者は，監督や演出を担当して「映画の著作物の全体的形成に創作的に寄与した者」（典型的には監督・プロデューサーなど）とし，脚本家，作曲家，俳優などは除外されるとした。そして，映画の著作者が映画製作者にたいし当該映画の製作に参加することを約束している場合には，映画の著作権は映画製作者に帰属するとした。◁14

### ③ 自由な情報流通と著作権法

　著作権法の定める著作者の権利は，著作者を保護する側面と同時に，他者の作品利用を制限し，自由な情報流通を妨げる側面ももつ。◁15 文化の発展に寄与するという著作権法の目的を達成するには，著作者の保護のみならず，多くの人が作品に触れて知識，美感などを享受し，さらに新たな創作の芽を生み出す環境を整えることも重要である。

　そこで，著作権法では自由な作品利用のあり方について，いくつか規定を置いている。例えば，個人利用のための著作物の複製（私的複製），非営利での著作物の演奏・上映のように，一定の条件のもとでなされる著作物の利用については，許諾がなくとも著作権侵害とはならないとし，その条件を列挙して定めた（権利制限規定）。◁16 また，著作権の保護期間を有限とし，保護期間経過後は作品を自由に利用できるとした。◁17 これらの規定によって，自由な作品の利用を保障し，著作者の保護とのバランスを図っている。

　しかし，著作者保護と自由な作品利用のバランスは，新たな技術の登場と普及によって刻々と変化し，これに対応するため，著作権法は頻繁に見直されている。例えば，ドラマ・アニメ・映画の動画共有サイトへの違法なアップロードのように，デジタル技術やインターネットを用いた著作権侵害が問題となり，著作権侵害の罰則が強化された。また，違法にアップロードされた音楽・動画をそれと知りながらダウンロードすることについても違法とされた。◁18 これらの法改正は著作者保護を強化する側面をもつ。他方で，自由利用に配慮した法改正としては，別の著作物が偶然写り込んだ写真や動画について，著作者の利益を不当に害しないかぎりは著作権侵害とはならないことを明確にしたものなどがある。今後も，技術発展に応じた著作者保護と作品利用の適切なバランスについて検討していく必要があるだろう。

（酒井麻千子）

格権は著作者に一身専属する権利であり，第三者への譲渡はできない。

▷11　1996年の著作権法改正まで，写真の著作権保護期間は他の著作物より短く設定されていた。

▷12　例えば絵画や彫刻を忠実に写しとった写真などのように，単に機械的に撮影した写真には創作性が認められない。

▷13　著作権法16条。脚本家や作曲家は映画から分離可能な，それぞれの脚本や音楽の著作権によって保護される。また映画に出演した俳優（実演家）は，著作隣接権である実演家の権利によって保護される。

▷14　著作権法29条1項

▷15　この点につき，とくに憲法上の表現の自由の観点から検討をおこなうものもある。詳しくは，X-2 およびそこに示された文献を参照。

▷16　著作権法31-50条

▷17　著作権法51-58条

▷18　さらに近年の改正により，販売・有料配信の音楽や動画について違法にダウンロードした場合は刑事罰の対象となった。

**参考文献**

小泉直樹，2010，『知的財産法入門』岩波新書。
福井健策，2005，『著作権とは何か――文化と創造のゆくえ』集英社新書。
半田正夫，2014，『著作権法案内』勁草書房。

X 法・政策と情報

# セキュリティーと情報倫理

## 1 セキュリティーをめぐる状況

　情報通信技術（ICT）の普及と社会の情報化にともない，情報セキュリティーは大きな課題となった。歴史的には，1980年代にコンピュータ・ウィルスによるさまざまな被害が発生し，1988年に起きたモリスワーム事件では，アメリカの学生が作成したワームプログラムがインターネットを介して広域に広まり，全米のインターネットが危機的な状況に陥った。その後，ICT の利活用の拡大と普及にともない，情報セキュリティー，ネットワーク・セキュリティーの課題は，さまざまな局面を見せている。利用者は，ワンクリック詐欺やクレジットカード情報の不正取得および悪用といった犯罪への脅威にさらされる一方で，コンテンツなどの著作物の不正コピーやその流通など，利用者が加害者となるケースもある。また，ビッグデータ活用が進む一方で，パーソナルデータの取扱いが国民的課題となっている。フィクションの世界だけではなく，サイバーテロといった国家をも巻き込んだ大規模な脅威も現実のものとなった。2013年のエドワード・スノーデンによる告発から，インターネットなどにおける盗聴など情報収集活動への国家の関与が疑われるようになった。今後，IoT（Internet of Things）に見られるように，人間だけでなく，重要社会基盤も含めたあらゆるモノがインターネットに接続されるようになると，われわれの日常生活や社会全体を円滑に運営するために，ネットワーク・セキュリティーや情報セキュリティーの確保が不可欠な時代になっている。

## 2 情報セキュリティーとは？

　情報分野では，セキュリティーは，機密性（Confidentiality），完全性（Integrity），可用性（Availability）によって定義される。さらに近年の拡張された定義では，真正性（Authenticity），責任追及性（accountability），否認防止（non-repudiation），信頼性（reliability）の4つ性質が加えられている。

## 3 情報セキュリティーの実現

　情報セキュリティーを実現し，情報社会を円滑に運用するためには，技術的対応や法制度による対応，さらに情報倫理による対応を含め，多面的かつ総合的な対応が必要である。まずセキュリティー技術は基本的かつ重要な対応方法

▷1　Parks, R. and Duggan, D. 2011, "Principles of Cyberwarfare", *IEEE Security and Privacy*, 5(9)：pp.30-35.

▷2　Landau, S., 2013, "Making Sense from Snowden: What's Significant in the NSA Surveillance Revelations," *IEEE Security & Privacy*, 11(4)：pp.54-63.

▷3　ISO/IEC 27002, 2013, "Information technology ― Security techniques ― Code of practice for information security management".

であり，実社会で塀や鍵を設置することに相当する。基本的な技術には，暗号技術や認証技術，電子署名などによる改ざん防止技術，アクセス制御技術などがある。また情報やシステムへの脅威は，システムの脆弱性が原因であることも多く，システムの欠陥を防ぐソフトウェアやハードウェアの構成手法も重要である。また情報システムのセキュリティー上のルールや規範に関するコンセンサスを得るためにも，情報セキュリティーに関する法制度は重要である。それらのルールや規範を実現する方向で情報システムが実装され，一方で技術では防止できない，または防止に大きなコストがかかる脅威は，社会罰などによって対応することが必要である。

## 4 セキュリティーと情報倫理

　情報倫理は，情報や情報システムを扱った社会を構成するために必要な行動上の規範のことである。情報倫理には，いくつかの側面がある。第1に，法が禁じている行為で，その発見・処罰が困難な状況であっても，その規範を守ることである。本来，やってはいけないことは技術的対応がなされることが理想であるが，実際はコストと利便性の兼ね合いで困難なことも多い。例えば，情報コンテンツの不正コピー，情報の改ざんやなりすましが代表例である。第2に，法では定められていないが，情報社会を構成するために必要な規範に従って振る舞うことである。例えば，「ネット炎上」や「ネットいじめ」といわれるような，個人情報メディアを介した過度な個人攻撃など，いわゆる情報リテラシーにも含まれる内容がある。一方で，情報セキュリティー上の脅威から身を守る行動をとることも重要である。いくらパスワードの仕組みがあっても，杜撰な管理をすれば，自ら被害者となるだけでなく，他者への被害にもつながる。暗号のしくみも，利用者が適用を怠れば，情報の秘匿性の確保はできない。

## 5 セキュリティーと情報倫理の今後

　これまで，情報技術や情報社会は，インターネットに代表されるように，自由でオープンな環境に価値をおき，その急速な発展をみてきた。自由でオープンな環境は，利用者の高い倫理があってはじめて形成できる。もはや，情報技術や情報社会が社会全体を支える基盤になった以上，実社会と同様にセキュリティー上の脅威が顕在化するなかで，これまでの自由でオープンな環境という伝統を情報倫理によって維持していく方向性と，法制度やセキュリティー技術による行動規制を導入する方向性のバランスが課題であろう。　　（越塚　登）

# XI　近未来の社会と情報技術

　総論

## 1　近未来の2つのベクトル

　インターネットを中心とする高度なICTがますます発展する21世紀の近未来社会の特徴とは何だろうか。まず言えることは，近代とくに19世紀から20世紀半ばまでほぼ絶対的な存在であった国民国家の地位や影響力が，グローバリゼーションとともに相対的に低下していく，ということだろう。かつて人びとの意識や生活は「国民」という理念をもとに編成統合され，文字通り「想像の共同体」を形成した。国家間の熾烈な競争は，ついに2回の世界大戦までもたらしたのである。だが今や，巨大な多国籍企業の力が増大し，経済や文化の交流とともに，人，モノ，カネ，情報が国境を越えて自由自在に流通するようになった。日本企業の特徴だった終身雇用制や年功序列賃金制がくずれ，さまざまな職場にも外国人従業員が増えつつある。国家同士は経済的に強く依存し合っているので，国家間の全面戦争の可能性は低下した。今では，国家首脳も経済発展のためにオリンピックという平和祭典の誘致に懸命なのである。

　こういう傾向がインターネットと深い関係にあることは間違いない。そこでは個人が，国民としてではなくプレイヤーとして，企業とともに市場競争に参入できる。このような新自由主義的なグローバル化が第1のベクトルである。

　しかし一方，いわゆる国家共同体のみならず生活共同体としての地域や企業が衰退するとともに，社会の中には新たな動向が生まれつつある。共同体の拘束が崩れ価値観が統一性を失ったことで，個人はかつてよりはるかに自由になったものの，世界的な経済競争のなかに投げ込まれて孤立感を深めている。経済的格差も拡大し，未来にたいする不安感はいやでも増大せざるをえない。

　こうして，第1のベクトルへの反動として第2のベクトルが生まれてくる。近年，若者たちのあいだでは，自由至上主義者（リバタリアン）だけでなく民族主義者（ナショナリスト）が増えつつあると言われる。確かにネットの中のヘイトスピーチまがいの書き込みを眺めると，そういう傾向は否定できない。これは日本だけではない。例えば外国人労働者を受け入れたドイツ，フランス，スウェーデンなど欧州の先進国においては，かつては社会民主主義を唱えるリベラルな政党が政権をとることが多かったが，近年，外国人排斥を叫ぶ右翼政党の台頭がいちじるしい。安い賃金ではたらく外国人労働者の増大と雇用不安のもとで，保守的な民族主義が復活しつつあるとも指摘される。

▷1　アンダーソン，B., 白石隆・白石さや訳, 2007, 『定本　想像の共同体』書籍工房早山。

▷2　ここでいう「情報」は機械情報である。確かに英語は国際的共通語となりつつあるが，機械翻訳は不十分で，必ずしも社会情報が自在に流通しているわけではない。

しかし，こういった第2のベクトルは，伝統的な保守主義や民族主義への回帰というより，グローバリゼーションのもとでの，過度の新自由主義的価値観がもたらした人間疎外への反発ととらえるべきだろう。若者の大多数は，かつての民族主義者のような強固な信念や忠誠心をもっているわけではない。ゲームの戦争は好きでも，リアルな戦場への参加は拒否するのだ。大量消費文明のなかで孤独になり，自分の進むべき方向を見失っているだけなのである。

## 2 第3のベクトル

インターネットによって，第1でも第2でもない社会の方向性を実現することは不可能だろうか。グローバリゼーションによる人間疎外を防ぎつつ，世界大戦をおこした国家主義的民族主義の罠にも陥らない，第3のベクトルについて考察を深める必要がある。

もともと人間とは群れをつくって暮らす生物である。これはホモサピエンスが誕生した約20万年前どころか，進化史に霊長類が出現した数千万年前から一貫している。人間は，言語などの記号交換を介した共同体を離れて生きることはできない。つまり，生命的な情報と，これにもとづく身体的なコミュニケーションは，人間の生存の根源を支えるものなのである。

しかし，西欧の近代主義は，「独立した個人」を思考の主体として定義した。さらに，20世紀初頭の論理主義は，合理性を尊重するあまり，形式的ルールに沿った論理操作こそが正確な思考活動であるとし，身体性を括弧にいれてしまった。歴史的には，こういう論理主義の延長上でコンピュータという機械が発明されたのである。とりわけ，いわゆる人工知能技術には，そういう伝統が生きており，そこでは人間の思考が形式的な論理操作としてとらえ直される。したがって，人間の社会的活動をコンピュータで効率化しようという傾向が強まるにつれ，生命的なコミュニケーションが機械的な記号操作に置き換えられていく。従来の共同体の衰退が，社会のこうした機械化・自動化によって助長されれば，反動として第2のベクトルが伸長してくるのも無理ないだろう。

とはいえ，インターネットとコンピュータ端末を上手に用いて共同体性を復活することは，必ずしも不可能というわけではない。ローカルな地域活動をふくめ，さまざまな人びとを結びつけるオンライン共同体，またインターネットを活用したNPOやNGOといった各種のグループ活動がその鍵を握るはずだ。インターネット時代の新たな共同体の誕生である。

さらに，コンピュータ技術のなかに，理性だけではなく感性を重視し，身体との結びつきを志向する方向性が生まれてきたことも見逃せない。例えば「感性情報学」は，情報工学におけるパターン認識やヒューマンインターフェイス技術を用いてイメージ情報処理をおこない，また同時にその過程で，人間行動における無意識な感性のはたらきに迫ろうというものである。とくに注目され

▷3 主体という概念を20世紀の構造主義・ポスト構造主義が否定したことは事実だ。だが，それは啓蒙主義的な個人主体があまりに強調されたことへの反論にすぎない。近代社会では個人主体という概念はあくまで基本である。

▷4 Ⅱ-5 を参照。

るのは「ヴァーチャル・リアリティ（仮想現実）」である。これは，1960年代からある技術であり，三次元コンピュータグラフィックスのつくる仮想空間のなかで身体動作をおこなうと，それが仮想空間にフィードバックされて疑似体験が生まれる。これは身体とコンピュータを直接むすぶインターフェイスにほかならない。その後，ヴァーチャル・リアリティ関連技術は進展し，現実空間と仮想空間を重ね合わせるオーグメンテッド・リアリティ（拡張現実）や，さらにはインターネットとむすばれた仮想空間のなかで人びとが身体的に交流できるサイトなど，新たな試みが生まれつつある。

　むろん，これらの情報技術によってただちに第1のベクトルと第2のベクトルのあいだの矛盾が解決するわけではない。だが，身体とコンピュータをむすぶ要素技術をインターネットに統合し，急速な共同体性の衰退をふせぐ可能性をさぐることは決して無意味ではないだろう。

### ③ オープン・データと公共性

　上述の第1のベクトル，すなわちグローバリゼーションのもとでの新自由主義的経済活動の価値観を支えるのは，「私的所有権」の概念である。私的所有権が個人の自由の根源にあるという考えは17世紀の英国哲学者ジョン・ロックによってもたらされた。現代の若者に人気のある自由至上主義者（リバタリアン）の主張も，基本的にはこの流れを汲んでいる。

　以前の日本企業では，社員が自分のアイデアにもとづいて発明をし，企業がその特許によって膨大な利益をあげても，ほとんど発明者に還元されることはなかった。発明した社員には，たかだか賞与が上乗せされる程度だったのである。終身雇用制のもとでは，成功した特許獲得は昇進と結びついたので，あまり問題は起きなかったとも言える。だが，終身雇用制が崩れたとき，企業が社員のアイデアと努力にたいし相応の対価を支払うべきだという考え方も現れる。これは私的所有権とくに知的財産権の強調であり，個人の自由の進展だという見方もできるだろう。

　だが一方，無制限な私的所有権の拡大は，公共性の侵害であり，人間の尊厳さえ傷つけるという批判も出現してくる。例えば，自分の腎臓を売ることは個人の自由だろうか。あるいは，富裕な女性がスタイルを守るために，貧しい女性の子宮で自分の赤ん坊を育てさせる「借り腹」は道徳的に許されるのだろうか。貧しい女性は契約を結んでかなりの報酬を得ることができるだろうが，これを個人の自由という観点のみから肯定的に論じるのは難しい。

　腎臓売買や借り腹は極端な例だが，知的財産権の問題にかぎっても，過度な所有権の強調は共同体の公的利益を損なうだけでなく，正当性がないという意見もしばしば聴かれる。なぜなら，アイデアは必ずしも個人の頭脳だけから生まれるものではないという反論ができるからだ。膨大な利益をあげた特許を発

明した社員は，会社から研究活動ができる環境を整備してもらっており，また職場の同僚から直接ヒントや助言をもらうことも少なくないのだ。

およそ人間の思いつくあらゆるアイデアは，本来かなり協働的性格をもっている。それは，100％孤立した頭脳で懐胎することはない。むしろ過去の知識の蓄積や周囲の人びととのコミュニケーションのなかで自然に生まれてくるものだろう。個人の努力が報いられる制度は大切だとしても，知的財産の名のもとにあらゆるデータを囲い込もうとするなら，合法的な搾取であると批判されるのは当然である。データを公共的なものとして公開せよという「オープン・データ運動」がこうして生まれてくるのだ。それは，以下のべる集合知とともに，第3のベクトルの形成をうながすのである。

## 4 集合知の可能性

独創性を尊ぶという伝統は，神に愛された天才にこそ英知が宿る，という欧米流の発想とも関連が深い。知的財産権の尊重もこれと結びついている。グローバリゼーションの時代にはエリートを育てるべきだという意見も，同様の考え方と言えるだろう。

だが一方，近年その重要性が叫ばれている「集合知」とは，むしろ天才ならぬ一般の人びとが衆知を合わせることが問題解決につながるというものである。一般人の意見を上手に併せるとしばしば驚くべき英知をもたらす。この集合知の概念は，ウェブ2.0とともに2000年代に米国から入ってきた。優れたリーダーを要する狩猟牧畜を営んできた欧米社会では，これは斬新な考え方かもしれない。だが，密接なコミュニケーションと協力を要する水田耕作をしてきた日本社会では，むしろ昔からの自然な考え方と言えるだろう。

問題は，インターネットを駆使した有益な「ネット集合知」をいかにして実現するかである。ここで問われるのは，人びとの意見を集約していく際の「評価基準」に他ならない。例えば科学技術的な研究開発の場合，評価基準はかなり明確であることが多い。したがって21世紀には，トレーニングをうけた専門家だけでなく，一般のアマチュアもインターネット経由で参加する「オープンサイエンス」が花開くのではないか。個人や組織が研究成果を囲い込み，知的財産権を主張してビジネスに展開するという第1のベクトルと異なり，むしろ「公共の知」という第3のベクトルを志向するのがオープンサイエンスである。これはすでに一部おこなわれており，サイトも存在する。

また，価値観の相違で意見のわかれる政策決定などの問題にも，上手に評価基準を設定すれば，ネット集合知を適用して意見を集約していく可能性が無いわけではない。これによって，従来の代議制の間接民主制にかわる，21世紀の新たな民主主義の出現も期待される。

（西垣 通）

▷5 スロウィッキー，J.，小髙尚子訳，2006，『「みんなの意見」は案外正しい』角川書店。

▷6 銀河を形態で分類する「銀河集団（Galaxy Zoo）」や，遺伝子の塩基配列からタンパク質の構造を決定する「折り畳み（Fold-it）」などのサイトがある。

▷7 西垣通，2014，『ネット社会の「正義」とは何か──集合知と新しい民主主義』角川選書。

# XI 近未来の社会と情報技術

## 2 ネットと近未来組織

### 1 ICT/ネットを活用した，ネオ・サイバネティカルなコミュニケーション

「ネットと近未来組織」というテーマを考えるとき，近未来のICT技術やインターネット技術が，組織を構成する人間にたいして，どのように関わってくるかを想定しなければならない。その思考の上に，近未来の経営組織体がもち得る機能と効果が想定されるからだ。それは，必然的に，近未来のICT/ネット技術が，どのようなコミュニケーションを生み出すのかを考えることになる。そのコミュニケーションとは，ICT/ネットを活用した，ネオ・サイバネティカル（neocybernetical）なコミュニケーションであろう。ネオ・サイバネティカルなコミュニケーションとは，日常的な行為でいえば，「人間が社会の色々な要素につながり，そのプロセスの中で，自分自身が準拠する価値（意義）の体系を，〈主体的/自律的〉に塗り替えていくコミュニケーション行為」といえよう。いわば，生きる指針を，自律的に形成していく社会的行為といえる。このコミュニケーション・プロセスを実用的に実践する際には，人間と社会をつなげるメディアの機能，つまりICT/ネットの機能が介在し，またその効果が試されるのである。

人間がICT/ネットを利用して，ネオ・サイバネティカルなコミュニケーションを実現しているイメージとはどのようなものか。現在われわれは，スマートフォンやタブレット端末などに代表されるような高機能な情報端末を利用して，豊かな情報環境を謳歌している。これはこれで便利な時代を享受していると理解されがちだが，人間と機械との関係においては人間の〈主体性/自律性〉が損なわれつつある状況にある。データベースから上がってきた情報をそのまま利用し，その情報をもとに（情報の指示のもとに）自分の行動は規定される。そこには人間の自律性はない。例えば，端末を紛失してしまえば自分の生活が著しく損なわれ，うろたえてしまうのは，その状況の表れであろう。ICT/ネット環境におけるネオ・サイバネティカルなコミュニケーションとは，あくまでも，獲得した情報を元に，自分自身が準拠する価値（意義）の体系を自律的に塗り替えていく行為であることに留意しなければならない。われわれの思考の起点が機械頼りになってはいけない。われわれは今，人間と機械とのコミュニケーションにおいて，人間の〈主体性/自律性〉を回復させたコミュニケーション行為をめざしているのである。「求められるのは，機械と緊密な

▶1　ネオ・サイバネティックスの基本的な概念は，クラーク，B., ハンセン，M., 大井奈美訳，2014，『ネオ・サイバネティックな創発——ポストヒューマンの再調律』西垣通・河島茂生・西川アサキ・大井奈美編，2014，『基礎情報学のヴァイアビリティ』東京大学出版会を参照のこと。

関係のもとに活性化する生命活動」である。あくまでも人間がICT/ネットを使うことによって，自律的な思考が浮かび上がり，それらが活性化するコミュニケーションといえる。

## 2 近未来の経営組織体：脳神経が機械を動かす

　ICT/ネットを介したコミュニケーションは，近未来には，ネオ・サイバネティカルなものになると仮定した。この前提条件，および人間と機械（ICT/ネット）との関係がどのように進化するか，これらを総合して近未来の経営組織体はどのように形成され得るかを考えてみたい。機械が音声言語を認識する時代になった。スマートフォンに語り掛ければ，簡単に答えが返ってくる。コマンド入力からキー操作，そして音声入力へと変遷し，機械の操作は，より直感的なものへ近づいている。

　今，ブレイン-マシン・インターフェイス（Brain-machine Interface：BMI）技術が実用化されつつある。端的にいえば，人間の脳を機械（ICT/ネット）へ接続する試みである。人間の脳神経のネットワークに流れる微弱な電流を計測することで思考を読み取り，その情報は機械（ICT/ネット）が受け入れ可能な電気信号へと変換され，機械が具体的に操作される。脳神経系のパターンが機械を動かすという時代が本格的に近づいている。この技術により，われわれは経営組織体の中で，機械を操作する上での煩雑な作業に振り回されなくなるだろう。また，機械を動かす過程で抜け落ちやすくなっていた「直感的思考」は，そのまま表現可能となり，脳の中で生成された「ヒラメキ」は，そのまま機械処理され，具体的なかたちとしてデータベース化されるのではないか。そして組織のほかのメンバーと容易に共有されることになるだろう。暗黙知と呼ばれ，客観的な表現が困難であった知識も，BMI技術によって言語的表現が省略できるため，容易に共有されることになるだろう。組織を構成する人間は，〈主体的/自律的〉に思考する行為そのものがますます重要視されると考えられる。また経営組織体には，個人が思考した情報を組織化する（体系的に価値付け/意義付けする）プロセスが，ますます重要視されようになるのではないか。

　BMI技術は人間の知的機能の拡大を可能にするだろう。かつて「マウス」を開発した革新的コンピュータ・プログラマー，ダグラス・C・エンゲルバードは，「人間が機械を使う事によって，いかに知的能力を補強/増大させることができるか」という命題にこだわったが，これから本格的な答えが与えられる時代に入っていく。また，このようなネオ・サイバネティクスに関する議論を突き詰めることは，サイバネティクスの基本理念（通信と制御によって生命体と機械を結びつける）へ原点回帰することを示唆することに留意しなければならない。

（辻本 篤）

▷2　西垣通，2012，『生命と機械をつなぐ知──基礎情報学入門』高陵社書店，p.205。

▷3　このタイプのコミュニケーションを実現するコンピュータは，「タイプⅢコンピュータ」と定義される。詳細については，次を参照。西垣通，2012，『生命と機械をつなぐ知──基礎情報学入門』高陵社書店，p.205；西垣通，2008，『続　基礎情報学──生命的組織のために』NTT出版，p.172，p.209，p.219。

▷4　この技術の詳細は，櫻井芳雄，2013，『脳と機械をつないでみたら──BMIから見えてきた』岩波書店を参照のこと。

▷5　エンゲルバード，D.C.，西垣通訳，1992，「人間の知能を補強増大させるための概念フレームワーク」西垣通監修『組織とグループウェア──ポスト・リストラクチャリングの知識構造』NTT出版，pp.134-215。

# XI 近未来の社会と情報技術

## オープン・データ

▷1 日本工業標準調査会, 1994, 『JISX0001情報処理用語——基本用語』。

▷2 例えば, データの羅列である電話帳や時刻表といったものも著作物として保護されるべきという考え方が進行しており, 実際に一部の電話番号帳は配列に創作性があるとされ, 著作権が認められる事例も出てきている。東京地判平成12年3月17日, 2000, 「電話番号情報を職業別に分類した原告のデータベースをデータベースの著作物と認め, 被告のデータベースがデータベースの著作権を侵害するとして, 差し止めおよび損害賠償を認めた事例」『判例時報』1714: pp.128-144。

▷3 レッシグ, L., 2004, 山形浩生・守岡桜訳, 『フリーカルチャー』翔泳社。

▷4 オープンソースの原点は, 1998年に「Netscape」の開発戦略の中で生まれた用語であるが, その思想は, コピーレフト運動として1980年代頃から見受けられる。

▷5 「金大院生開発 バス時刻検索 3万人利用 惜しい! アプリ終了」『北陸中日新聞』2014年3月30日朝刊1面。

### 1 私有化されるデータ

人の知識は, 突然に頭の中で閃くものではない。先人の遺した知識, 他人との議論, 自然界の現象などといった, 何かしらの外界からの刺激を受け, それらと自身の思考とのやり取りの中で創発されるものである。

ところが知的財産権に関する意識や制度が肥大するにつれ, 社会の中では知識だけでなく, それらを支えるさまざまな情報やデータなどにまで所有権が主張されるようになりつつある。一見, 事実の蓄積と思われるデータも, 「情報の表現であって, 伝達, 解釈または処理に適するように形式化され, 再度情報として解釈できるもの」なのである。すなわちデータとは, 何らかの現象を誰かのアイデアにもとづいて形式化して伝えられるものであり, 創作行為の結果であるとも言えるのである。

このように, 「創作性」を盾にデータの所有権を求める声がいっそう高まるならば, 世の中に存在するあらゆるデータは誰かの所有物となり, それを他の人間が許諾なしに利用することは困難になる事態に陥ってしまう。先人が生み出した, 共有財産としての知識やデータという「コモンズ」がやせ衰えてしまうということは, われわれの将来の創造行為を制約することにもつながりかねないのである。

### 2 オープン・データ運動

このようなデータの私有化による知識創造への制約を懸念する人間たちによって, データのオープン化をめざす運動が, 主にインターネット上のデータを対象としてくり広げられてきた。これらはおよそオープンソース運動などと歩調をともにしている。こうした運動が自らの活動の根拠としているのは, データを共有することによる社会的進化の進展, そしてそれらを妨げかねない大企業独占への反発である。例えば, 解明が進められている人ゲノムのデータが一部の企業に独占して所有されてしまうと, そのデータを利用して研究をしようとする大勢の研究者の活動に支障が出かねない。

日本においてオープン・データの重要性が指摘された事例としては, 2014年3月に石川県で3万人が利用していた「石川バスビュワー」というスマートフォンアプリケーションがサービス終了した件があげられる。このアプリは大

学院生が同県内のバス会社が公開する時刻表データを活用して作成していたものだが，バス会社によって時刻表データの形式が変更されることになり，二次利用ができなくなったためにやむなくサービス廃止となった。公的に定義されたオープン・データで無かったため，データ形式の変更に振り回され，結果的に多くの利用者がいたサービスを継続することができなくなったのである。こうしたことから，オープン・データの意義は近年確実に認知され，それを活用しようという動きに結びつく。

## 3 オープン・データの現在

近年は先進諸国を中心に，中央・地方の行政組織などがオープン・データの活用を模索し始めている。これは公共機関の所有するデータを公開・共有化し，その活用の仕方を外部に委ねることで，費用を節約しつつ市民サービスを向上させることをねらったものである。例えば，福井県鯖江市では，2012年から「データシティ鯖江」構想を掲げ，「公衆トイレ情報」「AED情報」「道路工事情報」など40近くのデータをオープン・データとして提供しており，それらを基に37ものアプリが有志によって公開されている。

さらに，オープン・データは研究・教育の場においても注目されている。多くの研究機関においては，「機関リポジトリ」と呼ばれる電子アーカイブが運営され，さまざまな研究論文・データ等がウェブ上で公開されるようになりつつあるし，大学などの研究教育機関では，講義および関連情報までもが「オープンコースウェア」というかたちで，動画や資料として一般に公開され，自由に学ぶことができるようなっている。このように，オープン化の流れは現在，社会のさまざまな場所におよびつつある。

## 4 オープン・データの可能性

こうした動きに共通しているのは，データであれコンテンツであれ，それらを公開することで新たなコンテンツが作られる行為，すなわち社会における「創造行為」がうながされるという考え方であり，オープン・データが社会的な問題解決の有効な手段ととらえられているのである。これらは，また『伽藍とバザール』でも語られているように，抱え込み，独占することによって価値を維持しようとしてきた，これまでの知識の在り方の限界を示して，知識の構造変革をうながすものでもある。

オープン・データを活用した創造行為がおこなわれる社会を構築するには，公開されるデータを継続的・安定的に自由に使える技術的・制度的なしくみを，いかに整備するかが課題となる。データとは，官でも私でもなく公のものであるという認識を社会全体が共有することが，オープン・データ運動の成否のカギを握っていると考えられるだろう。

（寺本卓史）

▷6　岡田有花, 2014,「『リスクのない挑戦はない』人口7万の街が"オープンデータ先進地"に──福井県鯖江市の取り組み」(http://www.itmedia.co.jp/news/articles/1406/25/news051.html)。

▷7　2003年にマサチューセッツ工科大学が立ち上げたのをきっかけに，欧米の大学を中心にネットでの授業配信が進んでいる。日本でも東京大学をはじめ，複数の大学が「MOOC」と呼ばれる講義配信サービスに取り組んでいる。

▷8　レイモンド, E. S., 山形浩生訳, 2010,『伽藍とバザール』USP出版。

▷9　例えば，公開されるデータの形式が，特定の商用フォーマットに依存しないこと，オープン・ライセンスにもとづいて配布されることなどが満たされないと，データを自由に使用することは難しくなる。

# XI 近未来の社会と情報技術

## 4 集合知

### 1 集合知とはそもそも何か

「集合知（collective intelligence）」とは，本来は生物的な概念である。社会集団をつくって生活する生物は，互いに協力しあうことによって，個体の単独行動をこえた能力を発揮し，生存に有利な状況をつくりだす。例えば，ミツバチは四方八方に飛散し，運よく蜜のある花々を見つけたハチは帰巣して仲間にその方角と距離をしめす尻振りダンスをおこなう。このコミュニケーションによって群れの多くのハチが蜜にありつき，生きていくことができる。ヒトも社会的生物である以上，太古からこういう協力行動をしてきたことは間違いない。とくに集落をつくって水田耕作をしてきた日本では，「衆知を集めること」が伝統的な慣習であったと考えられる。

とはいえ，近年注目を集めている「集合知」は，これより狭い特殊な意味をもっている。端的にいえばそれは，直接の顔見知りではない一般の人びとがネットを媒介にして自由に情報を交換し，知的活動をおこなったり問題を解決したりすることだと言ってよいだろう。ここで一般の人びととは，その問題についてアマチュアであることが多い。つまりそれは，アカデミックな専門教育をうけたプロフェッショナルが個人またはチームで担当分野の問題を解決するという，現代の典型的な問題解決とは異質なアプローチなのである。

こういった集合知が注目されるにいたった原因としては，2つあげることができる。第1は，現代の枢要な問題は複雑大規模で多くの分野にまたがるのに，過度の専門分化のためにプロフェッショナルだけでは対処が困難になってきたこと。第2は，一般人の学歴が高くなり，さらに一億総表現社会といわれるように，今やウェブ2.0によって誰でも手軽にネットで発言できるようになったこと。例えば，コラムニストであるジェームズ・スロウィッキーの著書『「みんなの意見」は案外正しい』はベストセラーになった。とりわけ日本では，2011年の東日本大震災における原発事故以来，プロフェッショナルへの信頼感が低下し，社会的に集合知への期待が高まってきたことは確かだろう。

### 2 オープンサイエンス

要するに，ネットでアマチュアの衆知を上手に集めれば，プロフェッショナルをしのぐ英知がえられることがあり，それが集合知なのである。ただし，集

▶1 オーストリアの動物学者カール・フォン・フリッシュはこのミツバチの研究で1973年にノーベル賞を受賞した。

▶2 技術ジャーナリストのティム・オライリーなどが2000年代半ばに提唱したネット民主化の概念。詳しくは，梅田望夫，2006，『ウェブ進化論』ちくま新書を参照。

▶3 スロウィッキー，J., 小髙尚子訳，2006，『「みんなの意見」は案外正しい』角川書店。

合知は万能ではない。それが有効性を発揮するための前提条件が存在し、そこに注意しないと逆効果になる。ごく手短にいうと、前提条件とは、集団内に多様性があることに他ならない。例えば、株価や人口の推移などを予測するとき、プロフェッショナルは一定の訓練を受けているので同様の方法で推定しがちだが、予測誤差は一般に推定法が多様であるほうが小さくなる。この点で、アマチュアの意見を取り入れる利点は決して小さくない（ただし、アマチュアの一般人がマスコミなどの影響をうけて一定の偏見に囚われている場合は、この利点は活かせないことになる）。

より根本的な前提条件は、あつかう問題に「正解があるか否か」である。クイズの解答推定や株価予測などのように正解がある場合は、集団メンバーの推定値にかんする統計的性質にもとづいて、集合知を上手に利用することができるはずだ。この延長で、科学技術の研究開発に集合知を用いるというアイデアも出現した。むろん研究開発においては正解があらかじめわかっているわけではないが、答えの望ましさを測る評価基準は存在する。評価基準にもとづいて専門的ナビゲータが一般の人びとの衆知を集め、科学的な研究を進めていくネット集合知の試みを「オープンサイエンス」という。すでに、天文学や分子生物学などの分野で、この種の試みが実行されており、それなりの成果をあげている。第一線の専門的研究分野でさえも、アマチュアの知が活躍する余地はあるのだ。

### 3　正解のない公共的問題へのアプローチ

いわゆる客観的な正解が存在しなくても、一般の人びとが考えるべき重要な問題はたくさんある。社会情報学的には、むしろこちらのほうが多いかもしれない。ある地域にダムを建設すべきか否かとか、ネット商取引の不正を防止するためにどのような対策をとるべきか、などといった公共的な問題は、ことごとくこの部類に含まれる。そこでは利害が対立し、調整が必要になるのである。

従来これらの問題の解決は事実上、もっぱら関連する政治家や官僚、あるいはせいぜい学者やジャーナリストといったプロフェッショナルに一任されてきた。だが、民主制社会では本来、一般の人びとの市民感覚が公共的な問題に反映されることが望ましい。はたしてネット集合知はその解決に有効だろうか。

ネット集合知が有効になるためには、何らかの客観的な評価基準が存在しなくてはならない。評価基準にもとづいて人びとの多様な意見を比較し、その結果を公開することにより、オープンサイエンスと同じような方法で、人びとを説得できる何らかの解答を模索していくことが可能になる。評価基準を設定する上で根拠となるのは、いわゆる公共哲学・政治哲学的な議論ではないだろうか。この分野は古典的な学問的分野だが、ネット時代の今日、社会情報学的に新たな応用が期待されているのである。

（西垣　通）

▶4　西垣通, 2013,『集合知とは何か——ネット時代の「知」のゆくえ』中公新書, pp.36-37の「集合知定理（多様性予測定理）」を参照。

▶5　ニールセン, M., 高橋洋訳, 2013,『オープンサイエンス革命』紀伊國屋書店。

▶6　西垣通, 2014,『ネット社会の「正義」とは何か——集合知と新しい民主主義』角川選書において提案されているのは、マイケル・サンデルの議論にもとづく、功利主義・自由主義・共同体主義を統括する集合知モデルである。

# XI 近未来の社会と情報技術

## ヴァーチャル・リアリティ

### 1 近未来の理論的・感性的なコミュニケーションの実現

　現実世界の実質的で本質的な部分を利用者に提示する技術やその体系のことを，ヴァーチャル・リアリティ（Virtual Reality：VR，仮想現実）という。利用者はコンピュータグラフィックスやネットワーク技術などにより構築された仮想環境（サイバーワールド）の中で，五感を刺激するインターフェイス技術とともに，疑似体験することができる。利用者がこの疑似体験によって経験する感覚は，現実に存在する場所の感覚だけでなく，過去に存在した場所やモノなどの体験や宇宙空間・海底での体験など，時間や空間をも超えた感覚を体験することのできる可能性を秘めている。

　ここでは，VRの実現に必要な要件やそのはじまり，またその具体的な活用事例とその発展，さらにVRがもたらす未来のコミュニケーションについて紹介したい。

### 2 VRの構成要素とそのはじまり

　VRの実現に必要な要素として，①コンピュータグラフィックス技術を駆使して構築した3次元の仮想空間の再現性，②利用者が実時間で対話的・相互的に影響しあう作用性，③仮想空間への利用者自身の投射性，などが挙げられる。さらに利用者同士が遠隔地にいる場合でもコミュニケーションが可能なように空間の共有を実現する「**テレイグジスタンス**」などの要素もふくめる場合もある。

　VRを最初に実現したのは1968年にユタ大学のアイバン・サザランドが開発した**ヘッドマウンテッドディスプレイ**である。当時はまだヴァーチャル・リアリティという用語は存在しなかったが，1987年にNASAが「VIEW（Virtual Interface Environment Workstation）」プロジェクトの開発の際に用語として使い始めた。また，ほかの著名なVR装置としては，没入型投影ディスプレイ装置のCAVE（Cave Automatic Virtual Environment，1991年）や，力覚提示装置のSPIDER（1989年）などがある。

　インターフェイスには当初，視覚や聴覚を活用するものが多かったが，触覚や力覚に作用する力触覚提示装置の開発が進められ，また近年では嗅覚や味覚の提示に関する研究も進められている。

▷1　テレイグジスタンス（Teleexistence，遠隔臨場感・存在感）
離れた場所にある人や物をあたかも近くにあるかのように感じつつ実時間で触ったりコミュニケーションを実現する技術やその体系のことをいう。

▷2　ヘッドマウンテッドディスプレイ（Head Mounted Display：HMD）
頭部装着型の映像提示装置で，目を完全に覆う非透過型のものや透けて見える透過型などが存在する。

## ❸ VRの活用事例とその発展

　VRを具体的なサービスとして活用する事例も一般的になりつつある。代表的な例として，博物館・美術館・科学館などを仮想化した「ヴァーチャル・ミュージアム」がある。もともとはVRが実現する以前から存在し，ウェブなどを介して写真などのデジタルコンテンツとともに実際のミュージアムの作品を閲覧できるシステムとして構築されていた。VRの登場により，展示物のみでなく周囲の環境までも疑似的に体験可能な空間として提供できる点が評価され，これまでにさまざまなヴァーチャル・ミュージアムが構築されている。

　また今日ではVRを高度に実現する要素技術として，ミックスト・リアリティ（Mixed Reality：MR，複合現実）や，オーグメンテッド・リアリティ（Augmented Reality：AR，拡張現実）などが，その後提案されている。前者は現実世界と仮想世界の情報を継ぎ目なく融合させる技術であり，後者は人が知覚する現実空間をコンピュータによって拡張させるものである。

　VRやMR・ARの活用はさまざまな分野に広がりつつある。それらはヘルスケア分野やゲームなどのエンタテイメント分野，防災や都市計画などの公共サービス分野のほか，自動車や建築などの産業分野などである。これらの活用はまだ始まったばかりであるが，多くの事例の積み重ねによって，私たちの生活の中でVRが身近になる日がもうすぐやってくるかもしれない。

## ❹ ヴァーチャル・リアリティが生み出す未来のコミュニケーション

　コミュニケーション分野でのVRの活用に目を向けると，さらに可能性は広がる。3次元仮想空間の共有を特徴とした「Second Life」（米 Linden Lab 社）は2003年にサービスをスタートした。Second Life が提供するクリエイター向けの3次元オブジェクト作成機能や，仮想通貨と現実通貨との交換概念（リアルマネートレーディング，Real Money Trading：RMT）の導入，仮想空間内の不動産取引などの斬新なしくみが支持され急成長した。この結果，2007年には世界中の登録者数が1000万人（運営者による発表）を突破したとされる。また，メディアなどでも大々的に紹介され，日本国内では一大ブームが巻き起こった。

　コミュニケーション手段としてのVRは，単に疑似的感覚の提供や遠隔コミュニケーションを実現するだけではない。むしろそれらから生まれる新しいコミュニケーション手段や電子社会システムの創造にもつながる，夢の技術であるといえよう。

〔安田孝美・遠藤守〕

## XI 近未来の社会と情報技術

# 6 ポスト近代社会のメディア

## 1 コミュニケーションの生態学的条件とメディア

1980年代に「社会理論のコミュニケーション論的転回」と呼ばれる出来事が起こって以来，社会は人々のコミュニケーションによって成り立つという考え方が広まった。コミュニケーションの本質は，送り手と受け手のあいだでなされる意味理解の連鎖的なプロセスにある。ただ，そうしたプロセスが成り立つためには，「コミュニケーションの生態学的条件」と呼ぶべき条件が必要である。そうした条件として次の2つが挙げられる。

まず第1は，コミュニケーションの成立にかかわる時空的条件である。いかなる場合にも，送り手と受け手は異なる時空的な位置を占めており，コミュニケーションが成立するためには送り手と受け手のあいだに介在する時空的距離が克服されなければならない。時空的距離の克服を可能にしているのが情報であるが，情報の伝達能力は，情報の乗り物となる物質の性質に規定されている。例えば，話し言葉によるコミュニケーションは，話し言葉を担っている音声が対面的な範囲でしか届かないために，対面的な関係のもとでしか成立しえない。

そして第2は，コミュニケーションを支えている知性的条件である。コミュニケーションをおこなうには「認知・思考・記憶」の働きとしての知性が必要であるが，コミュニケーションの知性的条件を規定しているのは人間の頭脳だけではない。メディアや外界の存在物も知性の一翼を担っている。例えば，文書は人間の思考内容を保存する手段となり，戦争の記念碑は戦争を記憶する手段となる。

これらの生態学的条件は，意味理解を可能にすると同時に限界づけているが，新しいメディアが登場すると，これらの条件の変化を通じてコミュニケーションの可能性が変化する。

## 2 インターネットと現代社会

最新のメディアであるインターネットも，コミュニケーションの生態学的条件を変革することによって社会の新しい局面を切り開こうしている。

第1に，地球上に存在する無数のコンピュータをネットワーク化したインターネットは，「ここ」と「あそこ」に存在する空間的距離をグローバルなレベルで克服することによって空間的な再配置をうながしている。光通信を利用

▷1 1980年代に N. ルーマンは，従来の行為理論に代わって，「社会は人々のコミュニケーションによって成り立つ」というコミュニケーション理論を確立した。これが「社会理論のコミュニケーション論的転回」である。

▷2 情報は，しばしば非物質的ないし脱物質的なものと考えられているが，情報には非物質的な側面と物質的な側面がある。

しているため，情報は光という最速の物質を乗り物にして伝達される。現代の「グローバル社会」では，グローバル化とローカル化が同時並行的に進行しているが，インターネットは，国境を相対化するかたちで「ここ」と「あそこ」の再分割＝再統合をもたらしている。

第2に，インターネットは，過去に起こった無数の出来事を情報として蓄積するとともに，コンピュータ・シミュレーションを通じて未来の予測を可能にしている。このような「現在と過去」「現在と未来」の時間的距離を克服するインターネットの特性は，現代の「リスク社会」や「監視社会」と深く関わっている。リスク社会というのは，社会に内在する問題をリスクとしてとらえ，リスクに対処しようとする社会である。リスクに対処するためには過去や現在の状態を監視し，それを踏まえて未来を予測しなければならない。現代の監視技術の特徴は，過去や現在の状態をデータ化し，その数量的情報の統計的な解析をおこなう点にある。こうした監視にもとづくリスク管理は，時間的距離の克服を意味している。

そして第3に，「認知・思考・記憶」を営む脳の働きを「内部知性」と呼ぶならば，コンピュータを組み込んだインターネットは「外部知性」としての性格を備えている。旧来のメディアも外部知性の一翼を担ってきたが，断片的な仕方においてであった。ところが，コンピュータの情報処理は「認知・思考・記憶」の全般に及んでいる。外部知性は内部知性と結びつくことによって機能するが，内部知性もまた外部知性からの影響を受ける。とくにウェブ2.0以後，ネット上に散在している膨大な情報を目的に応じて収集・共有することが可能になったが，こうした知の編集技術が社会関係のあり方にも影響を及ぼすことになる。

### ③ 社会情報学の課題

かつてM.マクルーハンは，メディアを「身体の拡張」としてとらえたが，知性のあり方に着目するならば，インターネットは身体を拡張しているだけではない。外部知性と内部知性の関係は「拡張／強化／補完／代替」といった多様な様相を孕んでいる。

いずれにしても，インターネットは単なる情報伝達のメディアではない。インターネットは，知の世界の変容を通して社会関係を変容をうながしている。2つの生態学的条件のなかで，知性的条件の変化は「人間／機械」系の問題につながり，時空的条件の変化は「人間／人間」系の問題につながっているが，この2つの問題を総合的に把握するのが社会情報学である。　　　（正村俊之）

▷3　リスク社会の古典的な書物として，ベック，U.，東廉・伊藤美登里訳，1998，『危険社会——新しい近代への道』法政大学出版局がある。リスクと監視の関係については，ライアン，D.，河村一郎訳，2002，『監視社会』青土社が詳しい。

▷4　コンピュータの人工知能と人間の知能は，もちろん同じではない。コンピュータが処理するデジタル情報は「非意味的情報」であるが，人間が使用する「意味的情報」とのあいだに変換可能性をもっている。詳しくは，正村俊之，2000，『情報空間論』勁草書房，を参照されたい。

▷5　マクルーハンも，晩年になると，身体と人工物の関係を「強化・反転・回復・衰退」として把握するようになった（マクルーハン，M．，マクルーハン，E．，中澤豊訳，2002，『メディアの法則』NTT出版）。

# XII 研究者紹介

## 1 クロード・シャノン
### Claude Shannon, 1916-2001

### 1 情報理論の父

▷1 Shannon, C. E., 1948, "A Mathematical Theory of Communication," *The Bell System Technical Journal*, 27：pp.379-423, 623-656. この論文は，解説をつけて1949年に単行本にまとめられた。シャノン，C., ウィーバー, W., 植松友彦訳, 2009,『通信の数学的理論』ちくま学芸文庫。

　米国の通信工学者クロード・シャノンは，1948年に発表した論文「コミュニケーションの数学的理論」により，「情報理論の父」として知られている。この呼称の妥当性については，くり返し疑問の声が上げられてきた。だが，シャノンの通信工学的業績がきわめて巨大なのは確かであり，したがって今でも，シャノンを情報概念の理論的基礎を築いた人物だと見なす人は少なくない。以下，社会情報学との関連において，シャノンの仕事を振り返ってみよう。

　19世紀には，精密な知の中核に物理学をおく考え方が優勢となった。20世紀初めには，物質やエネルギーとならぶ根源的概念として「情報」が出現したが，その量的側面は曖昧なままだった。これに明確な答えを与えたのがシャノンである。生起する確率が$p$の事象が起きたということを知らせる「情報量」は「$-\log p$」だというのがその端的な答えにほかならない。通信工学者ラルフ・ハートレーはそれ以前に，等確率で起きる$n$個の事象のどれが起きたかを知らせる情報量が「$\log n$」であると論じていたが，シャノンの定義はその一般的拡張になっている。例えば，互角とみられる16人の選手で争うテニス・トーナメントの優勝者を伝えるニュースの情報量は$\log 16$つまり4ビットとなる（底が2の対数を用いるとき，情報量の単位を「ビット」と呼ぶ）。情報量が対数関数で定義されるのは，「情報の加法性」による。16人を8人ずつ2グループに分け，各グループの勝者同士で決勝戦をおこなうとしよう。このとき，グループ第1位の者を伝える情報量と，決勝戦の勝者を伝える情報量との和は，最終的な優勝者を伝える情報量と等しくなければならない。この加法性を満たすのが対数関数なのである（$\log 8 + \log 2 = \log 16$）。

　以上の情報量の定義は，われわれの直感と合致している。選手の実力が互角でないとき，弱い選手が優勝したことを告げるニュースの情報量は，常勝のチャンピオンが優勝したことを告げるニュースの情報量よりずっと大きいはずだ。滅多に起こらない事象が起きたからこそ，マスコミは騒ぐのである。

　各選手の優勝する確率が$p(1)\sim p(16)$で与えられるとき，優勝者を伝えるニュースの平均情報量は$\{-p(1)\log p(1) - p(2)\log p(2) - \cdots - p(16)\log p(16)\}$となる。一般に，平均情報量$\Sigma(-p\log p)$は「エントロピー」と呼ばれ，考察される事象群の不確定度をあらわす基本量である。

## 2 最適符号化定理

「コミュニケーションの数学的理論」の主題は，情報の定義というよりむしろ最適な「符号化」である。エントロピー $H$ をもつ情報源があり，そこからメッセージが発せられる。送信機はこれを符号化して信号に変え，通信路を通じて受信機に送る。受信機では信号を復号化しメッセージとして受信者に伝達する。通信路には雑音源からノイズが加わるかもしれない。——以上が，有名なシャノン＝ウィーバーのコミュニケーション図式である。具体例として電話を考えてみよう。発話者の音声メッセージが電気信号に変換され，受信者に聞こえるのだが，音を電気信号に変換する符号化にはさまざまな方法がある。どのような符号化をすれば，ノイズの影響を防ぎつつ，もっとも効率よく音声メッセージを伝達できるか。これこそシャノンが取り組んだ問題だった。

シャノンが，この問題に対して与えた解（第二符号化定理）は驚くべきものである。わかりやすくするため，いま，メッセージが文字列で組み立てられるとする。情報源からは刻々と文字列が送られる（各文字の生起確率は独立ではなく，直前に送られた文字列に依存している）。この文字列を通信路や雑音源の特性にしたがって信号列に変換するのだが，このとき「最適符号化」法が存在する。最適符号化をおこなえば，雑音による誤りの影響を統計的にゼロにし，かつ，通信路容量の最大速度でメッセージを送ることができるというのである。

これは，誤りを防止するには通信速度を落さねばならないという工学的常識をくつがえす驚くべき成果だった。情報源の統計的性質の分析や符号化処理のため多様な制限はあるが，成果の一部は画像圧縮などに応用されている。

## 3 機械的な情報伝達図式がまねいた誤解

上述のシャノンの議論は，あくまでも文字などの「記号」の伝達に関するものであり，意味とはまったく関係がない。なぜなら，「メッセージ」自体の統計的性質ではなく，メッセージを組み立てる「記号」の統計的性質（エントロピー）が論じられているからだ。したがって，これは意味的なコミュニケーション図式ではなく，あくまで通信工学的な記号伝送図式なのである。要するに，社会情報や生命情報ではなく，意味が潜在化した機械情報についての議論がシャノンの情報理論にほかならない。ゆえに，情報概念を広くとれば，シャノンの論文を情報理論の基礎に位置づけることはまったく不適切である。

この点が曖昧にされたため，大きな誤解が生まれ，学問的混乱を招くことになった。とくに社会科学や人文科学など文系学問においては，意味をもつ情報についてシャノンの図式を強引に用いる傾向が今なお散見される。そうなると人間による情報の扱いは機械的処理と等値されてしまう。ここに人間を自動機械に貶める罠があることを忘れてはならない。

（西垣　通）

▷2　甘利俊一，1970，『情報理論』ダイヤモンド社。

▷3　シャノンは自らの議論が意味とは無関係なことを明言している。誤解を招いたのは，むしろ，『通信の数学的理論』においてウィーバーが加えた解説文にあったと言えるだろう。ウィーバーは，通信においては，(A)技術的レベルと(B)意味的レベル，さらに(C)行為的レベルがあるとのべ，シャノンの議論は表面上(A)レベルにしか適用できないが，(B)や(C)のレベルの問題に対しても有用だ，などと見当外れの見解をのべている。

▷4　生命情報，社会情報，機械情報の詳細については，西垣通，2004，『基礎情報学』NTT出版；西垣通，2008，『続　基礎情報学』NTT出版を参照。

▷5　西垣通，[1991] 2008，『デジタル・ナルシス——情報科学パイオニアたちの欲望』岩波現代文庫，第4章を参照。

# XII 研究者紹介

## ニクラス・ルーマン
### Niklas Luhmann, 1927-1998

### 1 オートポイエティックな社会システムの理論

ルーマンは，独特の社会システム理論に依拠しながら壮大な「社会の理論」を構築したドイツの社会学者である。大学でローマ法を専攻し60年代は「等価機能主義」に依拠した法学や行政学の研究が中心的であったが，80年代以降は，チリの神経生理学者H. R. マトゥラーナとF. J. ヴァレラの提唱したオートポイエーシス（Autopoiesis）概念を「社会システム」の記述のために採り込み，『社会の理論』シリーズをはじめマスメディア論やリスク論など浩瀚な著作群を遺した。彼がこの概念に着目したのは，従来の自己組織化のシステム論では，システムのマクロな「構造」の構築を議論できても，コミュニケーション同士の接続というよりミクロな過程の有り様が問えなかったからである。この概念の採用は，彼の理論の中でコミュニケーション概念が重要な位置を占めるようになるのと軌を一にしている。ここでは社会情報学と関連するルーマンの仕事として，彼のコミュニケーション論とメディア論に焦点を絞ってみていきたい。

### 2 コミュニケーションの概念

ルーマンはコミュニケーションを，情報と伝達と理解という3つの選択の総合として把握する。まず「情報」は，通信工学者C. シャノンの定義を一部引き継ぎつつ，未知のあるいは既知の諸可能性の集合からの選択と定義される。ただしそれは決してシステムの「環境」から流入するものではなく当該システムが構成するものであり，特定のシステムの観点を離れた情報はありえない。

ところでしばしば，伝達者がもっている情報や意思・意図等をできるだけ精確に他者に「伝える」（かつ，受け手側でそれが歪みなく再現される）のがコミュニケーションの理想だと表象される（通信工学的な図式に範を取った「伝送モデル」）。だがルーマンの見方は違う。確かに伝達（行為）は重要だが，社会的なコミュニケーションにおいて決定的なのはむしろ，受け手側の「理解」である。「理解」とは「情報と伝達の差異」の処理である。「エリートでいらっしゃるのね」というときの口調や表情から「揶揄されている」と「理解」した，という事例では，言われた内容（「君はエリートだ」という情報内容）と，それを言うことでこの人は何（ここでは，当て擦り）を伝えたいのかが区別されている（この場合受け手は，伝達者の立場に立ち伝達者の「システム／環境-関係」を考慮する必要

▶1 ルーマン，N., 馬場靖雄・赤堀三郎・菅原謙・高橋徹訳，2009,『社会の社会』（1・2）法政大学出版局や，ルーマン，N., 徳安彰訳，2009,『社会の科学』（1・2）法政大学出版局；ルーマン，N., 春日淳一訳，1991,『社会の経済』文眞堂；ルーマン，N., 小松丈晃訳，2013,『社会の政治』法政大学出版局など。

▶2 ルーマン，N., 小松丈晃訳，2014,『リスクの社会学』新泉社。

がある)。時には情報と伝達は矛盾することすらありえ，受け手が両者をうまく区別できないと致命的な結果にもなりうる。こう見ると情報と伝達の区別は，言語行為論でいうコンスタティブ／パフォーマティブの区別とも重なる面を持っている。また伝達者側で伝達の意図がなく，例えばただ距離をとって座っただけでも，受け手がしかるべき「理解」をすれば，よそよそしさを伝えるコミュニケーションが成立してしまう。

とするとこの場合の「理解」には，「誤解」もごく普通に含まれる。相手が理解したか誤解したか，どう理解／誤解をしたかは，相手が次のコミュニケーションを開始したときにはじめて確認できる。接続するコミュニケーションによってはじめて，その前のコミュニケーションの意味が確定するわけである。

もう一点留意すべきは，ルーマンの「理解」の概念には「受容」の含意はないことである。「理解」されてさえいれば，(例えば抗議運動などで) 反対されてもそれは十分な意味でコミュニケーションであり，決して「コミュニケーションの失敗」ではない。「失敗した」と見る向きがあるとしてもそれは (例えば伝達者の立場からする) 1つの「観察」や「記述」にすぎない。ルーマンからすれば，「合意」もコミュニケーションにとって本質的なものではない。

## 3 メディアの機能

とはいえ通常，組織内のやりとりや愛する者同士の会話に見られるように，受け手が拒否するよりは受容するほうが経験上可能性や頻度が高いように思えるし，語りかける側もそう見込んで伝達している。こうした受容の動機づけを可能にしているのが，ルーマンによればメディア，この場合は「象徴的に一般化されたコミュニケーションメディア」である。「権力」「貨幣」「愛」等がこうしたメディアの典型であり，例えば「権力」を背景にした語りかけを，受け手が拒否するのは容易ではない。ルーマンによれば，これらのメディアの歴史的な分化 (権力／貨幣／愛，等) がシステム分化 (政治／経済／家族等のシステム) をうながし，われわれの生きる機能分化した近代社会の形成をもたらした。

他方，一般的に「メディア」と言われるとき念頭に置かれる「マスメディア」は，「流布メディア」と呼ばれる。これは，同一の情報の到達範囲を拡大するのに資するものだとされ，ルーマンの見解では，マスメディアは，「情報か／非情報か」という二元的コードにもとづく独特の機能システムである。

以上，ルーマンのコミュニケーション概念を概観してきたが，例えば昨今のいわゆる「リスクコミュニケーション」でも，伝達者 (例えば専門家) の情報内容や意図を精確に住民に「おわかりいただく」のに主眼が置かれる事例も多く，「伝送モデル」は依然として根強い。東日本大震災後の経験を踏まえると，この観点でもルーマンのコミュニケーション概念は今なお参照に値しよう。

(小松丈晃)

▶3 constative (事実確認的) と performative (遂行的) の区別については，オースティン, J. L., 坂本百大訳, 1978,『言語と行為』大修館書店を参照。ただしルーマンのコミュニケーション概念は「言語行為」を出発点とするものではない。とはいえ，ルーマンにとって言語が重要でないというわけではなく，とりわけ誤解を解いたり伝達の意図を明確にしたりコミュニケーションについてコミュニケーションしたりするには，言語は不可欠であると見ている。

▶4 ルーマンのマスメディア論としては，ルーマン, N., 林香里訳, 2005,『マスメディアのリアリティ』木鐸社がある。

## XII 研究者紹介

# ノーバート・ウィーナー
### Norbert Wiener, 1894-1964

### 1 サイバネティクスと情報社会

　ノーバート・ウィーナーは，米国の天才数学者であり，その足跡は数学にかぎらず広く20世紀後半の科学技術思想全般におよんでいる。幼くして神童といわれ，11歳で大学に入り数学士となり，14歳でハーバード大の大学院入学，18歳で数理論理学の博士号取得という経歴は並外れているが，とくに1948年に著した『サイバネティクス』によって一躍有名になり，情報社会の先達と称されるようになった。内容は生命体と電子機械を含めた一種の総合システム論であり，サブタイトルは「動物と機械における制御と通信」である。同書で扱われた情報，メッセージ，コミュニケーション，フィードバックなどといった概念は，ことごとく現代情報社会のキーワードとなった。

　こう述べると，いかにも近未来世界の祭司という感じがしてくるだろう。実際，サイバネティクスという言葉から派生した「サイボーグ」や「サイバースペース」という言葉は，人間の脳神経系を電子回路と同一視するSF的な近未来思想と結びついている。サイボーグとは生身の肉体に電子機器が埋めこまれた半ロボットだし，サイバースペースは脳神経がネットの通信回線に直結された電脳空間に他ならない。こういった人工知能的な先端テクノロジーはバラ色の夢をもたらす一方，近代の人文社会科学が遵守してきた人間の主体性を根底から解体してしまう。善かれ悪しかれ，そこには生命体と機械を同一視する「人間機械論」のイメージがつきまとう。ゆえにサイバネティクスを首唱したウィーナーは，現代の人間機械論の始祖として位置づけられがちだ。しかし果たして，こういう通俗的な評価は的を射ているだろうか。

### 2 人間機械論をめぐる矛盾

　ここで著書『サイバネティクス』の学問的内容をきちんと眺めてみよう。応用数学的には，確率過程とルベーグ積分（不連続関数の積分）がベースになった議論であり，いわゆる統計的制御理論に分類することができる。ベストセラーになったとはいえ，かなり高度な数式も含まれており，簡単に読みこなせる啓蒙書ではない。具体的には，生命体／電子機械からなるシステムにとって，刻々と変化する環境に適切に対処して自己の恒常性（ホメオスタシス）を確立することが目標となる。環境は不可知性にみち，システムにとって有効な信号と

▷1　ウィーナー，N., 池原止戈夫ほか訳, 2011,『サイバネティックス――動物と機械における制御と通信』岩波文庫。

無効な雑音が混在している。時々刻々，環境から到着するメッセージのなかから，雑音を統計的フィルタリングにより除去し，信号を分析して予測をたて，フィードバック制御によって安定性を保つこと，ここにサイバネティクスの工学的核心がある。つまり端的にはそれは，生命体が千変万化する環境のなかで何とか生き抜いていくための知にほかならないのだ。サイバネティクスという言葉は，ギリシア語の「操舵手」という意味である。荒れ狂う激流のなかでいかに巧みに舵をとって船を進めるか，問われるのはその技術である。

だから，サイバネティクスの真のねらいとは，人間を機械化してサイボーグにすることではない。逆に機械を利用可能なかたちで生命体に組み込み，その活動を支援することなのである（実際，ウィーナーは義肢の研究をしていた）。もともと，この人物は数学者ではあったが実存哲学に興味をもち，何より自由を尊重する学者だった。人間を「或る高級な神経系をもつ有機体といわれるものの行動器官のレベル」にまで引き下げることに抗議し，「人間の機械化」に真っ向から反対を表明している。にもかかわらず，その研究成果が逆方向の議論に用いられているとすれば，不幸なことだと言わなくてはならない。

## 3 開放系から閉鎖系へ

サイバネティクスの議論が本来の意図とは逆の文脈で受容されてしまった原因として，その数学的難解さだけでなく，ウィーナー自身が生命体と電子機械のあいだに明確な境界線を引けなかったという点があげられる。これはその理論が，生命体を開放系（open system）としてモデル化したためだったと言ってよい。生命体を入出力のある開放系と見なすかぎり，それは電子機械と等価になっていかざるをえない。すなわちウィーナーの古典的サイバネティクスは生命体の行動をあくまで外部から観察するモデルであり，生命体自身が環境を内部から観察し，自ら認知世界を構成しつつ行動しているという観点が欠落しているのである。本質的なのは，激流を進む舵手の行動を外側から観察記述することよりむしろ，舵手の視点に立って内側から観察記述することなのだ。

この点に注目し，生命体を一種の閉鎖系（closed system）としてとらえたのが，物理学者ハインツ・フォン・フェルスターの二次サイバネティクスであり，また，フェルスターと交流のあった生物学者ウンベルト・マトゥラーナとフランシスコ・ヴァレラのオートポイエーシス理論だった。そこでは生命体が自らを自律的に創りあげるメカニズムが語られる。こうして，他律的プログラムにしたがって作動する機械との顕著な相違が明確になる。オートポイエーシス理論は社会学者ニクラス・ルーマンによって近代社会のモデルとしても活用され，さらに，文学システム，身体システム，情報システムなどへの適用もおこなわれつつある。これらはまとめてネオ・サイバネティクスと呼ばれ，21世紀の総合知として大きな期待を集めている。

（西垣　通）

▶2　ウィーナー，N.，鎮目恭夫ほか訳，1979，『人間機械論』みすず書房，pp.23-24。

▶3　Foerster, Heinz von, 2003, *Understanding Understanding: Essays on Cybernetics and Cognition*, Springer に収録された諸論文を参照。

▶4　マトゥラーナ，H. R.，ヴァレラ，F. J.，河本英夫訳，1991，『オートポイエーシス——生命システムとは何か』国文社。

▶5　西垣通・河本英夫・馬場靖雄ほか，2010，「小特集：ネオ・サイバネティクスと21世紀の知」『思想』1035号で概要がわかる。詳細は次の文献参照。Clarke, Bruce and Mark B. N. Hansen eds., 2009, *Emergence and Embodiment: New Essays on Second-order Systems Theory*, Duke University Press.

## XII 研究者紹介

 ウンベルト・マトゥラーナ
Humberto Maturana, 1928-

 オートポイエーシス

ウンベルト・マトゥラーナはチリ出身の生物学者，神経生理学者である。1960年代よりカエルやハトの網膜に関する神経生理学的研究を進め，当時主流であった表象主義的な認知科学とは一線を画す，独自の認知理論を構想していった。その途上において，1970年代前半にフランシスコ・ヴァレラとともに，「オートポイエーシス（autopoiesis）」と呼ばれる新たな生命システム理論を発表し，世界的に注目を集めることとなった。▷1

さて，「システム」という言葉を耳にしたとき，どのような印象を覚えるだろうか。例えば，コンピュータであれば人が入力をおこない，コンピュータの処理によって出力が返されるという，入出力の関係を想起するかもしれない。生物であっても，口から食べ物を食べて栄養を摂取し，排泄をおこなうことで生命を維持している。このように，システムと環境との入出力の関係を前提にシステムのあり方をイメージすることは難しくない。環境との物質やエネルギーの交換をおこなうシステムは「開放系」と呼ばれており，環境への出力がシステムへの入力に影響を与える場合には，これを「フィードバック」と呼ぶ。

「オートポイエーシス」は，以上の開放系のイメージを覆すシステム理論である。これは「構成素が構成素を産出するプロセスのネットワーク」として定義される。システムを構成する要素がさらに要素を再帰的，自律的に産出し続けることでこの産出プロセスがネットワーク化されるとき，このネットワークは「閉鎖系」をなす。自動車など人工的に作られた機械は人間の手によるものだから，産出のプロセスは他律的である。対して，生物の構成素を細胞とみた場合，細胞が細胞を産出するという自律的な産出ネットワークを連想することができる。従来のフィードバック機構が環境への出力を介して入力に影響を与えていたのに対して，オートポイエーシスはシステムの閉鎖的ネットワークのなかで徹底して循環的に作動を続けることから，特殊なフィードバック機構を有すると考えることができる。このように，オートポイエーシスはその産出プロセスをシステムの外部には負わない点が特徴的であり，これをマトゥラーナは生命システムに固有の特性であると考えた。▷2

留意すべき点は，オートポイエーシスが指し示しているのは構成素の集合ではなく，構成素産出プロセスのネットワークだという点である。構成素を分子

▷1 マトゥラーナ，H.，ヴァレラ，F.，河本英夫訳，1991，『オートポイエーシス——生命システムとは何か』国文社。また，autoは「自己」，poiesisはギリシャ語で「制作」を意味するため，autopoiesisは「自己産出」などと訳出される場合もある。

▷2 他律的に構成素が産出されるプロセスを有するとき，このシステムは「アロポイエティック」なシステムと呼ばれる。

とみなそうが，または細胞とみなそうが，それは物理空間上に実現するものであるが，プロセスのネットワークが形成する閉鎖的領域は物理空間に実現するものではなく，これを「位相空間上に実現する」という言い方をする。

## 2　認知の生物学

　オートポイエーシスの着想は，ルーマンの社会システム理論に援用された経緯も手伝って，その名が広く知られるようになった。ただし，マトゥラーナの理論的企図において，オートポイエーシスはその一端でしかない。マトゥラーナの構想は「認知の生物学」と呼ばれるテーマに集約される。これは，「認知とは，すなわち生命の実現である」という命題を徹底的に敷衍させていく構想であり，その全体像は『知恵の樹』[3]に見て取れる。『知恵の樹』は，オートポイエーシスの入門書とも読めるが，同時に，オートポイエーシスを構想したマトゥラーナの本来の意図をかいま見ることができる著作として位置づけられる。構成素産出ネットワークは自律的に閉じているが，構成素の集合として物理空間に実現する際には同時に環境とカップリングをおこなう。これを「構造的カップリング」と呼ぶ。構造的カップリングが成立するとき，生命システムは認知を実現する，とマトゥラーナは考える。つまり，生命システムは位相空間上の産出という作動によって，同時に物理空間上に実現し，この結果認知を構成するのである。この認知理論の下支えとして要請されたのがオートポイエーシス概念だったのである。

　生命システムが環境とカップリングしながら共進化をおこなうとき，これは同時に認知の変容の歴史でもある。つまり，認知のあり方は，種ごとに独自の環境世界との構造的カップリングが結実した成果であると言える。では，人間に固有の構造的カップリングとは何であろうか。人間の場合には，お互いにカップリングする際に，言語を用いて互いに相手の認知領域の中で方向づけをおこなうことができる。しかも，方向づけの行動をさらに言及して方向づけるといった，再帰的な方向づけの行為が言語を用いる場合には可能であって，これはヒトという種が独自に有する構造的カップリングのあり方である。

　『知恵の樹』は，「〈いかにして知るのか〉を知る」という序章から始まる。そして，章を追うごとに生命システムの実現から，構造的カップリングや社会，言語といった領域へと議論が展開し，最終的に「〈いかにして知るのか〉を知る」というテーマに再び接続するという，循環的な構図を有する。これは，ヒトが生命としていかに観察者たりえるのか，という問題意識がマトゥラーナの議論に通底している現れである。循環的な理論体系を好んで採用するマトゥラーナは，観察者を生物学的に定位させることを1つの目標としている。この独自の構想は，その独自性ゆえに理解に困難をきわめるが，観察をめぐる問題系に対するアプローチの1つの到達点を示している。

（橋本　渉）

▶3　マトゥラーナ, H., ヴァレラ, F., 管啓次郎訳, 1997, 『知恵の樹——生きている世界はどのようにして生まれるのか』筑摩書房。

## XII 研究者紹介

# フランシスコ・ヴァレラ
### Francisco Varela, 1946-2001

### 1 構成的閉鎖系の理論

　フランシスコ・ヴァレラはチリ出身の生物学者・認知科学者である。マトゥラーナとともにオートポイエーシス理論を提唱したことで知られる。マトゥラーナがオートポイエーシスを独自の哲学的な認知理論（「認知の生物学」）の中に組み込み，その基礎づけとしたのに対して，ヴァレラはオートポイエーシスを生物学や認知科学といった経験科学の中に位置づけようとする方向性を示した。

　そもそも認知とは，独立した世界を認知能力を用いてそのまま表象することなのであろうか。認知という問題にアプローチするとき，生物というシステムの外側の視点から生物と環境とのあいだに境界を引き，生物がその環境にある表象を認知している，という前提に立ってしまいがちではないだろうか。ヴァレラはこのようなナイーブな態度に対して，強い批判意識を有していた。むしろ，生物は自らが自律的に自己を構成し，環境との境界を自ら自己決定しているのであって，本来は外在的な視点に立つ観察者の視点に依存するべきものではない。つまり，ヴァレラは生物学において，システムの行為や認知をシステムの外から外在的に観察する方法論から転換し，生命システムが有する内部の自律的な作動にもとづいて記述する必要性を提唱したのである。

　これを定式化する試みが，1970年代から1980年代前半に一貫しているヴァレラの研究業績である。*Principles of Biological Autonomy*という著作はヴァレラの単著であり，マトゥラーナとの共著である「オートポイエーシス」論文以上に，生物学的な自律性の概念が精緻化されているのが見て取れる。例えば，自己言及と呼ばれる形式論理学的数理モデルを定式化しようとしたことはその1つの現れである。また，当初より構想されていたオートポイエーシスは生命現象の基礎付けであったことから，物理空間内に実現する細胞を基礎とするモデルであったが，ヴァレラは「あらゆる自律的システムは有機構成的に閉じている」という閉鎖系の命題を立て，「構成的閉鎖系（organizational closure）」の概念を提唱し，神経システムや免疫システムといった自律的システムにも考察の対象を広げていく。これらの閉鎖系にとって，外部からの指令やプログラミングは存在せず，あくまでそれは周囲からの刺激であって，自律的なシステムの作動によってシステムの変化は決定されると考えられる。その際，システム

▶1　Varela, F., 1979, *Principles of Biological Autonomy*, Elsevier.

は再帰的に作動をおこなうことで「固有行動（eigen-behavior）」という安定行動を達成する。これは，自律的なシステムが環境の中で固有な認知や行為を形成することを意味している。と同時に，システムが可塑的であれば，環境とのカップリングの中で，固有行動は不変的に1つに固定されているわけでもなく，構造的にドリフトするという点には留意する必要があるだろう。

## 2 エナクティヴ・アプローチ

ヴァレラは，1980年代中盤を過ぎると，パリに拠点を移すとともに，意識や脳といったより具体的な研究分野に関わり始めていく。

この時期の代表的な著作が『身体化された心』である[2]。この著作の中では，独立した外在的な対象を客観的に表象すると考える認知主義の批判を徹底した上で，認知とは，「構造的カップリングの生存可能な歴史を介して世界を行為から産出すること」として位置づけられ，構造的カップリングによる歴史的所産であることが強調される。認知を記号計算としての情報処理的な記号操作であると考える認知主義的なアプローチに対して批判的態度を鮮明にする際，代案として鍵となるのは，身体性への着眼である。身体をめぐるメルロ＝ポンティの現象学的考察を踏まえながら，生物学的な経験的考察を積み重ねることで，「身体としてある行為としての認知」を定式化していく。感覚運動性のサブネットワークが多重に構成するネットワークである身体がその瞬間瞬間に行為することで，環境とのカップリングによって認知が達成される。このような身体行為がすなわち認知の産出となることを「エナクション（enaction）」と呼ぶ。また，脳による計算のみに依らずに，身体行為によって心が形成されるととらえる場合には，これを「身体化（embodiment）」と呼ぶこともある。

ここで興味深いのは，ヴァレラが，経験的な科学研究への接近を強めつつも，その一方で仏教思想を積極的に取り入れようとしていた点である。認知科学に仏教思想を取り入れるというのは，およそ科学的な営為とはかけ離れているように感じられるかもしれないが，身体行為としてのエナクションを実践する仏教思想は，エナクティヴ・アプローチと非常に親和的であるとヴァレラは考えていた。

自律性，閉鎖性にもとづく認知観は，どうしても一人称的な記述として括られてしまい，経験科学との相性は必ずしも良くない。経験科学は客観性を担保するような三人称的な記述を要請するからである。この両者を架橋するような新しいアプローチの可能性をヴァレラは晩年まで希求し続けた。現在では，認知科学や意識研究においてエナクティヴ・アプローチがかなり注目されるようになったが，以上の問題意識は認知科学という領野を越えて，より広く共有されつつあると言ってよいだろう。

（橋本　渉）

▶2　ヴァレラ，F., トンプソン，E., ロッシュ，E., 田中靖夫訳，2001，『身体化された心』工作舎。

# XII　研究者紹介

## アラン・チューリング
### Alan Turing, 1912-1954

### 1　「人間（並の知性）」とは何か？

「中身」を問わない。人間とは何かという問いにたいするチューリングの戦略だ。「思考できる機械」を定義するため，彼は後にチューリング・テストと呼ばれる実験を考案した[*1]。被験者は，別の部屋にいるプログラムAおよび人間Bと，しばらく文字チャットをおこなう。その後，被験者はAとBのどちらがプログラムか判定する。この判定に被験者が失敗した場合，プログラムはテストに合格したことになり，ある意味で人間並みの知性をもつとされる[*2]。

### 2　チューリング・テストの現在と未来

2014年6月，あるプログラムがチューリング・テストに「合格」したというニュースが出た[*3]。ただし，テスト対象となるプログラムが特殊な「キャラ設定（ウクライナ在住の英語を母語とない13歳少年）」だったので，「合格」は疑問視されている。今後チューリング・テストの条件がさらに厳密に問われていくだろうが，おそらく分野，審査員ごとにチューリング・テストは存在する。表XII-6-1は，人工知能が「人間的な」知性をもつためクリアする必要があるテストの表だが，拡張されたチューリング・テストを列挙した表とも読める。

また「超チューリング・テスト」もありうるだろう。つまり，ある分野について「これはとても人間レベルの知性では達成できない」という結果を人工知能が出すなら，その分野で人工知能が「人間以上」になったことになる。チェスはすでにそのテストが終わった特殊例だ。

### 3　チューリング・マシン，「人間」以上，マシンの限界

さて，表XII-6-1の全分野で「超チューリング・テスト」がパスされ，晴れて人間以上の知性が建造されたとしよう。彼らは限界のない「神」のようなものだろうか？　チューリングは，この点についても業績を残している。つまり，「（メモリやCPUの制限がない）計算機であっても，計算が可能ではない問題」を，チューリング・マシンという「数学的に定義された概念としての計算機」を使い提示した。「停止問題」と言う[*4]。チューリング・マシンという概念は，その後もアルゴリズム的情報理論や量子計算といった多様な分野で，当然のように使われている[*5]。

▷1　Turing, A. M., 1950, *Computing machinery and intelligence*. Mind, Oxford University Press, pp.433-460. ただし，本文に述べたのは「標準チューリング・テスト」と呼ばれるバージョンで，この原型とは異なる。

▷2　2014年現在ローブナー賞（Loebner prize）という標準チューリング・テストのコンテストが毎年開催されている。

▷3　University of Reading, 2014, "TURING TEST SUCCESS MARKS MILESTONE IN COMPUTING HISTORY" (http://www.reading.ac.uk/news-and-events/releases/PR583836.aspx).

▷4　Turing, A. M., 1936, "On computable numbers, with an application to the Entscheidungsproblem," *Proceedings of the London Mathematical Society*, 42: pp.230-265.

▷5　『現代思想2012年11月臨時増刊号 総特集＝チューリング』に周辺分野をふくめた多様な論考がある。

表XII-6-1　人間的知性と能力・分野・タスク群

| シナリオ | 能力域 | 下位領域 | タスク例とタスク群 |
|---|---|---|---|
| 仮想幼児教育 | 学習 | 対話的 | ブロックで構造物（例えばピラミッド）をつくることを、模倣，強化および言葉による指示を利用し，言葉による指示がない場合より速やかに学習する。 |
| 仮想幼児教育 | 自他のモデリング | 心の理論 | サムが部屋にいるときにベンが赤い玉を赤い箱に入れる。サムが出て行き，ベンが赤い玉を青い箱に移す。サムが帰ってきて，ベンはサムに赤い玉はどこかと聞く。エージェントはサムがどこに玉があると思うかと尋ねられる。 |
| 仮想学生 | 学習 | メディア指向 | 最初に与えられた基本概念（数，変数，関数）を使い，教科書内に記された手法を使って，その教科書内の問題を解くことを学び，学力を向上させる。エージェントは、簡単なものから難しい問題へ，1つの領域から他の領域へと段階を追う必要がある。 |
| ロボット幼児教育 | 運動 | 固有感覚 | 教師はロボットの体にある姿勢をとらす。ロボットは通常の立位に戻ることを求められ，それから教師にとらされた姿勢をとることを求められる。 |
| ロボット幼児教育 | 記憶 | エピソード | 行動に対して特に大きかったり小さかったりする報酬を得た出来事についてロボットに尋ねる。ロボットはこうした特別な出来事に関する簡単な質問に、ランダムな出来事に対するよりずっと正確に答えられなければならない。 |
| ウォズニアックテスト | コミュニケーション | ジェスチャ | ロボットは台所に導かれる。ロボットは経路を示す身振りを理解するか導き手について行くやり方がわからなければならず、かつそれらのどちらが適切なのかがわからなければならない。 |
| ウォズニアックテスト | 運動 | 移動 | ロボットは人間や壁，家具やペットにぶつからずにタスクを遂行しなければならない。 |
| ウォズニアックテスト | 社会的相互作用 | 挙動 | ロボットは、間違ったドアをノックしたことや家主がいないこと、家に入るのを拒否されているといった状況を認識し、適切に対応しなければならない。 |
| ウォズニアックテスト | 推論 | 物理的 | 不完全あるいは代替的な道具や設備を利用できること、例えばドリップポットには蓋がなくても使えるが、パーコレータはダメである。これには基礎的な物理の理解に基づくシミュレーションが必要である。 |
| ウォズニアックテスト | 推論 | 帰納 | 一方、上記のドリップポットとパーコレータに関する知識は何回かの関連する状況での観察にもとづく帰納的推論によって得られるかもしれない。 |

出所：アダムス，S.ら，篠田孝祐ほか訳，2014，「人間レベルの汎用人工知能の実現に向けた展望」『人工知能——人工知能学会誌』29(3)：pp.241-257の図より作成。

## 4　貝殻の表面，生物の「中身」

　冒頭，チューリングは「中身」を問わないと書いたが，「貝殻の模様」は生物の「中身」だろうか？　チューリングは，模様が生成される条件について数理モデルを作っていて，チューリング・パターンと呼ばれる。[6] 一見したところ，「模様」はいかにも「表面」的で，まさにチューリングといえるかもしれない。しかし，最近では3次元上や時間を入れた4次元の「模様」も生成可能だ。これらは，単純に次元が増えただけではない。3次元になった「模様」は，内部に多様な襞をもつ「構造」だし，それが時間的に複雑なパターンで動けば一種の「臓器」にも見えてくる。もちろん，これらは機能をもたないから，ある意味でやはり単なる「模様」だ。しかし，この模様＝パターンがたまたま機能をもつ偶然が数億年単位で記憶されていった時，それは「中身を持った生物」と違うのか？

　ここまで書いてきて，チューリング・XXが皆，ある分野の根幹をなす巨大な閃きだと驚く。相対論以外にも巨大な足跡を残したアインシュタインに匹敵するだろう。ちなみに彼はナチスの暗号解読装置を作成し何万人もの命を救った英雄でもあったが，その人生は多くの不幸に彩られた。[7] そして，いまだアインシュタインに比して彼の名を知る者は少ない。

（西川麻樹）

▶6　より現代的な文脈では、小川知之，2010，『SGCライブラリ74 非線形現象と微分方程式——パターンダイナミクスの分岐解析』サイエンス社など。

▶7　コープランド，J.，服部桂訳，2013，『チューリング』NTT出版。

## XII 研究者紹介

# ヴァルター・ベンヤミン
## Walter Benjamin, 1892-1940

### 1 複製技術時代の芸術作品

メディアテクノロジーの問題を語る際にヴァルター・ベンヤミンの名前を欠かすことはできない。ベルリンに生まれ，フランクフルト学派のテオドア・アドルノとも深い交流をもったベンヤミンは，フランクフルト学派に見られる大衆文化に対するペシミズムとは対照的に，写真や映画のような新しい複製技術の登場の中に政治的可能性を見いだした思想家だった。[1]

『複製技術時代の芸術作品』[2]は，ベンヤミンの著作の中でも複製技術を論じた重要な論考であり，マルクス主義者である彼の思想が何よりも色濃く出ている本である。ベンヤミンは，写真や映画のような新しいメディア産業が労働者と資本，そしてテクノロジーとの関係を決定的に変化させると考えた。例えば，映画の編集技術は，機械の支配と工場労働による人間の自己疎外を生産的に利用することを可能にした。人びとは断片化した自分の生活を思う通りに再編し，意味を与える技術を手にしたのである。したがって，ベンヤミンにとって生産手段である映画資本の接収は「プロレタリアートの急務」[3]だった。

### 2 「アウラ」の消滅：礼拝価値から展示価値へ

一般に『複製技術時代の芸術作品』は，複製技術の登場によって芸術作品における「アウラ」が消滅したことを指摘した論考として知られている。

アウラとは何か？　ベンヤミンによれば，アウラとは芸術作品のもつ〈いま－ここ〉的性質——それが存在する場所に一回的にあるという性質である。この性質は，オリジナルの真正さという概念を形づくっており，複数の可能性を受け付けない。

興味深いのは，皮肉なことにこのアウラは，複製技術の登場によって初めて発見されるということである。複製技術が登場するまでは，アウラは当然のように事物に存在していたので意識されることはなかった。それは凋落の危機に瀕して初めて見いだされたものなのだ。

アウラの消滅は，芸術作品の価値の変化に対応している。それは礼拝価値から展示価値への変化である。かつて芸術作品は教会などの宗教的施設に設置され，しばしば呪術の道具として用いられ，その後芸術として認められるようになった。それにたいして写真や映画には，そうした宗教的な礼拝価値は一切備

---

▷1　この論考には３つのヴァージョンが存在し，1935年から1936年にかけて書かれ，1936年には『社会学研究所紀要』に掲載された。また1931年に発表された『写真小史』とも一部文章を共有している。ベンヤミンの複製芸術論については，ベンヤミン自身の著作とともに，多木浩二，2000，『ベンヤミン「複製技術時代の芸術作品」精読』岩波書店が参考になる。

▷2　ベンヤミン，W.，久保哲司訳，1995，「複製技術時代の芸術作品」浅井健二郎編訳『ベンヤミン・コレクション１——近代の意味』ちくま学芸文庫。

▷3　この論考末尾の有名な「政治の耽美主義化」と「芸術の政治化」との対比は，この新しい技術がもたらす美学が結局のところ誰に奉仕するのかということに関わっている。生産手段の所有関係はそのままにして単なる美学として扱われる時，それはファシズムに代表される政治の耽美主義化へ至る。それに対してこの複製技術という生産手段をプロレタリアが奪取することを通じて「芸術の政治化」をおこなうべきだとベンヤミンは考えたのだ。

わっておらず，基本的には展示物として人びとに奉仕するものである。絵画から写真へ，礼拝価値から展示価値へと変化するにしたがって，芸術作品のアウラは失われたのだった。

とはいえ，この移行は決してスムーズに起ったわけではない。ベンヤミンによれば，例えば写真においてこのアウラは肖像写真の中にこっそりと残存している。それに対して展示価値が完全に全面化し，新しい美学を示すのはアジェのような人影のない風景写真であると，ベンヤミンは言う。こうした写真の評価の観点を変えることで，ベンヤミンは既存の芸術の枠組みをそのままにして写真を芸術に編入するのではなく，芸術の概念そのものを変更しようとしたのだ。

## 3 「天使」とメディア

凋落するアウラを慈しみながらも，ベンヤミンは複製技術がもたらす美学の中に新しい政治の可能性，さらには新しい歴史の認識の仕方を見いだした。ベンヤミンはアジェの写真を「犯行現場の写真」のようだと言っている。それは，写真の1つの見方を示している。人のない都市の風景は，肖像写真のようにはっきりとした対象を映しているわけではない。中心が存在しないので，人びとは焦点を定めることができず，写真の表面をなめるように見るほかはない。しかし，これは，私たちは何も見ていないということを意味しているのではない。私たちは，この都市を通り過ぎて行った多くの人びとの痕跡を感じることができる。それは精神分析のいう無意識の領域に閉じ込められている集団的な共通の記憶である。

メディアとは，実際私たちが生きている時間と空間とを超越してメッセージを残していくものである。日本で書かれた手紙やメール，撮影された映像は，世界中で流通する可能性を潜在的に秘めている。自分たちが死んだ後何百年もメッセージを残し続けるのもメディアであり，今日では死者となっている人びとの声を届け続けるのもメディアである。

今日，カメラの〈眼〉は，デジタルカメラや携帯端末の普及によって先進国ではすべての人の手元に行き渡り，いたるところに遍在している。そこで撮影された夥しい画像や映像は，たえずインターネットにアップされ，もう1つの現実といってもいい世界を作り始めている。デジタル化された人びとのイメージは，老いることも死ぬこともなく，永遠にネットの中で生き続けるだろう。このような時代にどのように私たちは歴史を認識するのだろうか。かつてベンヤミンが予言的に語った「新しい天使」は，メディアと都市，そして身体がわかちがたく結びついてしまった今日こそ召還されるべきなのかもしれない。

（毛利嘉孝）

▷4 ベンヤミン，W., 久保哲司訳，1998, 『図説 写真小史』ちくま学芸文庫は，ベンヤミンの論考「写真小史」に加え，ベンヤミンが参照している写真作品の図版を掲載しているので，理解に役立つ。

▷5 ベンヤミンにとって，メディアのこうしたありようと関連して重要だったのは天使のイメージである。「新しい天使」という雑誌を彼は構想していた。天使とは，天国と俗世間とを行き交う〈媒介（メディウム）〉である。天使は，神のように歴史を支配する能力をもたず，歴史に関わることはできない（とはいえ，ときどき神の目を盗んでイタズラをすることはある）。天使にできることは，ただ歴史を凝視し，記録し続けることである。ベンヤミンにとって，映写機や写真機のレンズはいわば天使の目が現実化した存在だった。それは支配的な人びとの歴史の物語化の中に埋もれ，忘れ去られてしまっている被支配的な人びとの歴史を回復する目だったのである。ベンヤミンの天使論については，今村仁司，2000, 『ベンヤミン「歴史哲学テーゼ」精読』岩波現代文庫。

## XII 研究者紹介

## 8 マーシャル・マクルーハン
### Marshall Mcluhan, 1911-1980

### 1 マクルーハンはメディア研究者か？

「マーシャル・マクルーハン」という名前を聞くと，私たちは自然と彼をメディア研究者として想起する。とりわけ，発展を続ける情報技術がコミュニケーションの内実を規定するという技術決定論的なニュアンスとともにである。ところが，ひとたびマクルーハンの著作と向き合うと，果たして彼をメディア論として読んでよいのかという不安に駆られる。

もちろん，邦訳だけでも膨大なマクルーハンの著作をすべて精読することは困難だが，その著作を読み進めるほどに，彼をメディア論として読むこと自体が，一定の方法論的立場の表明であることに気づく。その著作がメディア論として受容された一因は，後に息子のエリックも指摘するように，「彼〔マーシャル・マクルーハン＝引用者〕を批評するもののなかには，彼の著作をかなり読み込んだという者はあまりいない」[1]という側面があったのだろう。つまり，1960年代の流行以上のマクルーハン理解は，必ずしも求められてこなかったのではないだろうか。そこでここでは，「芸術（家）への執着」というもう一つの観点から，マクルーハンに光を当てることにしよう[2]。

### 2 芸術愛好家マクルーハン

マクルーハンは，その主著『グーテンベルクの銀河系』から，晩年の『メディアの法則』に至るまで，数多くの著作で芸術家を未来の予言者として紹介している[3]。なかでも，セザンヌからスーラ，そしてブラックへと至る，抽象絵画を評価していた[4]。彼らの作品は，印刷された書物と同様に単一の視点をもつ，ルネサンス以降の遠近法にもとづく絵画とは異なる作品として紹介されるが，以下の指摘には，マクルーハンの芸術観が明確に反映されている。

「スーラの点描画法は，電信によって画像を送る現在の技法に近似しており，また走査線によってつくられるテレビ映像やモザイクの形態に近いものである。すべてこういったものは，のちの電気の諸形態を先取りしたものであった。なぜなら，おびただしい数のイエス＝ノーの点と線をもつデジタル・コンピュータと同じように，これらの技法はどんな事物であれ，その対象となるものの輪郭を，おびただしい数の点を使って撫でるように触れていくからである。」[5]

ここには，マクルーハンを読む上で重要な2つの論点が存在している。まず

▷1 マクルーハン，E., ジングローン，F., 有馬哲夫訳, 2007, 『エッセンシャル・マクルーハン──メディア論の古典を読む』NTT 出版, p.7.

▷2 とはいえ，マクルーハンについてこれから学ぶ方には，マクルーハン，E., ジングローン，F., 有馬哲夫訳, 2007, 「プレイボーイ・インタビュー」『エッセンシャル・マクルーハン』NTT 出版, pp.15-58 が大きな助けとなる。

▷3 例えば，マクルーハン，E., ジングローン，F., 有馬哲夫訳, 2007, 『エッセンシャル・マクルーハン──メディア論の古典を読む』NTT 出版, p.21を参照。

▷4 ポール・セザンヌ (1839-1906) は印象派を代表する画家。ジョルジュ・スーラ (1859-1891) は印象派のなかでも点描画で知られる。ジョルジュ・ブラック (1882-1963) は，キュビズムの代表的な画家である。

▷5 マクルーハン，M., 栗原裕・河本仲聖訳, 1987, 『メディア論──人間の拡張の諸相』みすず書房, p.255.

注目すべきは,「なぜスーラの絵画とテレビが並置できたのか」である。現在のデジタル形式とは異なり,当時のテレビはブラウン管形式であった。この画面にはおよそ500本の走査線が走っており,基本的には電気信号に分解された画像を家庭のテレビで受信し,走査線上に再現された光点の集合を,私たちは画像として認識したのである。一方でスーラの作品は,絵画全体が色鮮やかな描点の集合として構成されており,視覚情報の認知プロセスという点で両者は似通っていた。つまり,マクルーハンに「芸術／絵画」と「技術／テレビ」の比較を可能にさせたのは,彼固有のアフォリズムではない。むしろ,両者が成立する技術的,物質的な過程にたいする繊細な感性こそが,技術,芸術,文学を自由に行き来する独自のメディア論を支えていたのである。

また,上述の議論からは新たな疑問が生じる。それは,何をもってマクルーハンが「芸術家を未来の予言者としたのか」という点だ。というのも,スーラの絵画とテレビの画像構成の形式上の類似性は,もう1つの含意をもちうるからだ。広く知られるように,マクルーハンはアルファベットの成立,そしてグーテンベルグ以降の活版印刷の発展が,近代が依拠する線条的な特徴をもつ視覚的コミュニケーションの基盤となったと考えていた。一方でテレビは,包括的で瞬間的な特性をもつ触覚的なコミュニケーションを育む環境として,前者を更新するとされていたのである。この特性の技術的反映こそが,瞬時に変化する走査線上の光点を次々と像として知覚し,理解する私たちのテレビ視聴経験であった。つまり,マクルーハンが両者の類似性を指摘した本来の意図は,テレビが普及することで初めて可能になるはずの現代の知覚の形式を,スーラがすでに体得していたという事実にあったはずだ。このテクノロジーが環境化することで更新されていく私たちの無意識の知覚の変容を明敏にかぎ分け,予め作品として社会に提示する能力において,芸術家は予言者足りえたのである。

## 3 マクルーハンというモザイク

ここまで,芸術家への関心という側面からマクルーハン像を紹介してきたが,もし彼の技術や文学への関心を軸に読み進めたとしても,やはり「知覚の変容とそれを支える環境」という,彼の中心的な問題意識へと到達しただろう。その意味では,冒頭での戸惑いと同様に,マクルーハンを芸術論として読むこともまた,もう1つの立場の表明に過ぎない。しかし,このようにある特定の視点にもとづく理解がつねに相対化され,新たな視点へと導かれる連鎖こそが,マクルーハンという方法なのだろう。ゆえに,電子社会のコミュニケーションの特性と同様に,彼の著作自体,読者の関心や経験に応じてその相貌を刻々と変化させる「モザイク」なのであり,このようなテクストの理解を身体化することこそが,マクルーハンを「読む」ことなのである。

（光岡寿郎）

▶6 マクルーハンは,絵画においてはキュビズムが電子社会に固有のモザイク的な知覚の変容を予兆していたと指摘している。加えて,音楽ではアルノルト・シェーンベルグの無調音楽も同様の性質をもっていると考えていた節がある。マクルーハン, M., マクルーハン, E., 高山宏監修, 2002,『メディアの法則』NTT出版, p.75。

## XII 研究者紹介

## ジル・ドゥルーズ／フェリックス・ガタリ
### Gilles Deleuze, 1925-1995／Félix Guattari, 1930-1992

▷1 共著の主なものに『アンチ・オイディプス』，『千のプラトー』という大著があり，20世紀の思想界に大きな影響を与えた。社会情報学との関わりで重要な著作としては，この2冊に加え，ドゥルーズの『差異と反復』や，ガタリの『カオスモーズ』が挙げられるだろう。ドゥルーズ，G., ガタリ，F., 宇野邦一訳，2006，『アンチ・オイディプス』(上・下) 河出文庫；ドゥルーズ，G., ガタリ，F., 宇野邦一・小沢秋広・田中敏彦・豊崎光一・宮林寛・守中高明訳，2010，『千のプラトー』(上・中・下) 河出文庫；ドゥルーズ，G., 財津理訳，2007，『差異と反復』(上・下) 河出文庫；ガタリ，F., 小沢秋広・宮林寛訳，2004，『カオスモーズ』河出書房新社。

　ドゥルーズ=ガタリとは，フランスの哲学者であるジル・ドゥルーズと，フランスの精神分析学者であるフェリックス・ガタリの二人を指している。▷1

　彼らの思想は，システム論，経済，精神分析，生命論，身体論，記号論，芸術など多岐にわたり，その文体はかなり難解なものである。だが，その広く深遠な射程は，社会情報学やネットワーク論の思想的部分にも大きな影響を与えている。ただし，彼らが直接，主要なテーマとして情報を論じているわけではなく，その点で読み手の解釈と展開が必要となるだろう。ここでは，リゾーム，ヴァーチャル，多様体という概念を取り上げることにする。以下，彼らの思想のほんの一部分ではあるが，とりわけサイバースペースと関連させながら，できるかぎり具体的に述べることを試みる。

### 1 リゾーム

　書物からハイパーテキストへの変化を考えてみよう。書物には始まりと終わりがあり，物語であれ論文であれ途中で枝分かれしながらも，ある意味で一直線に進んでいく。もちろん，複数の断章や断片によって構成されていて，どこから読み始めても構わない書物もあれば，百科事典のように冒頭から読まれることを想定していない書物もある。けれども書物の総体としてのまとまりや，紙という支持体の具体性は，私たちがツリー状の構造のうちに留まるように仕向けるのである。ところが，このような書物の構造から容易に解放されるのがサイバースペース上のハイパーテキストである。インターネットは，その本質からして，リゾーム状の構造をもっている。リゾームとはもともと地下茎を意味するが，ドゥルーズ=ガタリは，樹木や，主根にたいする側根の構造と区別しつつ，中心のない多方向への広がりをイメージしている。ノードは至るところにあり，ノードからノードへとジャンプしたり，逆に，つながりを切断したりすることができる。こうして，始まりと終わりは消失する。

　このような始まりと終わりのないネットワークこそ，まさにサイバースペースの構造そのものである。リゾームという概念は，この意味においてサイバースペースと強い親和性をもっている。リゾームのはりめぐらされたサイバースペースは，書物の静的な構造を脱し，つねに新たなつながりと切断をくり返す動的な空間となるのだ。

## ❷ ヴァーチャル

　さて，このようなサイバースペースは，ヴァーチャルな空間とも言われ，いわゆる〈現実の世界〉と対比されることがある。しかしながら，ヴァーチャルなものにはヴァーチャルというかぎりでのリアリティがある。ヴァーチャルには，一見，幻や二次的なものというイメージがつきまとうが，実のところ，サイバースペースはサイバースペースとしてのリアリティを獲得している。むしろ，サイバースペースが〈現実の世界〉に影響を及ぼすこともあれば，〈現実の世界〉では隠されている可能性を感じさせもする。さらに言えば，ヴァーチャルなものとは，いわば，これまでとは違った仕方で事物や出来事をとらえ直すことを私たちにうながし，それらの存在の重心をずらす装置なのである。先ほどのハイパーテキストを例に挙げるならば，デジタルテキストは書物のテキストとは違い，ヴァーチャルなものであるが，重要なのは，デジタル化されることによってテキストおよび読み手と書き手の概念が変化することである。従来は明らかであった受信と送信，解釈と創造，読者と作者のあいだの境界が，サイバースペースでは次第に曖昧となる。これまでも読み手と書き手の区別を解消しようとする動きはあったが，ヴァーチャルなテキストはこのような二項対立の消失を加速させる。なぜなら，書物の時代とは比べ物にならないほど，テキストのつなぎ合わせ，模倣，創造のための協働が容易になされ，もともとの作品や作者といったものをたどることを困難にするからである。

## ❸ 多様体

　以上のように考えると，サイバースペースはこれまでとは異質な空間となる可能性をはらむ。あえてポジティヴな未来を描こうとすれば，多様性と流動性をもつポリフォニックな知の空間になりうるだろう。ドゥルーズ＝ガタリは，多様体を一なるものや，単なる多（あるいは一なるものとしての多）へと還元することを斥ける。多なるものをそのまま多なるものとしてとらえることを要請するのである。そのような多様体は，サイバースペースのあり方と同期する。例えば，資本主義経済は貨幣によって一元的に価値を決定しようとするが，サイバースペースではさまざまな価値基準を立てうるし，量に還元されない質を評価しうる。つまり，そこでは，各グループがそれぞれの目的や課題をつねに問い直し，新たな価値基準を立て，概念や評価を適宜変更していくようなコミュニケーションが可能なのである。サイバースペースは，確かに多くの人びとを連結させる。しかしながら重要なのは，個と個の相互作用，集団と個との相互作用，集団と集団の相互作用の中で，私たち自身がダイナミックな知の空間を共に形成することである。こうして，個が集団に解消されることも，個が孤立することもない，多様体としての空間が現れるだろう。　　　　（曽我千亜紀）

▶2　ドゥルーズ＝ガタリの思想を応用しつつ情報へと結びつける議論を組み立てるためには，比較的平易な文体で書かれたフランスの思想家ピエール・レヴィの『ポストメディア人類学に向けて——集合的知性』（米山優ほか訳，水声社，近刊）や『ヴァーチャルとは何か？』（米山優監訳，昭和堂，2006年）が参考となることだろう。

## XII 研究者紹介

# ジャン・ボードリヤール
## Jean Baudrillard, 1929-2007

### ① 20世紀の社会学者ボードリヤール

　都市社会学者アンリ・ルフェーブルの弟子。1960年代末から1970年代初頭にかけて，「消費社会」（メディア，視覚社会）批判をおこない鮮烈なデビューを果たす。ハイパーリアルの問い，現代芸術への傾倒と変遷するものの理論的な重要著作は，『消費社会の神話と構造』などの初期の3大主著である。▷1

　今の学生は，ボードリヤールが社会学者であることに違和感を覚えるかもしれない。統計学も使わず，質的調査をするわけでもない。G. タルド，G. ジンメルなど思弁的社会学者と呼ばれる思想家もそうであった。哲学は哲学史を前提として特有の諸概念（哲学用語）を用いる。社会学は，哲学とは異なる方法を採る。でもどちらも「社会」を相手にする。ドイツのフランクフルト学派の社会哲学は，▷3 文化産業，複製メディア時代の映像や音楽など芸術作品を，あるいは公共性，民主政治のあり方を論じた。ボードリヤールは，問題の関心を社会哲学者たちと共有した。

### ② 消費社会批判：マスメディア，マス消費，イメージ

　1960〜80年代初頭までのボードリヤールは，モノが記号として消費される消費社会を批判する。〈ポスト工業社会〉，〈情報社会〉，そして〈大量消費社会〉は，60年代からアメリカ合衆国で中心的な話題となっていた。『消費社会の神話と構造』（1970）は，米国の経済学者 J. K. ガルブレイスによる消費社会批判の不徹底さを批判するかたちで書かれている。ボードリヤールは，私たちがいかに，商品に誘惑され，めくらませのなか，衒示的な価値にまどわされて，▷4 デザインやブランド・ロゴ（＝記号）を消費するのか，そのありさまを読者に突きつけた。消費-視覚社会とは，モノがイメージとして消費される〈システム〉で，〈記号〉の〈コミュニケーション（交換／贈与）〉だとされる。▷5

　消費社会とは何か。生活に必要なものを購入する。それだけでは，市場に十分な需要が生じない。資本主義は，市場を拡大しながら，企業間での際限ない新商品開発とシェア獲得の競争によらなければ，現状維持（プラス経済成長）をできないシステムである。だから，必要ないのに新車に乗り換える，新機能をもつ家電を購入して使用中のものを捨てる。そのような気にさせる要因（制度・環境）は数あるが，何よりも PR だ。広告，商品そのものに〈視覚的〉な

▷1　ボードリヤール, J., 宇波彰訳, 1980, 『物の体系』法政大学出版局；ボードリヤール, J., 今村仁司・塚原史訳, 1979, 『消費社会の神話と構造』紀伊國屋書店；ボードリヤール, J., 竹原あき子訳, 1984, 『シミュラークルとシミュレーション』法政大学出版局。

▷2　社会学でのインタビュー（当事者人生の語りなど）や参与観察（現場のなかでの調査），映像・文字資史料の分析など。

▷3　アドルノ，ベンヤミンなど同地大学の社会研究所に関わった者たち。

▷4　かっこうをつけるために，ほかの人に見せびらかすこと。ヴェブレン, T., 小原敬訳, 1961, 『有閑階級の理論』岩波文庫を参照。

▷5　1980年代の〈セゾン文化〉は，飽和の時代には「無印（良品）」が価値（価格）を上げた。原宏之, 2006, 『バブル文化論――ポスト戦後としての一九八〇年代』慶應義塾大学出版会。

価値を与えること，新商品は薄くて軽量と訴えかけたり，流行のデザインであったり——視覚は誘惑する。また，ボードリヤールは，1966年にパリ大学ナンテール分校（現在のパリ第10大学）に社会学助手として赴任していたので，〈68年5月〉の発端を現場でつぶさに見ていた。

68年から約2年間，日本をふくむ世界の先進諸国を席巻した若者中心の抵抗運動はさまざまな不満が原因となった。ベトナム戦争の不正義，大量生産と大量消費など，『消費社会』のなかで，ボードリヤールは，「公害」さえもが社会の「豊かさ」である点を強調している。暮らす土地の景観が損なわれても，大気や水の汚染，騒音，災害は，経済成長の代償であるだけではなくて，その対策や「応急手当て」のための公共事業，大規模土木工事などの支出となり，自動車数の増加はガソリンの売り上げを伸ばし，増えた交通事故被害者は医療費の売り上げに貢献し，飲料水が汚染されれば自然水が商品となる。万事「消費」として国内総生産に寄与する。何ごとも先回りしての「リスク回避」など，今日の社会が抱える問題点も指摘されている。

## ③ すべては模擬で，すべてがリアル

ボードリヤールの名を社会に広くとどろかせたのは，「湾岸戦争は起こらないだろう」から「湾岸戦争は生じなかった〔場をもたなかった〕」までのコラムである。一大スキャンダルをフランスの言論界に巻き起こした。確かに，湾岸戦争は二重に奇妙な戦争だった。日本をふくむ有志連合国家軍によるイラク侵攻は，なぜクエートとイスラエルを守り，イラクを攻撃するのか，そのことの正当性を十全にもたないままに始まり，終わった。それだけではなく，米国政府の判断でCNN一社にのみ独占的に撮影が許可され，世界中のテレビ画面に〈空爆の実況生中継〉の映像が配信された。それらの映像は「熱い戦争」を少しも伝えなかった。爆撃された学校や病院，工場，民家の惨状も，イラクやクエートの市民犠牲者どころか，敵兵の爆殺も，やがて帰還後にPTSDで苦しむ米軍兵もいっさい流されなかった。家庭のテレビ画面に映し出されていたのは，まるでPCディスプレイに映し出される攻撃機シミュレーター・ゲームのような，統制された「きれいな」ショーであった。

しかし，むしろボードリヤールは，「湾岸戦争はいつでもどこでも，家庭のなかでもメディアを通して起きている」と主張すべきだった。〈シミュラークル〉とは，擬態，見せかけ，疑似のことで，現実のもの（リアル）と通常は区別される。ところが現代では，テレビ映像でも映画館でも戦争はいつでもおこなわれている。それは視聴者にはCNNの映像と区別しがたいものだ。リアルとシミュラークル（事件とシミュレーション）は，もはや見分けることもできない。この両者に差がない「ハイパーリアル」の時代に象徴されるシミュラークル論は，その後のボードリヤールの仕事の基盤となった。　　　　（原　宏之）

▷6　イメージに取り憑かれた「スペクタクル社会」を糾弾しつづけた果てに自殺した思想家・映像作家ギー・ドゥボールは，ボードリヤールに深い影響を与えていた。

▷7　フランス全土をゼネストで麻痺させた事態。運動の口火を切ったのは，パリの西郊外，ナンテール分校の大学生たち。リーダー，ダニエル・コーン＝バンディは，マニュエル・カステル（情報社会学）の学生。

▷8　ボードリヤール, J., 塚原史訳, 1991, 『湾岸戦争は起こらなかった』紀伊國屋書店。

▷9　イラク戦争（2003～2011），1991年の湾岸戦争。その映像・メディア・プロパガンダの虚構と手法について，原宏之, 2008, 『表象メディア論講義——正義篇』慶應義塾大学出版会。

▷10　1987年にパリ第10大学を去り，EGS（ヨーロッパ学際大学院大学，スイス）で教える。並行して，現代美術の拠点の1つポンピドー・センター（パリ）の仕事を多く手がけ，グローバル世界の〈悪〉の問題などについて著作を残す。

## XII　研究者紹介

# グレゴリー・ベイトソン
## Gregory Bateson, 1904-1980

### 1　文化人類学からサイバネティクスへ

　グレゴリー・ベイトソンは，メンデルの法則を英語圏に紹介し，遺伝学と訳される「ジェネティクス（genetics）」を提唱した有名な生物学者ウィリアム・ベイトソンの三男としてイギリスで生まれている。この家庭環境からして自然な選択であったのか，ケンブリッジ大学に進学して生物学を修めるが，大学院では文化人類学を専門としてニューギニアの原始林への調査に向かった。1932年から33年にかけての二度目のニューギニアでの調査で，マーガレット・ミードと出会い，結婚，共同研究をおこなう。この共同研究の成果が1942年に刊行された『バリ島の性格――写真による分析』である。その後，ベイトソンは，知的関心をさまざまな分野に向けていく。

　第2次世界大戦後まもなくの1946年3月，彼はノーバート・ウィーナーやフォン・ノイマンらと一緒に最初のサイバネティクス学会を開催する。「生物学および社会科学におけるフィードバック・メカニズムと循環的因果システム」と題された学際的会議である。このタイトルに「社会科学」という概念を挿入することを提案したのはベイトソンであったという。その後，1948年にはハーバード大学を離れてカリフォルニアに向かい，精神科医のジャーゲン・ロイシュとチームを組んでコミュニケーションと人間関係，コミュニケーションと心の病に関する研究を開始することになる。さらにこの研究をベースに，ヴェテランズ・アドミニストレーション・ホスピタルで分裂症患者の研究に進む。『コミュニケーション――精神医学の社会的マトリックス』（1951年刊行）はロイシュとの共同研究の成果であり，『精神の生態学』（1972年刊行）は後者の分裂症患者に対する観察から得られた知見を理論的に包括したものである。

　文化人類学からサイバネティクスへ，さらに精神医学の領域へ，こうしたベイトソンの思索の軌跡は，その時々の関心によるテーマの飛躍や切断に彩られていると見えるかもしれない。しかし，その軌跡は，一貫した問題関心に裏付けられていたとみるべきだろう。

　それは，1つの項の存在のあり方，1つ1つの項の性格，それは項に内在するものから成立しているわけではなく，他の項との関係から，関係の質から，相互作用のプロセスから生まれているという洞察であった。つまり，〈関係論的な視点〉への一貫した関心である。

## 2 項と項との関係から情報を考える

例えば，バリ島における文化人類学の調査で，彼は，イアトムル族の男女のタイプの違いを生むベースに相互作用のパターンないし構造があることを見ている。サイバネティクスへの関心も同様だろう。サイバネティクスとは，人工的な回路を通じた制御・管理にかかわる知であると一般に考えられているけれども，基本的には2つの項の関係をフィードバックという概念によって研究する広範囲な領域を指している。機械と外部環境との関係でいえば，例えば，外界の気温の観測，それにもとづく気温の調整，その調整された気温の観測にもとづく再調整というフィードバックのプロセスである。項と項の関係を機械という人工物による調整のメカニズムによって組織することである。

分裂症という疾患はどうして生まれるのか。それは個人の気質といった個体に内在する何かが原因なのだろうか。ベイトソンはそのようには考えない。患者とその周りの人間とのあいだの関係にこそ，その謎を解く鍵が隠されている。その回答が二重拘束性と訳されるダブルバインドの理論である。母親と子どもが久しぶりの出会いの場面で，母親の顔は緊張したまま，一方で「会えてよかったわ」と話すとき，子どもは母親が温かく迎えてくれているのかどうか決定できない二重拘束に嵌め込まれてしまう。母親の顔の緊張した様子に注意を向けるとき，子どもは母親から温かく迎えられているわけではないと思うだろう。一方で母親の「会えてよかったわ」という言葉を信じるならば，母親の愛情に信頼を寄せることになる。どちらかを選択すればどちらか他方を棄却せざるを得ない，言い換えれば2つの選択肢の両方を選択できない状況に置かれるのである。この二重の拘束の関係の在り方こそが分裂症の背景となる，とベイトソンは示唆するのである。

1つの項を考えるとき，一人間の精神を考えるとき，それをつねに他の項，他の人間との関係で考えること，つまり精神をそれを取り巻く生態＝エコロジーからとらえ直すことがベイトソンの思考の基軸をなしているのである。

この〈関係論的な視点〉から，ベイトソンは「差異を生み出す差異」こそが情報であるという情報に関する有名な定義を主張する。情報は，実体としてすでに存在するパターンあるいは差異ではない。それは，連続的に変化する世界の無数の差異が，それを受容する生命体の活動と相関しながら新たな差異を生成する，ダイナミックな過程からとらえうるものなのだ。情報とは何かという根本的な問いに対して，彼は，やはり項と項の関係性から把握しようとするのである。ベイトソンの情報に関する規定，そして彼の〈関係論的な視点〉は，情報とは何か，情報過程の複雑化が何を私たちにもたらすのかを考える社会情報学にとって，今も重要な知的源泉の1つである。

（伊藤　守）

▶1　相互作用のパターンや規則性を生み出す構造に焦点を合わせるという点では，同時期に構造主義人類学の確立につながるフィールドワークをブラジルでおこなっていたレヴィ＝ストロースときわめて近い関心をもっていたともいえる。

### 参考文献

ベイトソン, G., 佐藤良明訳, 1982, 『精神と自然——生きた世界の認識』思索社。

ベイトソン, G., 佐藤悦子, ロバート・ボスバーグ訳, 1989, 『コミュニケーション——精神医学のマトリックス』思索社。

ベイトソン, G., 佐藤良明訳, 2000, 『精神の生態学』新思索社。

# 人名さくいん

**あ行**
アーリ, J. 122
アジェ, J.-E. 201
芦崎治 130
アシュビー, W. R. 96
東浩紀 127
アドルノ, T. 200
アルヴァックス, M. 138
アルチュセール, L. 45
アロウ, K. 84
アンダーソン, B. 174
アントノフスキー, A. 97
石井裕 87
伊藤守 28
イニス, H. 31, 36
井上明人 131
井口征士 28
今田高俊 96
今村仁司 201
イリイチ, I. 99
イングルハート, R. 120
ヴァレラ（バレーラ）, F. J. 9, 23, 26, 27, 29, 190, 193, 194, 196
ウィーナー, N. 9, 12, 22, 192, 208
ウィーバー, W. 189
ヴィトゲンシュタイン, L. 2, 20, 24
ウィノグラード, T. 57
ウィリアムズ, R. 42, 135
エーコ, U. 42
エリクソン, R. V. 153
エンゲルバード, D. C. 179
遠藤薫 132
オーウェル, G. 152
オースティン, J. L. 27
オズボーン, A. F. 86
オバマ, B. 101
オング, W. J. 34

**か行**
ガタリ, F. 16, 204
カッツ, E. 147
カルドン, D. 137
北田暁大 43

北本朝展 17
キットラー, F. 38, 39
ギャスティル, J. 92
グーテンベルク, J. 37, 44
クラーク, B. 29
グライフ, A. 73
グリーンフィールド, P. M. 130
クリック, F. 7
グレーザーズフェルド, E. v. 26
クレーリー, J. 38, 39
ケイ, A. 47
ゲイツ, B. 47
ゲーデル, K. 2
コンドルセ, M. J. A. N. C. 84

**さ行**
佐々木紀彦 137
サザランド, I. 184
サティ, T. L. 87
サレン, K. 130
サンスティーン, C. 63, 93, 137
サンデル, M. 183
シェラー, M. 122
篠原一 93
ジマーマン, E. 130
清水幾太郎 112
シャーキー, C. 136
シャノン, C. E. 3, 39, 188, 190
シュミット, S. 9
新海誠 52
ジンメル, G. 117
スーラ, G. 202, 203
スコットモートン, M. S. 86
鈴木謙介 123
スタンプス, J. 99
スノーデン, E. 172
スロウィッキー, J. 182
セール, M. 16
セザンヌ, P. 202
セン, A. 85, 94
ソシュール, F. de 148

**た行**
多木浩二 200
タックマン, G. 136
田中一 14
ダマシオ, A. 8
ダヤーン, D. 147
タルド, G. 29
チューリング, A. M. 3, 46, 198
テイラー, R. 118
ディランティ, G. 104
デサンクティス, G. 86
寺田寅彦 112
デリダ, J. 35, 139
ドゥルーズ, G. 16, 39, 149, 204
ドーズ, R. 80
ドジソン, C. 84
土橋臣吾 16
ドブレ, R. 31

**な行**
ナッシュ, J. 80
ナンソン, E. J. 84
西垣通 13, 14, 27, 28, 39
ノイマン, J. v. 3, 12, 22, 208
ノエル＝ノイマン, E. 63

**は行**
パーソンズ, T. 117
バートル, R. 131
ハートレー, R. 188
バーナーズ＝リー, T. 48, 54
ハーバーマス, J. 45, 92, 93, 99, 139
ハガティー, K. D. 153
橋元良明 69
浜田純一 154
濱野智史 127
原島博 28
バルト, R. 148
パレート, V. 80
ハンセン, M. B. N. 29
ヒルベルト, D. 2
フィシュキン, J. S. 93
フーコー, M. 101
フェルスター, H. v. 9, 193
ブッシュ, V. 49
ブラック, D. 84

人名さくいん

ブラック, G. 202
ブリゴジン, I. 96
ブリン, S. 140
ブルデュー, P. 135
フレーゲ, G. 2
ブレンスキー, M. 64, 130
ペイジ, L. 140
ベイトソン, G. 7, 12
ベック, U. 187
ベル, D. 98
ベルクソン, H. 29
ベンヤミン, W. 39, 200
ボードリヤール, J. 148
ボルダ, J.-Ch. 84
ホワイトヘッド, A. N. 2

ま行
マクゴニカル, J. 131
マクルーハン, E. 202

マクルーハン, M. 31, 35, 37-39, 146, 147, 187
正村俊之 14, 29
マトゥラーナ, H. R. 9, 20, 23, 26, 27, 29, 190, 193, 194, 196
マノヴィッチ, L. 146
ミード, M. 208
水越伸 39
メイロウィッツ, J. 147
メルロ=ポンティ, M. 34, 197

や行
山内志朗 28
山岸俊男 72
山本作兵衛 138
ユクスキュル, J. J. v. 23
吉開範章 73
吉田民人 14, 97

ら行
ラッセル, B. A. 2
ラトゥール, B. 16
リックライダー, J. C. R. 118
リップナック, J. 99
ルーマン, N. 9, 11, 18, 29, 117, 186, 190, 191, 193, 195
レイコフ, G. 26
レイモンド, E. S. 181
レヴィ, P. 205
レヴィーン, P. 92
レヴィ=ストロース, C. 12, 209
レッシグ, L. 159, 180
ロイシュ, J. 208
ローズ, F. 131
ロック, J. 176

わ行
鷲田清一 34
ワトソン, J. 7

# 事項さくいん

## あ行

アーカイヴ 138
　デジタル—— 142
アーキテクチャ 107, 159, 164
アイデンティティの乖離 66
アウラ 200
アトラクション 40
アナログ 48, 52
　——情報 48
　——・リヴァイバル 129
アニミズム 56
アラブの春 101
アルゴリズム（算法） 46
アルファベット 203
暗号 173
　——通貨 117
暗黙知 179
意見の極化 61
意思決定
　——ルール 82
　確実性の下での—— 77
　個人的—— 76
　社会的—— 76
　集団的—— 76, 82
意思決定支援システム 86
　集団的—— 86
　不確実性の下での—— 77
萎縮効果 159
位置情報サービス 147
一般可能性定理 85
遺伝情報 7, 13
意味 4, 6, 18, 24
　——内容 7
イメージ 206
　——の社会情報学 39
印刷技術 44
インターネット 6, 48, 58, 59, 70, 80, 128, 144, 145, 147, 154, 155, 159, 186
インターフェイス 147
インテンシィブな質的調査 15
インフラレイヤー 161
ヴァーチャル 204, 205
　——・ミュージアム 185
　——・リアリティ 125, 176

ウェアラブル 147
ウェブ 48, 54
　——閲覧ソフト 5
　——クローラー 55
　——2.0 49, 54, 150, 182
　——・ブラウザ 48
映画 38-40, 200
　——館 40
　——研究 147
映像 147
　——文化人類学 15
エージェント 88
エコーチェンバー現象 61
エナクション（enaction） 197
遠近法 39, 202
炎上 93, 173
エントロピー 4, 188
欧州連合（EU）司法裁判所 156, 157
オーグメンテッド・リアリティ 176, 185
オートポイエーシス（autopoiesis） 190, 194, 196
　——理論 9, 16, 23, 193
オープンコースウェア 181
オープンサイエンス 177, 182, 183
オープンソース 81, 180
オープン・データ 176, 180
　——運動 177, 181
オープン・ライセンス 181
おサイフケータイ 115
オペレーティング・システム 46
音楽産業 168
音楽出版社 169
オンライン 145
　——ゲーム 53
　——・コミュニティ 118
　——・ショッピング 114
　——・リアルタイム・システム 47

## か行

介護 106
　——ロボット 57

開放系（open system） 9, 193
顔認証装置 153
拡張現実 123
火山噴火 112
仮想空間 120
仮想通貨 117
価値 6
活字人間 32
活版印刷 203
　——術 45
ガバナンス 121
過半数ルール 82
伽藍とバザール 126
環境問題 81
観察 4, 23
監視 152
　——のアサンブラージュ（surveillant assemblage） 153
　——カメラ 152
　——社会 187
間主観的世界 21
感情 8
感性 28
　——的情報 21, 28
感染症 112
官民連携 103
管理 13
　——社会 101, 149
記憶遺産 138
機械
　——情報 174, 189
　——的情報処理 13
　——翻訳 174
　思考—— 49
　情報—— 22
機関リポジトリ 181
記号 2, 4, 189, 206
　——学 148
　——表現 7
技術決定論 147, 202
希少性 169
記数法 50
　十進—— 50
機能的分化社会理論 9

ギバード=サタースウェイトの定理 85
規範意識 81
逆選択 81
逆選抜 81
旧約聖書 34
キュレーション 105
行政情報化 166
共同規制 164
許容範囲 82
口コミ 137
クラウド
　——・コンピューティング 117
　——・ソーシング 126
グラフ理論 82
クリエイティブコモンズ 127
　——ライセンス 52
クリプトン・フューチャーズ・メディア 132
グループウェア 87
グローバリゼーション 174
グローバル社会 187
経済的危機 112
計算 13, 25
　——機 198
ケータイ
　——研究 146
　——小説 59, 71
ゲートキーパー 159
ゲーム 80
　——機 64
　——理論 80
　完備情報—— 81
　言語—— 20, 24
　不完備情報—— 81
決定の安定性 82
ゲノム 7
検閲 158
言語
　高級—— 51
　スクリプト—— 51
　低級—— 51
検索
　——エンジン 154-157, 159
　——システム 17
原盤 168, 169
憲法 156, 157
権利ビジネス 168, 169

言論・プレスの自由 156
合意形成 82
行為調整 29
公害 112
公共
　——圏 92
　——的問題 183
　——哲学 183
公共財 80
　——供給問題 81
公共性 138, 176
　——の構造転換 45, 139
恒常性（ホメオスタシス） 192
口承文化 32
厚生主義 94
構成主義（constructivism） 26
　ラディカル—— 16
構成的閉鎖系（organizational closure） 196
構造 81
　——的カップリング 29, 195
構造主義 175
　ポスト—— 175
公的領域と私的領域 137
高等教育 64
高度情報通信ネットワーク社会推進戦略本部 110
公文書館 138
効用の個人間比較 94
合理性 80
高齢者 106
国民国家 174
心の理論 24
個人情報保護 103
　——制度 163
　——法 163, 165
誤信念課題 24
国家共同体 174
誤認識 82
コピーレフト運動 180
コミュニケーション 18, 81, 145, 190-192, 202, 206
　——図式 189
　——・メディア 117
　感性的—— 28
　原初的—— 29
　視覚的—— 203
　ネオ・サイバネティカルな—— 178

ノンバーバル・—— 30
コミュニティ
　スマート—— 109
　ネット—— 66
　ハイブリッド・—— 104
コモンズ 80, 180
コモンスフィア 52
娯楽ロボット 57
コンテンツ 137, 154, 159, 168, 169, 181
　——管理システム 87
　——レイヤー 161
　動画—— 43
コンパイラ 46
コンパイル 51
コンピュータ 2, 3, 39
　——ウイルス 172
　——グラフィクス 39
　——社会 46
　スーパー・—— 5, 47
　デジタル・—— 3, 46, 202

## さ行

サーバ 48
差異 7
　——化 7
　差異を生み出す—— 209
最適符号化 189
サイバースペース 192, 204, 205
サイバネティクス 9, 22, 192, 193, 209
　——の基本理念 179
　——学会 12, 208
　二次—— 9
　ネオ・—— 9, 19, 23, 193
サイボーグ 192
削除権 156
雑音 189, 193
サブカルチャー 119
ジェームズ=ランゲ説 8
ジェネティクス（genetics） 208
ジオラマ 38
視覚
　——情報 203
　——的匿名性 66
　——文化 39
　——メディア 38, 39
シカゴ学派 112
識別性の欠如 66
自己検閲 159

自己組織性　96
自主規制　159, 164
市場　44, 45
地震　112
システム　206
システム/360　47
自然災害　112
事前抑制　159
思想の自由市場　158
私的所有権　176
児童ポルノ　159
シネマトグラフ　38
自閉症スペクトラム　107
資本主義
　　印刷——　44
　　コミュニケーション——　151
　　情報——　150
　　デジタル——　150
　　認知——　150
字幕（Closed Caption）　107
シミュラークル　207
市民電子会議室　104
ジャーナリスト　159
社会厚生関数　82
社会選択
　　——関数　82
　　——対応　82
社会的ジレンマ　80
社会的選択理論　82
社会保障制度　103
社会民主主義　174
社会理論
　　——のコミュニケーション論的
　　　転回　186
写真　38, 39, 200
写本
　　——文化　35
　　中世——　44
集合行動論　112
集合知　100, 177, 182
　　ネット——　177, 183
自由至上主義者　174, 176
重層的決定　45
集団
　　——極性化　63
　　——浅慮　100
　　——分極化　93
収斂思考　77
主観的世界　21

熟議民主主義　92
取材の自由　159
主体　82
　　——と場のあいだの関係　82
　　——の柔軟性　83
　　——間の人間関係　82
出版　158
　　オンデマンド——　142
首尾一貫感覚（SOC：Sense of
　　Coherence）　97
循環　84
順序回路　51
障害者　106
消去する権利　55
少子化　81
情動　8, 28, 149
消費　206
　　——社会　148, 206
情報　3, 18, 186, 188, 209
　　——縁　66
　　——科学　2, 6, 22
　　——格差　100
　　——活用能力　110
　　——技術　144, 202
　　——基盤形成　102
　　——現象　18
　　——交換　82
　　——行動　70
　　——財　129
　　——政策　154
　　——セキュリティー　172
　　——通信技術　4
　　——通信庁（Ofcom）　165
　　——不足　81
　　——の解釈者　23
　　——の加法性　188
　　——の乗り物　186
　　——の非対称性　81
　　——法　154
　　——連携　103
　　意味的——　13
　　社会——　174, 189
　　生命——　189
　　生命体内——　13
　　デジタル——　48
　　非意味的な——　13
情報学　5, 6
　　感性——　28, 175
　　基礎——（Fundamental In-

formatics）　9
　　社会——　18, 204
情報公開
　　——制度　162
　　——法　162
情報社会　6, 46, 206
　　——論　6
情報量　4, 188
　　平均——　188
情報理論　4
　　シャノンの——　39
勝利提携　82
自律システム　57
知る権利　159, 162
ジレンマ構造　81
人格権　156
人権　158
信号　189, 192
人工知能　49, 56, 57, 175, 192,
　198
新自由主義　174, 175
心身問題　19, 20, 25
深層学習（DeepLearning）　74
身体化（embodiment）　67, 197
身体＝機械複合系　39
心脳問題　20
新聞　158
垂直統合　168
数学基礎論　2
数量調査　15
スクリーン　146, 147
　　——・メディア（Screen Media）
　　　146, 147
酸っぱい葡萄　94
スパイダー　55
スペクタクル商品社会　149
スマートシティ　109
スマートフォン（スマホ）　5, 6,
　123, 144, 146, 147
3D映画　132
制御　13
生権力　101
精神分析　201
税制　103
生政治　139
　　——的経済　150
生命　22
　　——圏　18
世界遺産　138

事項さくいん

セキュリティ国家　152
説得　83
全員一致ルール　82
1995年個人データ保護指令　156
『一九八四年』　100, 152
選挙フェス　134
選好　82, 84
　　——変化　82
潜在能力　94
戦争　112, 207
選択行為　6
選択的誘因　81
専門職　159
戦略　80
相互依存状況　80
走査線　202, 203
創造都市　149
想像の（政治的）共同体　44, 174
想像力　123
贈与　206
ソーシャル・ウェブ　150
ソーシャル・ネットワーキング・サービス　137
ソーシャルメディア　60, 62, 71-73, 101, 119
ソーシャルリーディング　143
ゾートロープ　38
ソフトウェア　146
　　——・スタディーズ（Software Studies）　146
存在論　28

## た行

タイアップ　169
代替案　82
態度　82
第二符号化定理　189
タイムシフト視聴　43
大量複製技術　128
タグ　145
タブレット　107, 144
　　——端末　147
　　——PC　146
他律システム　57
地域情報化　166
知覚の形式　203
蓄音機　35
地上デジタル放送　43
知性　198
秩序　169

　　——混沌からの——　96
知的財産権　176, 180
中間コード　51
中間媒介者　155
抽象絵画　202
チューリング・テスト　198
チューリング・パターン　199
チューリング・マシン　3, 198
著作
　　——財産権　169
　　——者人格権　169
　　——物　159
　　——隣接権　168, 169
著作権　121, 154, 155, 169
　　——使用料　169
　　——制度　129
　　——法　127, 168-170
沈黙の螺旋　61, 63
通信事業者　159
通信品位法　155
通信路　189
データ　180, 181
　　——標準化　102
データベース　137, 139
　　——・マーケティング　91
テキストマイニングソフト　15
テクノクラート　98
デザイン　107
デジタル　168, 169, 203
　　——移民　64
　　——化　124, 144, 146
　　——技術　41
　　——教科書　110
　　——・デバイド　100
　　——ネイティブ　64
　　——・ネットワーク社会　141
デスクトップパブリッシング（DTP）　142
デマゴーグ　60
テレイグジスタンス　184
テレビ　38, 39, 202, 203, 207
　　——研究　146, 147
　　——受像機　146
　　——番組　145, 146
テロリズム　112
電気通信　160
電子
　　——会議室　119
　　——掲示板　119

　　——書籍　142
　　——署名　173
　　——政府・電子自治体　102
　　——政府の全体最適　102
　　——町内会　104
　　——投票　90
　　——メール　118
　　——メディア　38
電信　202
東京電力福島第一原子力発電所　113
統計的制御理論　192
同人誌（ファンジン）　119
同人文化　127
同調圧力　93
投票支援システム　90
特定電気通信　161
　　——役務提供者　155
匿名性　66
図書館　159
　　国立国会——　141
土石流　112

## な行

内閣府　68
ながら学習　65
ナショナリスト　174
ナッシュ均衡　80
ニコニコ動画　52, 71, 133
二次観察　19
二次創作　127, 129
二重拘束性　209
二重の基準論　158
二重の拘束　209
日本国憲法　158
日本人の情報行動調査　70
人間開発指数（HDI）　95
「人間／機械」系　187
人間機械論　9, 192
「人間／人間」系　187
認証　173
認知
　　——科学　29
　　——の生物学　195
　　——プロセス　203
ネット　154, 155
　　——いじめ　173
　　——空間　137
　　——選挙運動　91
　　——・ツール　101

脳 24

## は行

パーチメント 44
媒介者 159
媒体 168, 169
ハイパーテキスト 49
ハイブリッド・キャスト 43
バイラル型拡散 137
『パサージュ論』 39
パソコン 5, 47, 146, 147
パターン認識 28
発散思考 77
初音ミク 52, 53, 68, 123, 132
パノラマ 38
ハリウッド 40
『バリ島の性格』 208
パレート効率 80
パレオTV/ネオTV 42
番号制度 103
阪神・淡路大震災 113
万能チューリング・マシン 3, 46
ピアプロ・キャラクター・ライセンス 127
ピア・プロダクション 126
東日本大震災 56, 113, 133
非構造化データ 17
ビジネスレイヤー 161
美術館 159
非正規雇用 136
ビッグデータ 17, 74, 101, 115, 117, 153, 172
ビッグブラザー 152, 153
評価指標 102
表現の自由 158
標本化（サンプリング） 53
ファミコン 64
フィードバック 192-194, 209
フィルタリング 159
フィルム 41
フェナキスティスコープ 38
フォークソノミー 145
不確定性原理 3
不完全性定理 2
復号化 189
複雑系 89
福祉 106
複製 168, 169
——ビジネス 168
符号化 53, 189

符号付きグラフ 82
プライバシー 153, 154, 156, 158
——の権利 163
——保護 115
ブラウン管 203
プラットフォーム 168
フランクフルト学派 200, 206
フリーソフト 81
フリーライダー 81
フリー労働 150
プレイヤー 80
ブレイン-マシン・インターフェイス技術 179
ブレーンストーミング 86
プローブデータ 108
プログラム内蔵方式 3, 46
プロジェクション・マッピング 122
ブロッキング 159
プロバイダー 48, 155, 159
——責任制限法 155
プロファイリング 153
プロフェッショナリズム 136
文化 119, 135
　第2の声の—— 32, 35
文化施設 159
文化人類学 12
文献研究 15
分析哲学 2
ペイ・ウォール 137
閉鎖系 (closed system) 9, 193
ヘッドマウンテッドディスプレイ 184
編集局 (newsroom) 136
放送 158, 160
法的規制 45
報道
　——機関 159
　——の自由 159
方法論的個人主義 88
方法論的集団主義 88
ボートマッチ 90
ポケベル 64
『ほしのこえ』 52
ポスト産業資本主義 150
ポストフォーディズム 150

## ま行

マーケティング戦略 152
マイクロプロセッサ 5, 47

マイコン 47
マイナンバー 103, 107
マジック・ランタン 38
マス・コミュニケーション論 112
マス・コラボレーション 126
マスメディア 145, 158, 190, 191
マッキントッシュ 47
マルチメディア (multimedia) 47, 52, 54
ミックスト・リアリティ 185
ミニ・パブリックス 93
身振り 30
ミュージアム 144, 145
民主制 85
——社会 183
民族主義者 174
無意識 201
ムーアの法則 4
名誉毀損 154, 155
メインフレーム 5, 46
メーリング・リスト 119
メッセージ 189, 192
メディア 145-147, 154, 155, 157, 158, 191
——研究 147, 202
——史 39
——実践 145
『——の法則』 202
——・リテラシー 7
——論 202, 203
デジタル—— 38
ハイパー—— 49
複製—— 206
メディオロジー 31
モザイク 202, 203
物語 40
モバイルガイドシステム 125
モバイル・プライバタイゼーション 42
モバイル・メディア 45, 101, 147
モビリティ 122
ツーリズム・—— 122
モリスワーム事件 172

## や行

有害情報 159
ユニキャスト 43
予警報 113
世論

——形成　63
　　擬似——　60, 61
世論調査　93
弱い紐帯　62

## ら行

ライク経済　151
リコメンド機能　17
リスキーシフト　61
リスク
　　——社会　187
　　サイバー——　100
リテラシー　107
利得　80
リバタリアン　174, 176
リベラル・パラドックス　85
流言　112
量子化　53
　　——誤差　53
リンク経済　151
ルネサンス　202
レイヤー構造　161
レコード　168, 169
　　——会社　128, 168
録音　168
ロゴス　53
ロボット　54, 56
ロングテール戦略　114
論理
　　——演算　51
　　——回路　51
　　——機械　3
　　——主義　2, 21, 175
　　述語——　2

## わ行

ワープロ　30
わいせつ表現　154
若者文化　120
忘れられる権利（right to be forgotten）　55, 72, 73, 154, 156

## A-Z

ABC　3
A/D変換　52
AHP　87
Amazon　17, 134, 143
AR（Augmented Reality）　123
ARPAネットワーク　48, 98, 118
Baidu　54
BASIC　47
Bing　54
Brain-machine Interface（BMI）　179
BPO　60, 69
CAVE　184
CD　168, 169
CMS　54, 87
CPU　51
CSCW　87
CSS　54
DNA遺伝情報　7
DNA二重螺旋構造　7
DSS　86
eコマース　150
eコミュニティ形成支援事業　167
EDSAC　3
EDVAC　3
e-Japan　166
Electronic Commerce（電子商取引）　114
ENIAC　3
EU　156
　　——個人データ保護指令　163
Facebook　11, 18, 71, 119, 134, 150
　　——モデル　151
GDSS　86, 87
GII　114
Google　17, 54, 135, 140, 144, 150, 155-157
　　——ブックス　142
　　——モデル　151
GPS　108
GUI　47
HTML　54
i-モード　71
ICT　4, 98, 166, 167, 174
intermediary　155
IoT（Internet of Things）　172
IPTVフォーラム　69
ITS　108
IWJ　133
JASRAC　169
JMOOC　111
KHCoder　15
Kindle　143
KJ法　86
LINE　71
Linux　126
mixi　71
MOOC　111, 181
MR（Mixed Reality）　123
MUDs　131
N次創作　127
NHK
　　——取材班　131
　　——放送文化研究所　69
　　——世論調査部　16
NII　114
OECD 8原則　163
OurPlanetTV　133
P2P（peer to peer）　120
PDCA（Plan-Do-Check-Action）サイクル　102
Second Life　185
SNS　150, 159, 167
　　地域——　105
SPIDER　184
Twitter　11, 18, 71, 119, 134, 150
UGC（User Generated Content）　68
u-Japan政策　166
VICS　108
VIEW　184
VOCALOID　132
Wiki　87
Wikipedia　71, 81, 126, 133
WWW　48
XHTML　54
XML　54
YouTube　59, 71

**執筆者紹介**（氏名／よみがな／生年／現職／業績／執筆担当／社会情報学を学ぶ読者へのメッセージ）　　＊は編著者

阿部　潔（あべ・きよし／1964年生まれ）
関西学院大学社会学部教授
『監視デフォルト社会――映画テクストで考える』（単著, 青弓社, 2014年）
Ⅸ-10
本書を通じて, 刻一刻と変化を遂げる「社会」と「情報」の関係を鋭く読み解く想像力を身に付けて下さい。

生貝直人（いけがい・なおと／1982年生まれ）
東京大学大学院情報学環特任講師
『情報社会と共同規制』（単著, 勁草書房, 2011年）
『デジタルコンテンツ法制』（共著, 朝日新聞出版, 2012年）
Ⅹ-5
熱中できる概念を見つけてください。

井手口彰典（いでぐち・あきのり／1978年生まれ）
立教大学社会学部教授
『ネットワーク・ミュージッキング――「参照の時代」の音楽文化』（単著, 勁草書房, 2009年）
『同人音楽とその周辺――新世紀の振源をめぐる技術・制度・概念』（単著, 青弓社, 2012年）
Ⅷ-4
情報の波に翻弄される, と言いますが, むしろ膨大な情報を前に何も感じなくなる情報不感症の方が心配です。

伊藤賢一（いとう・けんいち／1965年生まれ）
群馬大学社会情報学部教授
『社会学を問う――規範・理論・実証の緊張関係』（共著, 勁草書房, 2012年）
『〈私〉をひらく社会学――若者のための社会学入門』（共著, 大月書店, 2014年）
Ⅵ-8
社会情報学特有の面白さを, ぜひ本書を通じて発見してください。

＊伊藤　守（いとう・まもる／1954年生まれ）
早稲田大学教育・総合科学学術院教授
『情動の権力』（単著, せりか書房, 2013年）
『情動の社会学』（単著, 青土社, 2017年）
Ⅰ-3　Ⅰ-4　Ⅲ-1　Ⅲ-2　Ⅲ-7　Ⅸ-1　Ⅻ-1
新しい発想やアイデアでこの分野を開拓してください。

猪原健弘（いのはら・たけひろ／1970年生まれ）
東京工業大学リベラルアーツ研究教育院教授
『合理性と柔軟性』（単著, 勁草書房, 2002年）
『感情と認識』（単著, 勁草書房, 2002年）
Ⅵ-3
会議の枠組みを合意形成の枠組みに発展させる取り組みへの, 読者のみなさんの参加を期待しています。

岩井　淳（いわい・あつし／1968年生まれ）
群馬大学社会情報学部教授
Evaluation of an Anonymity Measure as an Index of Voting Privacy, *Journal of Socio-Informatics*, Vol. 5, No. 1, 2012.
『シナジー社会論』（共著, 東京大学出版会, 2014年）
Ⅵ-1　Ⅵ-9　Ⅵ-10
この学問には独自の価値があると思います。本書を手にされた方に, それを感じて頂ければと思います。

岩崎公弥子（いわざき・くみこ／1971年生まれ）
金城学院大学国際情報学部教授
「博物館と連携したワークショップの可能性」『コンピュータ＆エデュケーション』Vol. 35, 2013年
「科学館と大学・来館者の『つながり』がもたらす可能性とその試み」『情報文化学会誌』Vol. 20, No. 1, 2013年
Ⅷ-3
技術革新により, 様々な壁が越えられるようになりました。想像力を膨らませ, 新しい世界を創りましょう。

宇佐美誠（うさみ・まこと／1966年生まれ）
京都大学大学院地球環境学堂教授
『決定』（単著, 東京大学出版会, 2000年）
『法学と経済学のあいだ』（編著, 勁草書房, 2010年）
Ⅵ-4
インターネット上の〈消費される知〉だけでなく, 研究書や論文の〈蓄積される知〉にも触れてみて下さい。

遠藤　薫（えんどう・かおる／1952年生まれ）
学習院大学法学部教授
『ソーシャルメディアと公共性』（編著, 東京大学出版会, 2018年）
『ロボットが家にやって来たら――人間とAIの未来』（単著, 岩波書店, 2018年）
Ⅶ-1　Ⅶ-8　Ⅷ-1
「社会情報学」はきわめて広い範囲にわたる「総合科学」です。その豊かな宇宙を楽しんでください。

遠藤英樹（えんどう・ひでき／1963年生まれ）
立命館大学文学部教授
『現代文化論――社会理論を読み解くポップカルチャー』（単著, ミネルヴァ書房, 2011年）
『観光メディア論』（共著, ナカニシヤ出版, 2014年）
Ⅷ-2
リアルとフィクションを分けるなんて不可能です。そのことが社会情報学で一層クリアに見てとれるでしょう。

遠藤　守（えんどう・まもる／1974年生まれ）
名古屋大学大学院情報科学研究科准教授
A Distributed Multi-user Virtual Space System, *IEEE Computer Graphics and Application*, Vol. 23, Issue1 2003.
『インターネットとWeb技術』（共編, オーム社, 2009年）
Ⅳ-2　Ⅺ-5

**執筆者紹介**（氏名／よみがな／生年／現職／業績／執筆担当／社会情報学を学ぶ読者へのメッセージ）　　＊は編著者

身近な生活の中にある課題に着目し「情報技術」を使ってどのように解決するかを一緒に考えましょう。

**大井奈美**（おおい・なみ／1984年生まれ）
東海大学課程資格教育センター非常勤講師／東京大学大学院情報学環・学際情報学府客員研究員
「ネオ・サイバネティクスと文学研究――ラディカル構成主義派とルーマン社会理論派の射程とその拡張について」『思想』No. 1035，2010年
『基礎情報学のヴァイアビリティ――ネオ・サイバネティクスによる開放系と閉鎖系の架橋』（共編著，東京大学出版会，2014年）
Ⅱ-5
どうやら「情報」とは，だれにとっても同じように扱える事実を意味するばかりではないようです。

**大久保遼**（おおくぼ・りょう／1983年生まれ）
明治学院大学社会学部准教授
『映像のアルケオロジー――視覚理論・光学メディア・映像文化』（単著，青弓社，2015年）
『スクリーン・スタディーズ――デジタル時代の映像／メディア経験』（共編著，東京大学出版会，2019年）
Ⅲ-4
逆説的ですが，デジタル化できないもの，情報学では見えないものに対する感性を養ってほしいと思います。

**岡田　勇**（おかだ・いさむ／1973年生まれ）
創価大学経営学部准教授
An agent-based model of sustainable corporate social responsibility activities, *Journal of Artificial Societies and Social Simulations*, Vol. 14, No. 3, 2011.
Mathematical Description and Analysis of Adaptive Risk Choice Behavior, （共著）*ACM Transactions on Intelligent Systems and Technology*, Vol. 4, No. 1, 2013.
Ⅵ-6
先人たちの苦闘を知り，未踏の大地を掻き分けるための初めの一冊にならんことを。

**岡本剛和**（おかもと・よしかず／1971年生まれ）
総務省国際戦略局多国間経済室長
「デジタル時代に対応した通信・放送の法体系の見直し」『ジュリスト』No. 1419，2011年
「モバイルネットワークの混雑解消に関する考察――ネットワークのオフロードに係るコンジョイント分析――」（共著）『公益事業研究』第66巻第2号，2014年
Ⅹ-3
実務家の解説は手っ取り早い理解には資するものですが，学術研究の裏打ちが十分でないものも多くあります。そこを上手く見極めれば，研究テーマの種が見つかるかもしれません。

**小川祐樹**（おがわ・ゆうき／1983年生まれ）
立命館大学情報理工学部助教
「Twitterにおける意見の多数派認知とパーソナルネットワークの同質性が発言に与える影響――原子力発電を争点としたTwitter上での沈黙の螺旋理論の検証」『人工知能学会論文誌』Vol. 29, No. 5, 2014年
Ⅵ-5
理論やモデルを意識しつつも現実をみることは忘れないようにしたいです。

**加藤綾子**（かとう・あやこ）
文教大学情報学部専任講師
「デジタル録音技術が形成する2つの道筋とレコード産業の進化の第四段階」『社会・経済システム』第33号，2012年
「生産消費者の定量分析――音楽の生産消費者の特徴，制作ツール，生産目的」『社会・経済システム』第34号，2013年
Ⅹ-7
社会情報学の分野を題材に，新たなものの見方や，変化を読み取る力を養ってもらえればと思います。

**河井孝仁**（かわい・たかよし／1958年生まれ）
東海大学文化社会学部広報メディア学科教授
『「地域の人」になるための8つのゆるい方法』（編著，彩流社，2018年）
『「関係人口」創出で地域経済をうるおすシティプロモーション2.0』（単著，第一法規，2020年）
Ⅶ-3
「地域」とは何か。十分に考えてみて下さい。おそらくそれほど単純には把握できないはずです。

**河島茂生**（かわしま・しげお）
青山学院女子短期大学現代教養学科准教授
『デジタルの際』（編著，聖学院大学出版会，2014年）
『基礎情報学のヴァイアビリティ――ネオ・サイバネティクスによる開放系と閉鎖系の架橋』（共編著，東京大学出版会，2014年）
Ⅳ-3　Ⅳ-4
「生命情報→社会情報→機械情報」といった大きな流れがある。時には，その流れに逆行してみよう。

**河又貴洋**（かわまた・たかひろ／1963年生まれ）
長崎県立大学国際社会学部准教授
NTT's R&D : a platform for multimedia, *Telecommunications Policy*, Vol. 21, No. 2, 1997.
『ともに生きる地域コミュニティ――超スマート社会を目指して』（共著，東京電機大学出版局，2018年）
Ⅶ-9
ICTが社会経済の神経・循環器系として張り巡らされる。その多様な断面を本書を手掛りに読み解いて欲しい。

執筆者紹介（氏名／よみがな／生年／現職／業績／執筆担当／社会情報学を学ぶ読者へのメッセージ）　　＊は編著者

**木村忠正**（きむら・ただまさ／1964年生まれ）
　立教大学社会学部教授
　『デジタルデバイドとは何か』（単著，岩波書店，2001年）
　『デジタルネイティブの時代』（単著，平凡社，2012年）
　Ⅴ-3
　社会情報学が持つ，学術的，社会的両面での豊かな拡がりと可能性を，是非感じ取ってください！

**木本玲一**（きもと・れいいち／1975年生まれ）
　相模女子大学人間社会学部准教授
　『グローバリゼーションと音楽文化』（単著，勁草書房，2009年）
　『グローバリゼーションと都市変容』（共著，世界思想社，2011年）
　Ⅷ-5
　個別の事例について考えながら，普遍性のある議論を進めることが大切だと思います。

**越塚　登**（こしづか・のぼる／1966年生まれ）
　東京大学大学院情報学環教授
　"Ubiquitous ID: Standards for Ubiquitous Computing and the Internet of Things,"（共著）*IEEE Pervasive Computing*, October-December, 2010.
　Ⅹ-9
　現代社会におけるイノベーションをうみ出す核はやはり情報や通信技術だと思います。

**小林哲郎**（こばやし・てつろう／1978年生まれ）
　香港城市大学准教授
　『寛容な社会を支える情報通信技術──ゆるやかにつながり合うネット時代の社会心理』（単著，多賀出版，2010年）
　Depolarization through social media use：Evidence from dual identifiers in Hong Kong, *New Media & Society*, 22(8)：1339-1358.
　Ⅴ-7
　技術と人間社会の関わりを見つめる幅広く学際的な視点を養ってください。

**小松丈晃**（こまつ・たけあき／1968年生まれ）
　東北大学大学院文学研究科教授
　『リスク論のルーマン』（単著，勁草書房，2003年）
　『滲透するルーマン理論──機能分化論からの展望』（共著，文眞堂，2013年）
　Ⅻ-2
　目の前の小さな疑問は重大な問題を言い当てているかもしれません。簡単に捨てたりせず大事に育てましょう。

**近藤和都**（こんどう・かずと／1989年生まれ）
　大東文化大学社会学部専任講師
　『映画館と観客のメディア論──戦前期日本の「映画を読む／書く」という経験』（単著，青弓社，2020年）
　「レンタルビデオ店のアーカイヴ論的分析に向けて──初期店舗の生成課程とその条件」『大東文化大学社会学研究所紀要』(1), 2020年
　Ⅲ-5
　新しい技術が開く文化の可能性／限界について，文理を問わずに議論できる場が「社会情報学」だと思います。

**酒井麻千子**（さかい・まちこ／1982年生まれ）
　東京大学大学院情報学環助教
　「旧日本著作権法における映画と写真の位置づけ──旧法第22条の3における『独創性』概念に関連して」『東京大学大学院情報学環紀要　情報学研究』No. 83，2012年
　「19世紀後半における写真保護法規の検討──日本及びドイツにおける写真と著作権との関係を中心に」『マス・コミュニケーション研究』No. 83，2013年
　Ⅹ-8
　関心のあるテーマ以外にも目を向けると，意外な繋がりがみえるかも。本教材がその一助となれば幸いです。

**佐藤哲也**（さとう・てつや／1972年生まれ）
　㈱デザインルール代表取締役
　Ⅵ-7
　社会の情報化は人類の大きな転換期です。本書を通じて関心を持っていただく若者が増えることを期待します。

**柴田邦臣**（しばた・くにおみ／1973年生まれ）
　津田塾大学学芸学部准教授
　「生かさない〈生-政治〉の誕生」『現代思想』Vol. 42-9，青土社，2014年
　「『それだけは，美しく切り出されてはならない』──震災研究の3条件」『社会情報学』Vol. 3, No. 2，2015年
　Ⅶ-4
　今でも，社会情報学には日本の学術を根底から覆す力が備わりうると信じています。その到来を願っています。

**柴野京子**（しばの・きょうこ／1962年生まれ）
　上智大学文学部新聞学科准教授
　『書棚と平台──出版流通というメディア』（単著，弘文堂，2009年）
　『書物の環境論』（単著，弘文堂，2012年）
　Ⅸ-4　Ⅸ-5
　メディアを考えるとき，それが本当は何を媒介しているのかを常に意識して下さい。

**須藤　修**（すどう・おさむ／1955年生まれ）
　東京大学大学院情報学環教授
　『複合的ネットワーク社会』（単著，有斐閣，1995年）
　*Digital Economy and Social Design*（編著，Springer-Verlag, 2005.）
　Ⅶ-2
　テクノロジー，とりわけICTの発展によって学問の境界が大きく変化しつつあります。社会情報学は，その中から生まれ，発展してきた学問といえます。未来を考える際の「よすが」になれればと思います。

**執筆者紹介**（氏名／よみがな／生年／現職／業績／執筆担当／社会情報学を学ぶ読者へのメッセージ）　　＊は編著者

**関谷直也**（せきや・なおや／1975年生まれ）
東京大学大学院情報学環総合防災情報研究センター准教授
『風評被害──そのメカニズムを考える』（単著, 光文社, 2011年）
『「災害」の社会心理』（単著, KKベストセラーズ, 2011年）
Ⅶ-7
複雑な社会事象における情報の問題を分析できる知識・分析技法を身につけて下さい。

**曽我千亜紀**（そが・ちあき／1973年生まれ）
大阪産業大学国際学部准教授
『情報体系の哲学』（単著, ナカニシヤ出版, 2017年）
『変化を生きながら変化を創る』（共著, 法律文化社, 2018年）
Ⅻ-9
この本を，情報とは何か，社会とは何かを考えるための手がかりとしてください。

**田村和人**（たむら・かずと／1957年生まれ）
東京経済大学コミュニケーション学部教授
『映像メディアの展開と社会心理』（共著, 北樹出版, 2000年）
「HDTVの画質・画面サイズの一般視聴者への効果に関する実験研究」（共著『情報通信学会年報1999』2000年）
Ⅴ-5
自分を取り囲む多種多様な「情報」を，改めて整理しながら考えるきっかけになってほしいです。

**辻　大介**（つじ・だいすけ／1965年生まれ）
大阪大学大学院人間科学研究科准教授
『コミュニケーション論をつかむ』（共著, 有斐閣, 2014年）
Ⅴ-2
温故知新。過去や歴史を知らないと，何もかもがネット時代の新しさに見えてしまいがちです。

**辻本　篤**（つじもと・あつし／1972年生まれ）
北海道大学大学院メディア・コミュニケーション研究院教授
『組織学習の理論と実践』（単著, 生産性出版, 2014年）
『基礎情報学のヴァイアビリティ──ネオ・サイバネティクスによる開放系と閉鎖系の架橋』（共著, 東京大学出版会, 2014年）
Ⅺ-2
社会情報学は私が大学院で学び始めた頃，社会に認知され始めました。若き皆さんが，この領域をさらに発展させてください！

**寺本卓史**（てらもと・たくじ／1972年生まれ）
城西国際大学メディア学部教授
『知の異端と正統』（共著, 2001年, 新評論）
「インフォミディアリ概念とその展開──モジュラー型システムにおける価値創造システムに関する一考察」『城西国際大学紀要』Vol. 16, No. 5, 2008年
Ⅺ-3
ネットが真に「アンダーコントロール」できるメディアであるために，私たちは考え続けていく必要があると思います。

**鳥海不二夫**（とりうみ・ふじお／1976年生まれ）
東京大学大学院工学系研究科准教授
「なぜ震災後デマが拡散したのか──ネットワーク構造の影響分析」『電気学会論文誌C（電子・情報・システム部門誌）』Vol. 133, No. 9, 2012年
「板情報による市場相違性の検出」『人工知能学会論文誌』Vol. 27, No. 3, 2012年
Ⅴ-8
ビックデータ，シュミレーション，人口知能，機会学習……よく見る間違いです。気をつけましょう。

**中野邦彦**（なかの・くにひこ／1983年生まれ）
東京大学大学院学際情報学府博士課程
「地域SNSへの地方自治体職員の関与実態に関する考察」『社会情報学』第2巻3号, 2014年
How Japanese Newspapers Contribute to Community Engagement, *Journal of Socio-Informatics*, Vol. 7, No. 1, 2014年.
Ⅹ-6
「何が手段で，何が目的か」当たり前のことの様ですが，意外と大事な視点だと思います。

**成原　慧**（なりはら・さとし／1982年生まれ）
東京大学大学院情報学環客員研究員
『表現の自由とアーキテクチャ』（単著, 勁草書房, 2016年）
「憲法とコンテクスト──初期ローレンス・レッシグの憲法理論」『東京大学大学院情報学環紀要　情報学研究』No. 86, 87, 2014年
Ⅹ-2
社会の情報化に伴って身近で切実になっている表現の自由に関わる問題を考えるきっかけになれば幸いです。

**＊西垣　通**（にしがき・とおる／1948年生まれ）
東京大学大学院情報学環名誉教授
『基礎情報学』（単著, NTT出版, 2004年）
『続　基礎情報学』（単著, NTT出版, 2008年）
Ⅰ-1　Ⅰ-2　Ⅱ-1　Ⅳ-1　Ⅳ-5　Ⅺ-1　Ⅺ-4　Ⅻ-1　Ⅻ-3
情報社会を根っこからとらえ直すための，いまもっとも正確で分かりやすいテキストをつくりました。

**執筆者紹介**（氏名／よみがな／生年／現職／業績／執筆担当／社会情報学を学ぶ読者へのメッセージ）　＊は編著者

**西川麻樹**（にしかわ・あさき／1975年生まれ）
東京大学大学院情報学環・学際情報学府助教／早稲田大学文化構想学部非常勤講師
『魂と体，脳――計算機とドゥルーズで考える心身問題』（単著，講談社，2011年）
『魂のレイヤー――社会システム論から心身問題へ』（単著，青土社，2014年）
Ⅱ-3　Ⅻ-6
人工知能の発達と，それが心身問題，社会に対して持ちうるインパクトについて学際的に研究しています。

**西田洋平**（にしだ・ようへい／1980年生まれ）
東海大学課程資格教育センター講師
『基礎情報学のヴァイアビリティ――ネオ・サイバネティクスによる開放系と閉鎖系の架橋』（共著，東京大学出版会，2014年）
『AI時代の「自律性」――未来の礎となる概念を再構築する』（共著，勁草書房，2019年）
Ⅱ-2
社会情報学は，生命をもつ他者への関心から始まるのかもしれません。

**橋元良明**（はしもと・よしあき／1955年生まれ）
東京女子大学現代教養学部教授
『コミュニケーション学への招待』（編著，大修館書店，1997年）
『メディアと日本人――変わりゆく日常』（単著，岩波新書，2011年）
Ⅴ-1　Ⅴ-6
ネットばかりしていると本を読むのが面倒になります。やはり深い知識は本からでないと得られません。

**橋本　渉**（はしもと・わたる／1980年生まれ）
明治大学情報コミュニケーション学部兼任講師
「システム論における『情報的閉鎖系』概念」『情報学研究』No. 75，2008年
「ハインツ・フォン・フェルスターの思想とその周辺」『思想』No. 1035，2010年
Ⅱ-4　Ⅻ-4　Ⅻ-5
視点をずらす。立場を変えて見る。そうして盲点を発見したとき，さらなる知的発見が始まります。

**林　香里**（はやし・かおり／1963年生まれ）
東京大学大学院情報学環教授
『〈オンナ・コドモ〉のジャーナリズム――ケアの倫理とともに』（単著，岩波書店，2011年）
『テレビ報道職のワーク・ライフ・アンバランス――13局男女30人の聞き取り調査から』（共編著，大月書店，2013年）
Ⅸ-2
ジャーナリズムは大転換期にあります。今，もっとも興味深い社会科学の研究対象の一つではないでしょうか。

**原　宏之**（はら・ひろゆき／1969年生まれ）
哲学者／元明治学院大学教授
『バブル文化論』（単著，慶應義塾大学出版会，2006年）
『世直し教養論』（単著，ちくま新書，2010年）
Ⅻ-10
社会情報学にもっと哲学を！　テレビ・メディアが造り出している虚構の〈現実〉の向こうにほんものの現実がある。惑わされず，自分で考え，突破するために。

**藤井秀樹**（ふじい・ひでき／1979年生まれ）
東京大学大学院工学系研究科講師
「マルチエージェント交通流シミュレーションにおける交通事故モデリング」『人工知能学会論文誌』Vol. 26, No. 1, 2011年
Ⅶ-5
情報に接したとき，それがどのように伝達され加工されたものであるか，思いをめぐらせてみてください。

**堀口　剛**（ほりぐち・つよし／1981年生まれ）
武蔵野大学・大妻女子大学非常勤講師
「戦時期における岩波文庫の受容――古典と教養の接合をめぐって」『マス・コミュニケーション研究』No. 72，2008年
『ニュース空間の社会学』（共著，世界思想社，2015年）
Ⅲ-3
本書に参加することで私自身もまた，「社会情報学」という地平のひろがりを見つめ直すことになりました。

**正村俊之**（まさむら・としゆき）
大妻女子大学社会情報学部教授
『情報空間論』（単著，勁草書房，2000年）
『グローバル社会と情報的世界観』（単著，東京大学出版会，2008年）
Ⅺ-6
社会情報学をとおして，私たちが大きな変革期のなかで生きていることを知ってほしいと思います。

**松前恵環**（まつまえ・さとわ／1978年生まれ）
駒澤大学グローバル・メディア・スタディーズ学部専任講師
『プライバシー・個人情報保護の新課題』（共著，商事法務，2010年）
『情報ネットワークの法律実務』（共著，第一法規，2013年）
Ⅹ-4
情報法・政策を学ぶための素材は，身近な所に沢山あります。日頃から問題意識を持ち，考える姿勢を大切に。

**三浦麻子**（みうら・あさこ／1969年生まれ）
大阪大学大学院人間科学研究科教授
『なるほど！　心理学研究法』（単著，北大路書房，2017年）
「東日本大震災時のネガティブ感情表出」『心理学研究』Vol. 86, No. 2, 2015年

## 執筆者紹介（氏名／よみがな／生年／現職／業績／執筆担当／社会情報学を学ぶ読者へのメッセージ）　＊は編著者

Ⅴ-4
ネットの持つ「力」に振り回されることなく，それを活かすためにどう振る舞うべきかを常に意識して下さい。

**三尾忠男**（みお・ただお／1963年生まれ）
早稲田大学教育・総合科学学術院教授
『教育メディア科学——メディア教育を科学する』（共著，オーム社，2001年）
『最新教育原理』（共著，勁草書房，2010年）
Ⅶ-6
情報技術が教育に与える影響とともに，情報社会に対して教育の果たす役割について考えてみて下さい。

**水嶋一憲**（みずしま・かずのり／1960年生まれ）
大阪産業大学経済学部教授
『アフター・テレビジョン・スタディーズ』（共著，せりか書房，2014年）
「そこに一緒に存在すること——ポストメディア時代の政治的情動と一般的感情」『現代思想』vol. 41-9，青土社，2013年
Ⅸ-9
私たちは，社会情報を批判的に読み解くと同時に，社会情報じたいが創造的な批判的機能を発揮できるように働きかけなければならない，と思います。

**水島久光**（みずしま・ひさみつ／1961年生まれ）
東海大学文化社会学部教授
『閉じつつ開かれる世界——メディア研究の方法序説』（単著，勁草書房，2004年）
『テレビジョン・クライシス——視聴率・デジタル化・公共圏』（単著，せりか書房，2008年）
Ⅲ-6　Ⅸ-3
「社会」と「情報」の間に，必ず「人間」をおいて考えること。変化に目を凝らし，現実をクリエイティヴに捉えること，を大切にしてください。

**光岡寿郎**（みつおか・としろう／1978年生まれ）
東京経済大学コミュニケーション学部准教授
『変貌するミュージアムコミュニケーション——来館者と展示空間をめぐるメディア論的想像力』（単著，せりか書房，2017年）
『スクリーン・スタディーズ——デジタル時代の映像／メディア経験』（共編著，東京大学出版会，2019年）
Ⅸ-6　Ⅸ-7　Ⅻ-8
この書籍の目次で目に止まった項目が，今のあなたの関心の所在です。じっくりと関心を深めて下さい。

**武藤正義**（むとう・まさよし／1976年生まれ）
芝浦工業大学システム理工学部准教授
「相互行為における倫理規範の性能分析——社会的動機を考慮したゲーム理論的アプローチ」『社会学評論』第56巻1号，2005年
『社会を数理で読み解く——不平等とジレンマの構造』（共著，有斐閣，2015年）

Ⅵ-2
多くの情報はすぐ古くなりますが，本書の情報，つまり学術的知識は，時代を超えて蓄積されてゆくものです。

**毛利嘉孝**（もうり・よしたか／1963年生まれ）
東京藝術大学大学院国際芸術創造研究科教授
『ストリートの思想』（単著，NHK出版，2009年）
『アフター・テレビジョン・スタディーズ』（共編著，せりか書房，2014年）
Ⅸ-8　Ⅻ-7
メディアをめぐる理論は，テクノロジーの発展とともに大きく変容しています。面白い動向なのでぜひ関心を持ってください。

**安田孝美**（やすだ・たかみ／1959年生まれ）
名古屋大学情報学部教授
Three Dimensional Visualization and Analysis of an Ancient Egyptian Mummy, （共著）*IEEE Computer Graphics and Applications*, Vol. 12, No. 3, 1992.
A Distributed Multiuser Virtual Space System, （共著）*IEEE Computer Graphics and Applications*, Vol. 23, No. 1, 2003.
Ⅳ-2　Ⅷ-3　Ⅺ-5
この書籍との出会いが，「社会情報学」への誘いとなることを願っております。

**山口いつ子**（やまぐち・いつこ／1968年生まれ）
東京大学大学院情報学環・学際情報学府教授
『情報法の構造——情報の自由・規制・保護』（単著，東京大学出版会，2010年）
A Japanese Equivalent of the "Right to Be Forgotten": Unveiling Judicial Proactiveness to Curb Algorithmic Determinism, in THE RIGHT TO BE FORGOTTEN, at 291-310 (Franz Werro, ed., 2020) Springer
Ⅹ-1
新たな学問分野のチャレンジングな諸課題に立ち向かうことの醍醐味を，感じていただければ幸いです。

**吉光正絵**（よしみつ・まさえ／1969年生まれ）
長崎県立大学国際情報学部情報メディア学科准教授
「女の子・世間・ともだち」『ユリイカ』Vol. 38-7，青土社，2006年
『女子の時代』（共著，青弓社，2012年）
Ⅷ-6
情報技術を遊びに流用し新しい価値やつながりを創出する女子たちを追っています。一緒に研究しませんか？

やわらかアカデミズム・〈わかる〉シリーズ
よくわかる社会情報学

| 2015年5月20日 | 初版第1刷発行 | 〈検印省略〉 |
| 2020年10月20日 | 初版第3刷発行 | |

定価はカバーに
表示しています

編著者　西　垣　　　通
　　　　伊　藤　　　守
発行者　杉　田　啓　三
印刷者　藤　森　英　夫

発行所　株式会社　ミネルヴァ書房
607-8494　京都市山科区日ノ岡堤谷町1
電話代表　(075)581-5191
振替口座　01020-0-8076

©西垣通・伊藤守, 2015　　亜細亜印刷・新生製本

ISBN978-4-623-07359-7
Printed in Japan

## やわらかアカデミズム・〈わかる〉シリーズ

| | | | |
|---|---|---|---|
| よくわかる社会学 | 宇都宮京子編 | 本体 | 2500円 |
| よくわかる都市社会学 | 中筋直哉・五十嵐泰正編著 | 本体 | 2800円 |
| よくわかる教育社会学 | 酒井朗・多賀太・中村高康編著 | 本体 | 2600円 |
| よくわかる環境社会学 | 鳥越皓之・帯谷博明編著 | 本体 | 2600円 |
| よくわかる国際社会学 | 樽本英樹著 | 本体 | 2800円 |
| よくわかる宗教社会学 | 櫻井義秀・三木英編著 | 本体 | 2400円 |
| よくわかる医療社会学 | 中川輝彦・黒田浩一郎編著 | 本体 | 2500円 |
| よくわかる産業社会学 | 上林千恵子編著 | 本体 | 2600円 |
| よくわかる観光社会学 | 安村克己・堀野正人・遠藤英樹・寺岡伸悟編著 | 本体 | 2600円 |
| よくわかる社会学史 | 早川洋行編著 | 本体 | 2800円 |
| よくわかる現代家族 | 神原文子・杉井潤子・竹田美知編著 | 本体 | 2500円 |
| よくわかるスポーツ文化論 | 井上俊・菊幸一編著 | 本体 | 2500円 |
| よくわかるメディア・スタディーズ | 伊藤守編著 | 本体 | 2500円 |
| よくわかるジェンダー・スタディーズ | 木村涼子・伊田久美子・熊安貴美江編著 | 本体 | 2600円 |
| よくわかるコミュニケーション学 | 板場良久・池田理知子編著 | 本体 | 2500円 |
| よくわかる異文化コミュニケーション | 池田理知子編著 | 本体 | 2500円 |
| よくわかる質的社会調査 技法編 | 谷富夫・芦田徹郎編著 | 本体 | 2500円 |
| よくわかる質的社会調査 プロセス編 | 谷富夫・山本努編著 | 本体 | 2500円 |
| よくわかる社会政策 | 石畑良太郎・牧野富夫編著 | 本体 | 2600円 |
| よくわかる都市地理学 | 藤井正・神谷浩夫編著 | 本体 | 2600円 |
| よくわかる宗教学 | 櫻井義秀・平藤喜久子編著 | 本体 | 2400円 |
| よくわかる社会心理学 | 山田一成・北村英哉・結城雅樹編著 | 本体 | 2500円 |
| よくわかる学びの技法 | 田中共子編 | 本体 | 2200円 |
| よくわかる卒論の書き方 | 白井利明・高橋一郎著 | 本体 | 2500円 |

ミネルヴァ書房